LA CIVILISATION ANTI-NATURE

On ne peut vivre en parenté avec la nature
sans comprendre ce que nous sommes

Du même auteur
aux éditions Sang de la Terre :

La peur de la nature

En finir avec la nature

Sang de la Terre
ÉCOLOGIE • ENVIRONNEMENT • SOCIÉTÉ

© SANG DE LA TERRE • DEUXIÈME TRIMESTRE 2008 • ISSN 1952-0239 • ISBN 978-2-86985-186-3

Éditions Sang de la terre

BP 60001 • 75560 Paris cedex 12 • Tél. : 0891 670 008 (0,204 €/min) • Fax : 01 40 01 09 94
E-mail : info@ellebore.fr • Sur Internet : http://www.sang-de-la-terre.com

François TERRASSON

LA CIVILISATION ANTI-NATURE

On ne peut vivre en parenté avec la nature sans comprendre ce que nous sommes

Préface

Marc Giraud

Sang de la Terre
ÉCOLOGIE • ENVIRONNEMENT • SOCIÉTÉ

« Vous nous voyez ici
avec des chemises et des chaussures
mais nos cœurs sont revêtus
des peintures de guerre. »

Les Tukanos du rio Negro.
Réunion à Manaus, octobre 1985.

Préface

LIBÉREZ LE SAUVAGE !

« Laissez la nature à un protecteur de la nature, et celle-ci est foutue. » C'est avec ce genre de formule que François Terrasson a déstabilisé certains écologistes, qui ne l'ont pas tous bien compris. François n'était pas contre la nature, il était contre ceux qui la dénaturent. Tous. Y compris ceux qui se croient obligés d'aménager des nichoirs artificiels à des oiseaux libres sachant parfaitement construire leur nid eux-mêmes.

Évidemment, on peut rétorquer qu'il vaut mieux aménager que de détruire. Mais l'aménagement est une vision à court terme, qui a une fâcheuse tendance à se contenter de peu. Terrasson voyait plus loin, plus large, plus grand. Il nous rappelait la puissance émotionnelle de la nature, ce sentiment presque magique qu'elle suscite en nous et que nous avons aujourd'hui quasiment oublié. Avec une lucidité à la fois terrible et amusée, il avait décrypté dans nos inconscients la peur du naturel, c'est-à-dire du non maîtrisé par l'humain. Il voyait dans ces habitudes des protecteurs de tout mettre en réserve, aménager, baliser, flécher, sécuriser, le même fonctionnement que ceux qui détruisent sans état d'âme. Elle s'immisce dans toutes les têtes, notre civilisation anti-nature !

Chaque jour, la télévision nous distille sans même s'en rendre compte des aberrations que quasiment plus personne ne songe à remettre en cause. « Dangerosité » inquiétante de la montagne, de la neige en hiver (si, si !), du soleil, de la plage, des vagues, des petites bêtes qui piquent, du grand méchant loup, des arbres qui ont le culot de tomber, et autres scandaleuses menaces dont notre civilisation entend nous préserver jusqu'à l'infantilisation. Bref, tout ce qui ne vient pas de l'homme est l'ennemi désigné, et l'on occulte au passage les véritables dangers dus aux chimies diverses dont nos corps sont pollués. Pour l'humain téléspectateur d'aujourd'hui, la nature n'est plus qu'un centre de loisirs sévèrement encadré, où l'on n'ose pénétrer qu'accompagné de professionnels certifiés.

La voix originale de François Terrasson tranche net sur cette pensée unique omniprésente. Les rapports que l'homme entretient avec la nature furent un point clé de ses réflexions. Il est un des rares chercheurs – pour ne pas dire le seul – à avoir analysé les mécanismes secrets de nos sociétés, les causes de ses dérèglements et les sources profondes de nos maux sous l'angle de l'anti-nature. Avec « l'anthropologie de l'espace » imaginée par son ami psychiatre Claude Leroy, François Terrasson révélait les effets de nos lieux de vie sur nos inconscients. Inutile de préciser que l'univers gris et rectiligne des villes et des banlieues, qui donne un sentiment de non-existence, peut inciter à la déprime, à la violence ou à la révolte. En tuant la nature extérieure, on tue notre nature intérieure et notre émotivité.

Terrasson a rouvert la porte du sauvage, du spontané et de l'imaginaire, libérant au passage nos émotions enfouies. Il organisait de fameux stages au cours desquels il proposait à ses victimes (consentantes) de passer une nuit, seules en pleine nature, sans lumière, juste pour se tester, pour se confronter enfin aux forces originelles. Des expériences étrangement proches des rites initiatiques pratiqués dans des civilisations plus en harmonie avec la nature que la nôtre.

François Terrasson a passé sa vie à réhabiliter ses complices la vase, les ronces et les friches ; la nature sensible, magique et puissante ; mais aussi l'organique et l'émotionnel dont nous sommes pétris, sans jamais opposer l'homme et la nature. Au moment de sa disparition en janvier 2006, il avait l'intention de mettre en place un « Centre stratégique d'influence naturaliste », qui nous manque cruellement aujourd'hui. Par ses conférences, ses actions, ses écrits, François a eu le temps de semer de belles graines bien sauvages de révolution dans quelques esprits. Souhaitons qu'elles trouvent d'autres terres assez fertiles pour germer bientôt.

Marc Giraud
Naturaliste

AVIS AUX VOYAGEURS

Au fait, où sommes-nous ?

Dans une librairie ? Dans le train ?... Derrière un bureau ?... En tout cas ça file ! 32 km/seconde. C'est pas mal. Renseignés par un système de télévision qui code en couleur des ondes électromagnétiques extérieures, nous évitons les obstacles, mettons un pied devant l'autre, et mémorisons l'allure de nos congénères.

Avec l'ordinateur de bord, nous comparons les données de l'environnement, et orientons nos tentacules vers ce qui nous plaît, et fuyons ce qui nous fait mal. Sauf les masochistes, évidemment...

C'est qui ces gens-là ? C'est quoi ce vaisseau spatial ?

Si nous pouvions voir de façon réellement déconditionnée l'existence humaine, nous serions complètement dépaysés. Étrangers à nous-mêmes et au monde de nos habitudes. Car le monde vécu l'est à travers le prisme de ce que nous appelons la civilisation.

Un ensemble gigantesque de façons diverses d'agir. Totalement imprégnés par le bain culturel où nous sommes tombés à la naissance, nous APPARTENONS à une civilisation.

Celle-ci aurait très bien pu mettre l'accent sur le fait que nous sommes en permanence en voyage à 32 km/seconde du fait du déplacement de la Terre autour du Soleil. Elle ne l'a pas fait pour la bonne raison que ses grandes idées datent encore du moment où on n'en savait rien. Et quand on l'a appris, aucun mouvement ne s'est dessiné pour l'intégrer à notre image sensible de l'univers. Sans parler de la rotation de la Terre, du mouvement du Soleil dans la galaxie, du déplacement de la galaxie elle-même, etc.

Avant les cosmonautes, on SAVAIT bien sûr que la Terre était une planète ronde paumée, mais on NE LE SENTAIT PAS.

La civilisation a changé le jour où tous les téléspectateurs ont reçu le choc. Visible. Presque tangible. Ç'aurait pu être eux, là-haut dans le noir, tirant des bords pour regagner les espaces bleus d'en dessous.

Cependant, à l'inverse, on n'a jamais eu l'occasion de vivre vraiment les 32 km/seconde du déplacement de la terre sur laquelle sont posés nos pieds. Alors, la civilisation n'en tient pas compte.

Est-ce que ça voudrait dire que la civilisation n'est pas conforme à la réalité ?

Lequel d'entre nous peut vraiment se représenter ce qu'il voit comme le résultat construit par le cerveau d'un décodage d'impulsions électriques ? Transmises par le nerf optique. Elles-mêmes d'origine chimique. Les réactions chimiques étant provoquées par l'arrivée sur la rétine d'ondes comparables aux ondes radio.

Sans formes et sans couleurs.

Télévision, mais que la pratique nous amène à considérer comme de la vision directe. Notre perception au niveau purement biologique et physiologique est déjà un codage, et peut être une interprétation de la réalité.

Comment voudrait-on que l'immensité des réflexions humaines, des courants de pensées, des échafaudages mêlés de sentiments et sensations qui constituent une civilisation, soit le reflet exact et sans faille d'une réalité absolue ?

Mais alors le regard que nous avons sur le monde dit civilisé prend du recul et se permet le sens critique. Tout ce que l'on nous présente comme « ce qui se fait, ce qui se dit, ce qui se pense » est une façon de voir le monde. Parmi d'autres.

D'autres plus vraies, ou plus fausses. Ou toutes fausses peut-être ? Y compris celle où nous baignons comme un poisson dans l'eau.

À moins que ce soit la notion de vérité qui en prenne un coup ?

En fait, nous y sommes, dans la librairie, dans le train, ou au bureau. Ça ne devrait pas nous sembler aussi normal. Il y a un tas de mystères là-dessous ! La civilisation qui donne l'habitude, qui propose les explications, qui organise les comportements, aide à ne pas se sentir perdu. Mais elle occulte, modifie ou interprète de gigantesques pans de la réalité ! Et il y a toujours des curieux qui ont envie de voir ce qu'il y a derrière le paravent.

Les légendes humaines sont pleines de ces téméraires, qui, dès qu'ils aperçoivent un voile, ont envie de le soulever.

À leurs risques et périls.

La grande civilisation moderne urbaine et industrielle se conduit comme un être vivant. Elle grandit, elle consomme d'autres cultures. Elle se reproduit au-delà des mers. Demain peut-être sur d'autres planètes.

Comme ses consœurs qu'elle dévore, elle est un instrument de soutien psychologique et pratique, à l'usage de primates facilement déboussolés devant la complexité de l'univers. Elle va leur simplifier la vie. Avec sa méthode bien à elle.

Ce qu'elle va sélectionner, ce qu'elle va oublier, ce qu'elle va rejeter volontairement n'est ni aléatoire ni anodin.

Béquille permanente de notre relation au monde, est-elle si fiable qu'elle veut bien le faire croire ? Où est l'instrument pour mesurer sa crédibilité ? Où sont les méthodes de rechange éventuelles ? Par où commencer ? Et quel intérêt cela peut-il bien avoir ?

C'est que, voyez-vous, ça craque !

Surpopulation, famines, déboisement, pollutions, maladies mentales, gigantisme urbain, génocides indiens plus ou moins volontaires, épuisement des ressources, érosion, corruption, bureaucratie, paperasserie, pagaïe, agressivité...

Tout ça pas si nouveau, mais atteignant une dose si cruciale qu'il n'est peut-être pas idiot de se rappeler la géniale phrase d'un humoriste anglais :

« Après beaucoup d'efforts, après beaucoup de recherches, nous avons enfin réussi à identifier l'ennemi. C'est Nous ! » Tels que nous détermine l'idée que l'on se fait de ce que c'est qu'être civilisés...

Alors, allons-y, achetons un miroir de qualité, prenons notre élan, mettons-nous bien en face de la glace.

Ne décidons pas à l'avance ce que nous aimerions voir. Et, prêts à tout, ouvrons les yeux...

TOUT VA TRÈS BIEN MADAME LA MARQUISE

Une nouvelle américaine raconte l'essai d'invasion de la Terre par les extraterrestres.

Ces braves gens ont à peu près les mêmes besoins que nous. Alors ils envoient une sonde pour savoir s'il y a de l'oxygène. Au retour de l'engin, c'est la consternation. Rien que des gaz irrespirables et des poisons violents.

C'est comme ça que nous avons échappé à la colonisation. La pauvre sonde s'était posée dans une de ces merveilleuses décharges rurales où l'on met le feu aux ordures et aux vieux pneus pour égayer l'atmosphère.

Alors, devant notre miroir, comment savoir si la première image de notre relation au monde n'est pas aussi biaisée ? Car elle risque fort d'être faite de camions, d'autoroutes, de tunnels souterrains puants, d'asphaltes durs, de foules énervées, de murs gris, pisseux, dépassés çà et là par le grandiose d'une tour métallique.

Il y a des choses bien plus belles, mais statistiquement, en tirant au sort un de nos congénères, les chances augmentent chaque jour de tomber sur un de ceux qui vivent dans de tels biotopes.

Qu'est-ce qui caractérise notre société ? Quels sont ses éléments déterminants, les points de repère qui auraient permis à ces extraterrestres de nous comprendre pour nous dominer ? S'ils avaient eu chez eux des ordures suffisamment mal gérées pour penser que, peut-être, nous aussi...

Vu d'en haut, ils auraient remarqué les villes. Et en accélérant le temps (ce que tout non-terrien sait faire), constaté l'aspiration forcenée de la population vers les centres construits. Nous sommes, bien sûr, une société urbaine. Même s'il y a encore, ailleurs, de beaux restes.

En même temps, sous leur regard étonné, quantité d'individus se seraient dédoublés, ou auraient triplé, quadruplé, que sais-je, pour qu'ensuite les nouveaux êtres humains recommencent et amplifient le processus. Nous sommes une civilisation en explosion démographique, même si la population de l'Allemagne diminue.

Les mines, les barrages, les lignes à haute tension, tout cela est très intéressant pour l'ethnologue. Il peut tracer la courbe d'utilisation de l'énergie.

Et même si les États-Unis tiennent le pompon pour la consommation énergétique par individu, alors que le « Bengladeshois » compte pour du beurre, nous allons tous vers une situation de gaspillage énergétique.

Alors que la guerre froide démolit ses missiles, on ne risque cependant pas, ailleurs, la pénurie d'armes. Nous sommes toujours des primates primitifs, agressifs et dangereux.

En cherchant bien, on trouve des théâtres, des salles de concerts, des églises, des bibliothèques... Il y a même, au fond du Massif central ou de la Taïga, des choses incongrues : des rivières avec des arbres.

Même des réserves naturelles.

Et dans de beaux buildings fonctionnels quantité de ministres de l'Environnement.

« Vous voyez, Docteur », dit la civilisation industrielle, « tout va bien, je n'ai absolument rien qui cloche. Ne me prescrivez surtout pas cette potion verte que je vois au premier rang de vos échantillons ! La démographie, vous savez, j'ai ça dans le sang. Depuis longtemps ! Ça m'a jamais gêné. Au contraire ! »

Celle-là, un quart d'heure avant sa mort, comme M. de Lapalisse, elle sera encore en vie.

Le déplacement instantané. Imaginaire. En tout cas pour le moment. C'est encore ce qu'il y a de mieux.

Pour quoi faire ? Mais pour aller fouiner un peu dans le détail de cette fameuse planète. Rencontres avec l'habitant, comme on dit dans les dépliants touristiques. Rencontres avec l'habité. C'est-à-dire le milieu, naturel au départ. Modifié ensuite. Bien souvent bousillé à l'arrivée.

Mélange des deux : paysages, maisons, monuments, images, conceptions du monde, religions, conflits, naïvetés, prises de position.

Tentatives d'organisation aussi. Et pourquoi pas des réussites ?

En tout cas en avoir le cœur net. Qu'est-ce que c'est que tout ça ? Comment ça marche ? Où ça va ?

Mais les systèmes se touchent, s'interpénètrent, se mélangent.

ZAPPING DANS L'INCONNU

Avec notre nouveau jouet, la baguette magique qui permet de se déplacer instantanément sur la planète des hommes, nous voilà bien embêtés. Avec ces milliards de lieux possibles, ces centaines de villes célèbres, ces espaces sauvages qui, pour être en voie de régression, n'en portent pas moins toujours les noms qui font rêver : Sahara, Amazonie. Comme choisir est impossible, nous voilà hésitants entre l'immobilité et le *zapping*.

Vous savez, cette manie énervante de téléspectateurs qui, aussitôt arrivés dans l'image, changent de chaîne, soupirent, rechangent, râlent, appuient comme des forcenés sur la télécommande en obtenant un drôle de brouillamini.

Échantillonnage quasi aléatoire, le *zapping* ne permet pas de comprendre. Mais il survole. Il révèle l'existence de la musique classique à côté du rock, la tête inconnue d'un présentateur archilocal, des chansons en toutes les langues (c'est-à-dire en anglais), l'omniprésence de la publicité, etc. On n'apprend rien sur rien, sauf que, si on a la tête solide, surnage obligatoirement l'expression des grandes tendances de notre civilisation.

Celles qui passent sur toutes les chaînes.

Zappons un peu pour voir, en ayant soin d'appuyer tout à fait au hasard.

Ce ne sera, bien sûr, jamais à chaque fois la même chose. Et pourtant...

Ces Africaines, portant sur la tête des pierres pour le barrage contre la sécheresse, n'ont-elles rien à voir avec la troupe d'agriculteurs qui, à des milliers de kilomètres de là, bloquent la belle autoroute dont le département de l'Allier était si fier ?

Les armées qui gardent le pétrole sous le soleil du désert succèdent aux images des lions dévorant l'antilope.

Aucune relation. Pas si sûr !

C'est cependant là le problème fondamental de la vie sur la Terre. Où sont, et comment se procurer les sources d'énergie ?

Les métros circulent, les avions volent, les papillons essaient de continuer à en faire autant. Une troupe de gens est rassemblée dans une salle sans fenêtres. C'est un colloque sur la préservation des espaces sauvages.

Un oiseau se pose sur les fils électriques. Combien de bagues porte-t-il aux pattes pour des raisons d'études scientifiques ? Les vaches du pré, elles, ont une plaque verte sur l'oreille. Et, tiens..., où sont passées leurs cornes ?

Sous les pommiers, les pommes pourrissent. N'ayant pas le calibre adéquat, la Société qui les achète d'habitude n'en a pas voulu.

Mais on ne les vendra pas ailleurs. C'est interdit.

Contrat d'exclusivité oblige.

Ah ! Voilà qu'on est tombé près du kiosque à journaux. Il y en a des titres ! Mais en ce moment peut-être verra-t-on quelque chose d'original, d'inhabituel ?

Vous avez raison ! Un nouveau sujet tient la « une ». La planète au pillage, la planète malade, l'Antarctique en danger, le réchauffement du climat, la couche d'ozone percée, le besoin de Nature...

Vous voyez ! On est en fait sur une planète de gens lucides.

On remarquait bien à travers notre petit zapping que, derrière la multiplicité des problèmes, il y avait une unité : la difficulté d'insertion de l'humanité dans les écosystèmes. Et ils s'en sont aperçus !

D'accord, ils y ont mis le temps. Mais bravo ! Alors, est-ce qu'on peut ranger nos appareils et écrire un bon rapport positif sur nos amis les primates humains ?

Depuis le temps qu'ils rament pour savoir où est leur place dans l'univers, pour inventer les ailes et les nageoires que la Nature a réservées aux autres, et pour se prendre pour le sommet de l'évolution, ils ont peut-être mérité qu'on célèbre le XXe siècle comme celui où ils auront découvert la clef essentielle : la nécessité de l'équilibre écologique.

Mais il y a d'affreux sceptiques parmi les zappeurs.

Ils savent déjà que les civilisations ont toujours dit du bien d'elles-mêmes, inventé la poudre aux yeux, confondu la parole et l'action.

Et que, quand elles s'examinent un peu sévèrement, c'est une façon de dire : « Regardez comme je suis bien, je fais même mon autocritique ! »

Quelques images encore... Rondonia... C'est au fond du Brésil. La forêt brûle tant que la fumée empêche l'avion d'atterrir.

Les rêves aussi en prennent un coup. « Une fille indienne, violée par quinze types, c'est ça l'Amazonie » raconte dans la fumée du bar cet interlocuteur totalement fiable.

On fait sauter les grands ensembles. Pourtant on nous avait juré que c'était un art de vivre.

Le code de l'environnement, le code rural, le code de ceci-celà, dans leurs nouvelles éditions, ont encore gonflé.

Sur le terrain, une action illégale vient encore de se terminer. Fait accompli...

De beaux touristes bariolés découvrent la Nature. L'agriculteur local est au courant. « L'an dernier, dit-il, je ne savais pas ce que c'était que le tourisme. Mais cette année, avec ma faucheuse, j'ai pris six bouteilles de Schweppes[1] dans la gueule. Maintenant, je suis renseigné. »

Ras le bol du ZAP. Il va décidément falloir aller y regarder de plus près.

---

[1] Publicité non payée.

RÉGÉNÉRATION NATURELLE

Le *signore fuoristieri*. Pour nous être entendu appeler ainsi en Sicile, nous avons cru que l'on nous avait pris pour des techniciens forestiers.

Alors que c'était simplement (*fuori*) : « ceux du dehors », « les étrangers ».

Notre petit groupe d'amateurs de forêts, flatté d'être quasiment confondu avec l'objet de son amour, en était tout déçu.

La confusion était fort excusable. L'étymologie nous rassure. La racine latine du mot « forêt » désignait « ce qui est au-dehors, ce qui n'est pas la maison où on vit ». « Je veux aller en forêt » se disait en ces temps lointains peu défrichés, tout simplement : « Je veux aller dehors. »

Il n'y avait pas d'équivoque. Aucun risque de tomber sur un aérodrome, la digue d'un barrage, une monoculture de maïs. Partout, à l'extérieur, régnaient les arbres. Ou en tout cas de la Nature peu modifiée.

Les champs s'étendirent et la « Forêt » recula. Le sens du mot fut plus précis. C'était encore le dehors, mais seulement le dehors non aménagé. Dans les langues slaves on disait *Puszcza*, avec ou sans arbres, marécage ou steppe. Le domaine que l'homme n'avait pas transformé.

Tout ça n'était pas bien net. Dans notre époque technique on doit avoir fait mieux.

Et qu'est-ce qu'il y a de plus mathématiquement solide que les statistiques ?

Celles sur la forêt actuelle affirment, chiffres à l'appui, que sa surface s'étend régulièrement au beau pays de France.

Bien sûr il ne faut pas chercher la définition. Elle est, pour le mieux, implicite. On a fourré dans ces chiffres tout ce qui est planté d'arbres, à l'exclusion des vergers, des haies et bandes boisées.

Une forêt de peupliers ? Est-ce que ça existe ? Est-ce qu'on peut dire ça ?

« Une forêt de piquets », déclarait méchamment une visiteuse des pins des Landes.

« Une forêt de maïs » ? Non vraiment, ça ne passe pas. Mais pourquoi ?

Dans la perception collective, la forêt, c'est grand, c'est haut. Donc c'est fichu pour le maïs, le colza et autres enfants chéris de l'agriculture moderne.

Mais les Landes ? Là, les avis sont fort partagés. Pour se sentir en forêt il faudrait peut-être des arbres plus majestueux, plus conformes à l'idéal des images des livres. Sans doute plus de sous-bois, plus de variété aussi. Mais pour un visiteur citadin l'avant-goût de la jungle apparaît vite avec quelques buissons de fougères. Et il ne comprendrait pas qu'on élimine des statistiques les monocultures de pins qui couvrent la Gascogne.

Il y a l'organisation de l'espace aussi. Assez peu de gens pensent que le marais planté en ligne de peupliers est une vraie forêt. Sans savoir pourquoi. Ils comprennent vite par contraste : dans le taillis voisin, il n'y a pas d'ordre visible... Il semblerait que la vieille définition étymologique soit bien vivante. On perçoit comme forêt ce qui ne porte pas de façon apparente la marque de l'ordre humain.

Mais certains voient peu la différence entre humanisation et sauvage. Faute de contraste, pour n'avoir jamais expérimenté le deuxième cas. Comme les peupliers et les pins ne sont pas vraiment disposés comme au jardin des Tuileries, ils se croient dans la Nature. Ceux qui repèrent tout ce que le paysage doit à la volonté de construction délibérée cessent au contraire de se sentir dans le naturel. Ou du moins la dose diminue.

Ah oui, bien sûr, c'est la fameuse question fondamentale que nous sommes en train d'approcher. Qu'est-ce que la Nature ? [1]

---

[1] Voir du même auteur *La Peur de la nature*, Éd. Sang de la Terre.

Même si certains les ont qualifiés de « forêt linéaire », les arbres des haies n'ont pas droit à la statistique. Ils forment, avec leurs voisins les buissons, un milieu à la fois très construit et en même temps très sauvage.

Belle quadrature du cercle. Pas soignés, peu entretenus, taillés de temps en temps cependant avec beaucoup de science, ils créent des milieux de vie où s'épanouit la diversité de la Nature, bien plus fortement que dans la pseudo-forêt de sapins de Douglas, qu'on devine à l'horizon, sur d'anciennes terres incultes.

Injustice des statisticiens. Ou ignorance, tout simplement. Parce qu'on peut quand même objectiver toutes ces choses, tracer la ligne de démarcation entre les phantasmes urbains et la réalité de l'écologie.

Un écosystème : ensemble d'êtres vivants et du milieu physique, chaque élément entretenant des relations avec tous, de telle façon que la modification de l'un quelconque influence, et est influencée, par les autres.

Voilà ce qu'est la forêt.

Autre règle : les écosystèmes complexes, avec de nombreuses espèces, ont l'air d'être stables. Ceux qui sont simplifiés ont tendance à se casser la figure.

Où commence et où s'arrête un écosystème ? À la lisière de la forêt peut-être. Après, c'est la prairie. Un autre genre.

Bocagère ou non. Cela fait encore une énorme différence. Mais les systèmes se touchent, s'interpénètrent, se mélangent. Et on peut essayer d'étudier tout ça.

Il y en a d'ailleurs qui refusent de mettre dans la même catégorie scientifique les milieux peu marqués par l'homme, et ceux vraiment très transformés. L'écosystème « Place de la Concorde » ? Tout le monde n'est pas d'accord.

Comme bien peu de naturalistes acceptent de décerner le nom de forêt aux lignes strictes et coordonnées de peupliers clonés[1], chaque individu jumeau de tous les autres, avec en prime les mêmes maladies, et de plus, la disparition de la diversité du marais où ils sont plantés.

---

[1] Clones : individus génétiquement strictement identiques obtenus artificiellement.

Les chênes et noisetiers des haies qui, biologiquement, le mériteraient, ne sont pas comptés.

Les super-clones que d'aucuns regardent comme s'ils étaient déjà en plastique, les épicéas monoculturés poussant à la cravache, ont droit de cité dans l'idée de Forêt, qui, du coup, en perd son sens.

On dirait bien, n'est-ce pas, qu'il y a une certaine convergence entre la vision écologique et la jeune fille qui n'aime pas les forêts de piquets.

Réserves biologiques

Cadre naturel non soumis à l'exploitation, ces réserves, uniques sous notre climat, sont d'un intérêt scientifique exceptionnel.

Respectez-les

Et constatez que la forêt abandonnée à elle-même ne convient guère à l'homme, le parcours étant perturbateur et dangereux.

Leur accès est interdit [1]

Et si avant d'avaler ce qu'on nous donne quasiment l'ordre de constater, on réfléchissait un peu ?

Toutes les sociétés ont défini la nature comme ce qui fonctionnait sans l'intervention de l'homme. Alors, ce panneau veut bien dire ce qu'il veut dire, n'est-ce pas ? L'homme est en danger partout où il y a quelque chose qu'il n'a pas fait lui-même. Méfiez-vous de ces arbres non contrôlés. Méfiez-vous du vent, de la pluie, pourquoi pas du ciel bleu ?

Mais après tout, ils ont peut-être raison. Est-ce que cette branche morte ne va pas choisir de tomber un jour juste quand un badaud passera dessous ?

---

[1] Pancartes de l'Office national des forêts pour les réserves biologiques de Fontainebleau.

Probabilité. Difficile à calculer. Mais sans commune mesure avec celle qui attend le promeneur en rentrant au volant de sa voiture. L'hôpital ou le cimetière lui sont alors plus probables que l'assassinat par les arbres morts. Pourquoi n'y a-t-il pas sur la route un panneau disant : « Constatez que la circulation moderne et ses structures ne conviennent guère à l'homme » ? En jetant de là sa suspicion sur toutes les réalisations humaines, comme l'autre nous affirme que la Nature ne veut pas de nous.

Pour y voir clair il faut un peu de technique sylvicole. Pour répondre à la question : la forêt est-elle naturelle ou artificielle ?

Ce serait parce qu'elle est artificielle qu'elle nous convient. Mieux même, d'aucuns affirment qu'elle meurt sans nous. Dépérissant d'ennui, se languissant de notre aide, on se demande comment elle a pu faire pendant les millions d'années qui ont précédé notre apparition.

Il y a deux manières de reconstituer la forêt après l'avoir coupée : la régénération naturelle et la régénération artificielle.

Oui, les mots y sont ! Quelle est la différence entre les deux ? Fondamentale ? Accessoire ? Visible ou inapparente ? Purement technique ?

En sylviculture traditionnelle française, la coupe de bois n'est jamais totale. Jamais « à blanc » comme on dit. Sont laissés quelques arbres très espacés en guise de porte-graines. Pendant des années, plus ou moins productives, ils vont laisser tomber au sol quantité de glands (pour les chênes) et de faînes (pour les hêtres).

Les semis vont être bientôt énormes. Surabondants. La Nature prend de la marge.

C'est bien vu, car vont passer là-dedans sangliers, cerfs et chevreuils qui prennent tout ça pour leur garde-manger personnel.

Et il se trouve toujours là les graines des plantes du sous-bois, des arbustes, des ronces et des genêts.

Ça donne en quelques années un beau fouillis. Très naturel. Normal, c'est justement ça qu'on appelle la « régénération naturelle ». Peu coûteuse, et permettant de tolérer le gibier.

Pas beaucoup de différence avec une forêt sans hommes que l'ouragan aurait rasée et qui reprendrait vie progressivement.

Par éclaircies successives on réduira encore un peu le nombre des arbres. Pas trop cependant, afin qu'ils montent droit à la recherche du soleil, sans basses branches qui forment des nœuds dans le bois. Dans ce mode de traitement, la futaie, on appelle ça l'«élagage naturel ». Encore ! C'est vraiment la Nature qui fait presque tout.

Il y a en Allemagne et en Europe centrale une autre sylviculture. Dont l'interventionnisme a peut-être pour excuse les rigueurs climatiques. Mais qui va un peu loin.

Jugez-en. Il faut soit semer la graine de l'arbre, soit apporter de jeunes plants, préalablement élevés comme pour un rosier ou un arbre d'ornement exotique.

Un par un. Ça compte ! Pas question de laisser messieurs les chevreuils se faire la dent. En cas d'essences résineuses, c'est le bourgeon de tête qui est le plus savoureux. Mais adieu la forêt, même si le gibier a festoyé.

Et les écorçages de jeunes sujets ? Ce n'est plus tolérable quand on ne dispose pas de l'immense marge de sécurité naturelle. On verra alors les arbres en cage. Portions grillagées, cernées, clôturées. C'est pas joli, joli. Du déjà vu auprès des « Pelouses interdites » de nos villes. Pas besoin de se déplacer. En tout cas le chercheur de sensations et de dépaysement en est pour ses frais.

La Forêt, c'est exactement comme « pas la Forêt ». Que reste-t-il à voir, à chercher, à découvrir ?

Pas très loin de là, rien n'est encore semé, ou planté. Le sol est soigneusement labouré. Peut-être même a-t-on ajouté des amendements et des engrais.

Non, ce ne sont pas forcément les cultures à gibier que la régénération artificielle rend nécessaire si l'on veut garder des animaux dans l'enceinte d'une forêt. Ce travail du sol est sans doute une préparation. À la sylviculture intensive. Comme il y a une agriculture intensive, qui produit le plus sur le minimum de surface. Au plus haut coût.

La forêt évolue alors vers le champ d'arbres. L'intervention est lourde tout au long du processus. Les perfectionnements se profilent à l'horizon : traitements fongicides, insecticides, élagage mécanique, éclaircissement mécanique, récolte mécanique.

La moissonneuse-batteuse pour arbres terminera le cycle. Elle travaille déjà en Amérique sur des forêts naturelles. Elle avalera ensuite les rangées alignées super-performantes des boisements du futur.

Car je ne vous l'ai pas dit, mais la régénération artificielle se fait en ligne. Pour que ce soit plus facile à récolter ? Voire ! La mangeuse d'arbres américaine ne se soucie pas du désordre qu'ont donné tous les hasards de la Taïga. La ligne droite a peut-être une autre fonction...

Bon, alors, pour qui vote-t-on ? Régénération naturelle ou artificielle ?

La description technique ne peut nous suffire. Il faut se promener. Sortir. Respirer. Se pénétrer des paysages... Là encore, on voit bien à quel point nous ne percevons que par contraste. Les forêts de la Pologne ont de beaux arbres. Bien venus. Bien en ordre. Bien droits.

« Trop droits ! »

Qui a dit ça ?

Sûrement un de ces naturalistes qui a reniflé, dans la forêt de Bielowiecza, le contact entre la forêt gérée, et la forêt laissée, soit en régénération naturelle, soit complètement à elle-même. Vous savez, celle qui ne convient pas à l'homme. Eh oui, quel drôle de soulagement que de pénétrer, après toute cette rigueur, dans une ambiance de troncs dispersés, de bois morts, d'arbustes mélangés, de ronces rampantes, de ruisseaux qui tournent, de lierres et de champignons.

Improductif et ringard tout ça ? Mais c'est ce qui faisait la gloire de la forêt française il y a encore si peu de temps. Avec des tonnages et des qualités de bois d'œuvre à faire frémir les concurrents. Pas totalement naturelle, la forêt l'était presque. Si « presque » que pour voir la nuance, non seulement il fallait se lever de bonne heure, mais connaître le sujet sur le bout du doigt.

Ce qui a changé, ce n'est pas la productivité des arbres. Ce n'est pas la qualité de l'humus forestier. C'est dans la tête des hommes que quelque chose a bougé.

Le conflit entre les deux modes de régénération n'a rien de technique. D'un côté on oriente le milieu habilement vers la satisfaction de nos besoins. De l'autre on le force, on le contraint, on le remplacerait si on pouvait.

Ce qui est premier, ce qui est moteur dans tout ça, c'est ce qu'on pourrait appeler la philosophie de la production. Au lieu d'être guidés par la nécessité économique, les actes le sont par une conception idéologique de ce que doit être le rôle humain dans l'univers. Utilisateur ou remplaceur. Collaborateur ou garde-chiourme. Méfiant ou avisé. Parasite ou symbiote. Le parasite tue l'hôte et meurt avec lui. La symbiose est une association à profit mutuel.

On voit maintenant à quelle religion appartiennent ceux qui ont posé la pancarte. Ce ne sont pas les symbiotes.

Ils veulent vivre derrière une frontière. Ils ne se sentent en sécurité que dans ce qu'ils ont fait eux-mêmes. Ils veulent nous faire croire que parce que la production implique un léger coup de pouce, l'artificialisation totale dont ils rêvent s'en trouve du coup justifiée.

Une croyance, une métaphysique veut se faire passer pour de la gestion technique.

Battons-nous sur le vrai terrain...

Il en est qui, en entrant dans ces lieux supposés hostiles, se sentent tout transformés. Alchimie mentale du contact sauvage, identification aux bouleaux, aux chênes et aux sources. Silence et solitude.

Pas assez malins pour savoir d'où ça leur vient, pour comprendre ce qui se passe, les fascinés de lieux sauvages existent pourtant.

Et d'autres, nostalgiques, derrière leurs piles de dossiers, en rêvent malgré eux, la nuit, bien protégés, mais avec de saintes trouilles en revivant les contes de leur enfance.

La forêt est un lieu magique. Elle doit le rester.

LES AIGRICULTEURS

Vilain jeu de mots.

Mais avec tout l'effort d'innovation, toutes les subventions, tout le bouleversement du paysage français réalisé pour eux, voilà qu'on les trouve levant le poing sur des barricades de tracteurs. Drôle de phénomène ! Drôles de phénomènes ! On les rêvait sur le modèle « accueil à la ferme » qu'ils ont développé en certains coins.

Et voilà qu'ils sont tous prêts à lâcher les chiens.

Rassurez-vous, des chiens, y en a plus !

Des agriculteurs non plus, d'ailleurs.

D'accord, j'avance un peu la pendule. Mais elle tourne si vite dans cette direction que celui qui l'arrêtera n'a pas encore montré le bout de son nez.

L'« habitant » ! C'est un mot québécois pour dire « agriculteur ». Enfin, c'est le mot traditionnel. On devrait sûrement plutôt le traduire par « paysan ». Et surtout pas par « exploitant agricole ».

Celui qui habite. C'est-à-dire celui pour qui les lieux sont familiers, l'enracinement quasi biologique, la perception du milieu quotidienne et proche.

Sur les tracteurs modernes il y a un habitacle. C'est là qu'on habite maintenant. À plusieurs mètres au-dessus du sol. Protégé du vent et de la grêle, et, du coup, du contact avec le monde. On ne va pas, pour sûr, conseiller de se tremper pour le plaisir. Mais la distance prise aurait pu être moins grande. Avec une autre politique agricole ? Avec des machines conçues différemment ? Moins grosses ? Aussi performantes ? Celles que l'on vend sont grandiosement surdimensionnées. C'est un aveu de vendeur de machines, dans des conditions où on ne pouvait douter de sa sincérité. Alors, l'habitant ? Les derniers polyculteurs ? Les éleveurs peut-être ? Et encore ? Connaissez-vous le « zero-grazing » ?

Non, ce n'est pas du tout comme la lambada. Et ce n'est pas non plus une maladie.

Quoique...

Le zero-grazing est l'idéal de la technocratie bovine. Toutes les vaches en étables rationalisées, nourries d'aliments passant sur tapis roulant. Lumière artificielle, nourriture artificialisée, injections adéquates, vétérinaires sur le qui-vive, ordinateur sur le bureau du...

Du quoi ? Certainement pas du paysan. Bien que ce soient ceux-là qui voudront se faire passer pour tels aux yeux du citadin naïf.

L'industriel du zero-grazing n'a que faire des prairies. De fauche ou de pâture, peu importe. Ses pourvoyeurs sont les monocultures de tournesol et soja où se déchaîne l'érosion éolienne du Sud Brésil. « Zéro pâturage », voilà ce que ça veut dire. C'est de l'américain.

Les vaches d'Auvergne, qui quelquefois font de la publicité dans le métro, n'ont qu'à aller se rhabiller. Et se faire couper les cornes. Ce n'est plus à la mode. Quelle idée de se divertir avec quelques bonnes bagarres ! Produire avant de crever, voilà un idéal.

Qui pourrait bien passer de la vache à l'homme. En tout cas c'est ce que l'agriculteur manifeste sans en avoir tellement toujours pleinement conscience.

Les haies déchiquetées, les arbres dessouchés, les rivières recalibrées, les prairies retournées, les fossés surcreusés, la déstructuration générale du paysage reflètent la déstructuration de la société. De son lien au territoire. De sa connaissance des conditions de production. De sa capacité au développement durable.

Vous savez, c'est bien fait. Ils avaient commis un crime. De lèse-majesté.

Ils étaient d'une autre civilisation ! Celle des chemins de terre, des troupeaux de moutons, des bergères (mais oui !), des fêtes de la batteuse ou du cochon, de l'espace et surtout du temps librement organisé.

Du travail physique et des conversations au coin des barrières. Du lever matinal mais aussi du casse-croûte.

Comme dans toute civilisation il y avait la culture. Avant le théâtre et le cinéma, les musiciens et raconteurs d'histoires. La religion repeinte et imprégnée de vieux animismes mal éteints. Les noms des parcelles, ceux des ruisseaux et des fontaines. Les domaines qui s'appelaient : Les Grandes Landes, La Goutte, Bois Aubin, Laleu, Les Fougeries...

Pour survivre, il aurait fallu s'appeler Réaumur-Sébastopol. Les noms portent la civilisation. Ils en sont le symbole, c'est-à-dire la quintessence rassemblée des émotions partagées par tous les membres d'une culture. La grande civilisation humaine qui s'annonce pour le XXIe siècle est intolérante. Elle prétend vouloir sauvegarder les diversités. Mais elle organise leur nivellement.

Elle aime les cadres, les plans de circulation, les horaires, les numéros, les lignes droites. Pas les chiens errants, les carrefours broussailleux et les chouettes des granges.

Pas le vieil individualiste rural imprégné de son sol, de son climat et de toutes les bonnes choses qu'il a produites et autoconsommées.

Il y a comme une différence de conception du monde. Mais ceux qui, sur place, changeront de conception du monde seront intégrés. Valorisés.

C'est une question de signes extérieurs. Pas de performances économiques. Était-il performant cet éleveur moderne, qui m'ayant entendu dire que le mouton était la viande la moins trafiquée s'est exclamé : « Moi, mes moutons, j'en mangerais pas ! » Ça dépend ce qu'on appelle la performance.

C'est une question d'échelle des valeurs.

Celle des urbains a si bien gagné qu'elle a contaminé le monde rural. On a honte de ses haies, de ses arbres et de sa cour en terre. Le dernier chien aura sa pâtée calculée par l'ordinateur.

Pendant ce temps-là, l'habitant des villes rêve de ce que sa civilisation a détruit. De ces autres cultures où on ne prenait pas le métro, où on sortait de chez soi sans ascenseur, avec sous le nez ses champs et ses vaches.

On se cognait au jambon qui pendait dans la cheminée.

Un brin d'idéalisme. Beaucoup de maladresse. Mais la grande civilisation ne sait pas ce qu'elle veut. Elle paye et encourage l'autodestruction de la société rurale par la course à l'intensification, et elle fait des discours sur les jardiniers du paysage. Qui ne le faisaient pas exprès. L'harmonie de leur environnement était une conséquence de celle de leur socioéconomie...

Croire que l'on réglera le problème à coups de mesures financières et d'« entretien de l'espace » c'est se préparer encore de dures manifestations désespérées. Ce que bien tardivement la société urbaine se met à admirer est, déjà, sous son influence, presque complètement renié par la majorité des habitants.

Ce qui leur manque, c'est tout un pays, toute une mentalité. Qui s'en va, avec eux, vers les musées de l'oubli.

Une France sans paysans ? La fin des paysans ?

Il n'y en a plus ?

Il va falloir les inventer.

DU CÔTÉ DE GUARAQUEÇABA

Ils marchent pieds nus.

Mais de temps en temps ils découpent dans du caoutchouc de drôles de semelles où sont dessinés nettement le talon et la forme des doigts de pieds. Et ils se baladent avec ça. Les doigts de la semelle fixés en sens inverse, tournés vers le talon. Supposez que vous soyez en train de les suivre.

À la trace, sur les bords des lagunes marécageuses de Guaraqueçaba au Brésil. De les suivre parce qu'ils ont encore contrevenu à un règlement. Qu'il faut les pincer. Et que vous êtes la police ?

Dans quel sens marchent-ils réellement ? Quand ils ont laissé cette belle empreinte dans la vase, de quel côté allaient-ils ? Avec ou sans les fameuses semelles ? Tout est là. Et dans tout ça la protection de la Nature n'avance pas beaucoup.

Ils l'ont dit : « Tout ce que je sais de la conservation de la Nature, c'est qu'on me met un fusil sur le ventre en disant : "ne pêche plus". » Car ces gars-là vivent de la pêche. Presque exclusivement. Sur des îles perdues dans les dédales d'une immense lagune.

Classée par l'Union internationale pour la conservation de la nature comme une des toutes premières d'importance mondiale.

Par bonheur, le gouvernement local se trouva fort sensible aux arguments écologiques. Et on créa une aire de protection de l'environnement : la lagune, ses bordures, la forêt atlantique avoisinante.

Où est le problème ?

L'équipe pluridisciplinaire scientifique s'aperçut très vite de la tendance à la diminution du poisson. Les causes n'étaient pas évidentes. Progrès dans les performances des filets ? Pollution par l'intense activité d'un port d'embarquement du soja vers l'Europe ? Comblement de la lagune par déforestation de petits agriculteurs s'installant sur les pentes ?

Il aurait fallu modérer la pêche. Et ainsi ont vu le jour les textes juridiques adéquats. En même temps apparurent les fameuses semelles « orteils-talons ».

On avait oublié le comportement de l'un des animaux de l'écosystème. Le prédateur du poisson dont l'imagination fertile trouva la parade. Réglementation implique surveillance. Les policiers s'y fatiguent. Ils aimeraient bien que les autorités trouvent un moyen, non pas de discerner l'empreinte des fameuses semelles de celle du pied nu, mais de convaincre les gens du bien-fondé de la protection.

Ne jetons la pierre à personne. Ce problème s'est présenté sans exception dans tous les territoires habités par des populations à vie traditionnelle, quand les environnementalistes ont tenté d'agir.

En recevant par exemple au Nord Canada de la part d'Inuits[1] et d'Indiens quelques apostrophes bien senties. Du genre : « Avec vos règles vous avez quand même détruit la faune, et nous, sans votre appareil juridique, nous l'avons maintenue pendant des siècles. »

Mais c'est vrai, dans la lagune, le poisson diminue. Si on ne fait rien, un jour il n'y en aura plus assez pour tout le monde. Certains ont déjà abandonné la pêche. Ils sont allés cultiver les collines. Érosion qui envoie la terre dans la lagune. Du coup, encore moins à pêcher...

Pourtant le poisson n'est pas une simple marchandise. Dans les histoires il y a le PEIXE REI, le roi des poissons. Une relation culturelle avec le milieu.

Un accrochage possible pour une politique de communication. À laquelle on n'avait pas pensé. Dans le monde entier de grands programmes aux intentions pures, secondés d'équipes scientifiques

---

[1] Inuit : les hommes. Nom que se donnent à eux-mêmes les Esquimaux. Car *eskimo* dans les langues indiennes signifie un méprisant « mangeur de viande crue ». Ce qui est vrai.

nombreuses et performantes, se trouvent bloqués par un gros morceau de la réalité qu'ils n'ont pas repéré dans leurs modèles mathématiques d'écosystème : un animal émotif et compliqué, capable de tout foutre en l'air pourvu qu'il le décide.

Tel est le résultat de l'idée de conservation telle qu'elle fonctionne classiquement. La Nature, c'est la Nature. Et ailleurs il y a l'Homme.

À Guaraqueçaba nous sommes typiquement devant l'échec de ce système de pensée, qui ne peut traiter que les lieux sans humanité. Alors que des richesses écologiques considérables se trouvent très fréquemment en des endroits occupés par des populations, même si elles sont clairsemées.

Pourquoi y a-t-il du poisson dans l'eau ? C'est la première question à poser aux pêcheurs. Et tout en les laissant répondre, apporter aussi quelques données écologiques simples concernant les espèces qu'ils connaissent bien.

Évidemment, pour cela, il faut aller les voir. Ce n'est pas évident pour tout le monde, tant les habitants d'une zone isolée sont facilement considérés comme un peu bizarres, et pas tellement bons à fréquenter.

Le projet de communication prend alors forme avec l'idée de petits montages de diapositives faciles à projeter. Qui ne sont pas conçus pour une formulation didactique traitant tout le sujet, mais chacun véhiculant UNE idée essentielle pour la survie du poisson... et de la population.

Révolution, parce qu'il faut que tout le monde change d'avis. Il n'est pas raisonnable d'essayer de prendre plus de poissons, ou même encore autant. Mais il n'est pas viable non plus de décréter la protection.

Ce qu'il y a de plus curieux, dans une telle affaire, c'est l'explosion d'idées, d'initiatives, dès que les gens ne se sentent plus contraints. Pas d'unanimité idéale, mais un goût pour la recherche de solutions. Réelles et surtout applicables.

La volonté de convaincre, si courante en matière de Nature, est immanquablement reçue comme une agression. Dans les situations troublées, un processus habituel mais redoutable se fait jour. On ne comprend pas ce qui est dit, mais ce que l'on redoute, ce que l'on craint. Même si on n'est pas menacé, on est persuadé de l'être.

Les agriculteurs européens ne sont pas différents des pêcheurs de Guaraqueçaba.

Ne sont-ils pas d'ailleurs dans une position presque identique ?

Groupe minoritaire, autrefois en autosuffisance, de culture spéciale, confrontés à un extérieur qui, soit les rejette, soit les transforme. Mais leur permet rarement de rester eux-mêmes...

Du côté de Guaraqueçaba, il y a des leçons à tirer pour le département de la Creuse.

Et réciproquement.

Mais aussi peut-être le reflet actuel d'un rapport ancien de la population et du milieu. Il y eut en Europe des cultures anti-arbres.

PAVAGE DE L'ENFER[1]

Il faut qu'une porte soit ouverte ou fermée. Ça ne peut pas être les deux à la fois.

Eh bien, il va falloir abandonner cette logique peu moderne ! Ou alors c'est que vous n'avez aucun respect pour la Nature. Celle-ci nous apparaît en France très souvent sous les traits de la forêt domaniale, gardant, malgré l'exploitation, cette forte ambiance d'« ailleurs » et d'étrangeté qui en fait le décor favori des légendes.

Là où elle subsiste, c'est le produit de la volonté de l'État. Mais aussi peut-être le reflet actuel d'un rapport ancien de la population et du milieu. Il y eut en Europe des cultures anti-arbres. Et d'autres qui préféraient s'épanouir à proximité des frondaisons. Qui ne constituaient pas alors une zone extérieure à la civilisation, mais un milieu de vie.

C'était, déjà dans ce cas-là, difficile de ne pas abuser des ressources, et de bien les gérer. Le pâturage ne favorisait guère la repousse des chênes. Mais ce brin d'inconscience ne signifiait pas toujours que la Forêt était un ennemi. Beaucoup en vivaient : bûcherons, charbonniers, braconniers.

Tout cela pour dire que ce n'est pas vrai que les bois ont été pour tout le monde un dehors (selon l'étymologie) hostile.

Mais, au contraire, pour certains, une partie vivante et intégrée de l'activité et de l'environnement. Que c'est d'ailleurs pour cela que leur maintien est plus facile.

---

[1] L'Enfer est pavé de bonnes intentions. (Proverbe usuel).

Et qu'on aurait intérêt à y penser aujourd'hui, alors qu'on exhorte le citoyen à la protection.

Celui qui, dans le monde dit rural, habite sur la lisière, indigène des lieux, connaît les sous-bois d'une manière peu scientifique. Il est allé y faire des cabanes au retour de l'école. Récolter les champignons. Et même y exercer quelques activités que la morale réprouve.

Ça se pourrait bien qu'il l'ait dans la peau cette forêt, même si, légalement, elle ne lui appartient pas.

Il sera bien d'accord pour la protéger.

Mais il va avoir affaire à la conservation scientifique, ou du moins prétendue telle.

Dénombrements, répertoires, zonations. Il y a même maintenant les ZNIEFF (à vos souhaits !). Zones naturelles d'intérêt faunistique et floristique. « Mon Dieu, se dit l'indigène, où est la frontière ? Ces fougères où j'ai fait la sieste étaient-elles autorisées ? »

La philosophie qui a débarqué dans nos territoires est celle de la Nature sans hommes. Acceptant la pénurie d'espaces, elle ne permet que la contemplation lointaine, la visite au compte-gouttes, l'émotion accompagnée.

Et, de ce fait, tarifée.

On le savait, l'enfer est pavé de bonnes intentions. Ceux qui ont inventé tout cela tremblaient d'inquiétude en imaginant des hordes de voitures, des régiments de camions, des armées de ramasseurs de plantes.

Car ils avaient (imprudemment) proclamé : « Venez voir comme c'est beau ! »

Ceux qui savaient que c'était beau étaient déjà là. Ils se couchaient dans l'herbe, qui se relevait un jour après leur passage. Ils n'étaient pas si nombreux.

L'activité de se rouler dans l'herbe devenant valorisante, parce que portée au pinacle de la mode écologique, sont arrivés tous ceux que ne venaient pas pour l'herbe, mais pour la valorisation.

Du coup plus question d'arpenter les fourrés sans surveillance.

Et surtout, guerre à la bagnole !

Donc on va fermer les routes de terre (les « lignes », comme on dit) qui traversent la forêt.

Route du Ris Sanglier, de la Font Bégault, de Rapiat, des Étangs, du Grand Gué, des Loges, de la Clef des Fossés...

Terminé.

Un vieux projet, concocté pendant dix ans par les associations de protection de la Nature, est imposé par l'Office national des forêts.

Tranquillité du gibier, préservation de la faune et de la flore.

On ne peut pas être contre.

Bien sûr que si ! Les gigantesques panneaux à l'entrée des routes volèrent vers le fossé. S'enfuirent même parfois vers des destinations inconnues. Barrières cassées. Perquisition de la gendarmerie. Amendes de 450 F aux contrevenants.

Nous ne sommes pas de retour au Brésil, dans notre lagune de Guaraqueçaba. Nous sommes simplement sur un terrain bien ordinaire, bien quotidien de la douce France. La Forêt de Tronçais en Bourbonnais.

Là-bas aussi, maintenant, le bipède a quatre roues. Mais par on ne sait quel atavisme que d'aucuns appelleraient sauvage, par goût pour le milieu forestier, par obligation aussi, car c'est très grand, pour aller là où il veut aller, il adore traverser la forêt en voiture.

Raconter les animaux qu'il a vus, discuter de la qualité des arbres, s'arrêter pisser au pied d'un tronc.

Ce sont les mœurs...

Qu'est-ce qui rend la voiture nuisible ? Sa perversité naturelle, ou bien l'usage qu'on en fait ? Même question pour toute innovation technique. Si on n'avait pas maîtrisé le feu, on serait bien tranquilles. Parce qu'il y en a qui s'en servent vraiment n'importe comment.

C'est pareil pour tout.

Faire semblant que la voiture n'existe pas est le thème directeur de toutes ces difficultés.

Fuite de la réalité. Alors que les intentions étaient pures, voilà que l'idée de Nature protégée devient détestable aux yeux de toute une population qui signe majoritairement la pétition contre.

Les touristes de l'été sont au premier rang des suspects de destruction. Et ils font ce qu'il faut : cannettes de bière au ruisseau, barrières non refermées, gymkhana au brame des cerfs.

Sont-ils moins dangereux à pied ? Alors qu'on leur a appris à aller sous-bois, à fréquenter les lieux solitaires où le gibier se cache. Pour leur faire connaître la Nature on a vaincu un peu leur inertie, leur crainte de la pénombre. Plus on réussit et plus on perd ! Car alors ils vont entrer au plus calme, au plus profond, sans avoir eu le temps de comprendre comment y être discrets et inoffensifs.

Et on protégerait la faune en arrêtant leurs voitures ? Les cervidés qui ne manquent pas de jugeote ont depuis longtemps compris que ce qui était dangereux, ce n'était pas le véhicule, mais le fusil. Et aussi longtemps que la porte ne s'ouvre pas, l'automobiliste peut les voir regarder d'un air légèrement dédaigneux, et sans s'enfuir.

Tous ces gens qu'on oblige à marcher à pied ! C'est toujours la vieille idée de faire boire un âne qui n'a pas soif. Qui a prouvé, d'ailleurs, que l'imprégnation d'ambiance qu'on gagne par la marche à pied volontaire, fonctionnerait aussi par la peur du gendarme ? L'obscurantisme psychologique des inventeurs de plans de circulation est sans bornes.

La porte de la forêt est fermée. Mais on déclare qu'elle est ouverte, car un savant calcul montre que certaines lignes sont libres, et que de toute façon un marcheur normal peut aller partout.

Et la pancarte dit bien : « INTERDIT SAUF TRAVAUX FORESTIERS ». Les lourdes machines, les engins de débardage, les camions crachant le fuel et arrachant le revêtement des routes, tout ça est devenu d'un coup moins polluant que le touriste sans précautions et l'habitant pétri de sa naïveté forestière.

Avec des effets tout à fait psychiatriques. Une route qui s'ouvre dans la forêt, bien droite de surcroît, superbe trouée vers l'infini des arbres est une invitation à circuler, par son existence même. Stopper ? Aussitôt suscitée cette envie de rouler dessus, c'est une frustration, un blocage émotionnel, dont la résultante est obligatoirement l'agressivité, la violence. La porte est à la fois complètement ouverte et complètement fermée. Ouverte pour les uns, pas pour les autres. On ne peut pas à la fois désirer la présence des gens et faire comme s'ils n'étaient pas là. On ne peut faire qu'une route ne soit pas un appel quand elle vous tend les bras.

Et le conflit va bon train car on ne peut pas dire que la forêt est interdite. Ni qu'elle est autorisée. Situation explorée par l'école psychiatrique de Palo-Alto : la « double contrainte » : quand une chose est à la fois elle-même et son contraire, cela génère des désordres mentaux [1]. La fontaine du vallon, les genêts du plateau, les grands hêtres des ravins, les sentiers capricieux, sont pris dans ce réseau d'accès, concocté dans quelque hôpital où ce sont les malades qui sont au pouvoir.

Fait accompli. Un zeste de pouvoir écologique qui n'a pas de scrupule à imposer. Et des travaux étranges qui se déroulent loin des yeux indiscrets. Labours du sol, percement de tracés linéaires tous les vingt ou trente mètres, précocité des coupes. L'intensification se dessine.

Concentrés sur les voies principales qui du coup seront asphaltées, de ce fait cette fois vraiment pare-chocs contre pare-chocs, les visiteurs ne risqueront plus de se faire une opinion par eux-mêmes. Ils auront heureusement à leur disposition, près du futur parking, l'accompagnateur endoctrineur.

Puisqu'il y aura un parking, plus question de s'arrêter n'importe où. Nous n'y sommes pas encore. Nous y allons. Un jour ce sera payant. Cette évolution a pu être observée dans d'autres cas européens analogues. Le ton est donné, l'arbre est planté (si on peut dire), on en connaît les fruits : urbanisation sur place, touristisation lourde, méconnaissance des lieux et traditions, pseudo-initiation à la Nature revue et corrigée, coupure entre la conservation et les habitants.

Au Brésil, on se dirait, tellement on a mauvais esprit : « C'est normal, c'est un pays sous-développé. »

---

[1] Voir du même auteur *La Peur de la nature*, Sang de la Terre, et P. Watzlawick : *Une logique de la communication*, Seuil.

Chez nous, le diable se frotte les mains. Le pavage de l'enfer marche bien. Bonne volonté, idéalisme, militantisme.

Eh oui ! Mais c'était de la chirurgie. Il aurait fallu apprendre à opérer.

N'y a-t'il pas eu en de multiples endroits, des vases et marécages qui ne demandent rien à personne, et à qui il aurait fallu, ..., tout simplement foutre la paix !

CANARDS ILLIMITÉS

Comment faut-il faire pour avoir de la Nature ?

À supposer que l'on aime ça.

L'innocent du village vous répondra qu'il suffit de sortir des sentiers battus, des champs cultivés. Là où les haies s'épaississent, tournent au fourré d'aubépines et d'églantiers. Autour de la vieille mare où les joncs, les massettes, les renoncules s'enlacent en bouquets variés. Autour de l'arbre tombé, à demi pourri où les ronces s'élancent avec vigueur...

Il n'est pas de son temps le pauvre ! La nature d'aujourd'hui ne peut se passer de la préparation au bulldozer. On appelle ça le génie écologique.

« Au bout du champ, au bout du marais, j'aperçois un mastodonte, espèce de pelle mécanique géante, qui hurle, fume, dévore la terre à pleine gueule. Sans cœur, il creuse la tranchée fatidique, large et profonde, qui isole du reste du monde le nouveau site Ramsar. »

C'est ainsi que Robert Michaud (et il est pour) observe les travaux d'aménagement d'un site pour la sauvagine [1].

La convention, dite de Ramsar, a été signée en Inde pour conserver les zones humides (1971). Ç'aurait été difficile de refuser de l'approuver.

Mais qu'est-ce qu'on en fait ?

---

[1] Robert Michaud, *Ramsar, pour l'amour de la mer*, Presses de l'université du Québec, 1989.

N'y a-t-il pas, en de multiples endroits, des vases et marécages qui ne demandent rien à personne, et à qui il aurait fallu, grâce à ce document, tout simplement foutre la paix ! C'est oublier que la tentation de faire mieux que la Nature démange l'espèce humaine. Préparées surtout grâce à l'action des ornithologues (ceux qui étudient les oiseaux), les méthodes de préservation sont, d'abord, très orientées vers la volaille. Sauvage peut-être, mais pas pour longtemps, même entre les mains des amoureux de la Nature.

Il y a aussi un ressort incontournable : toute organisation qui réalise quelque chose veut que cela se sache. Veut le montrer. Rares sont ceux qui acceptent de travailler dans l'ombre. Il faut donc des réalisations à faire voir. On aurait l'air fin de dire : « Regardez, avant nous, il y avait là ce vieux marécage croupissant, et après notre action, efficace et hardie, voilà le résultat, il y est encore, exactement semblable à lui-même. »

Mais si, c'est cela qui serait prodigieux !

Obtenir le non-changement à l'heure où tous les milieux sont pris dans l'accélération frénétique de la modification du monde.

Les associations de protection n'ont pas voulu de cette image de marque de défenseurs de la Nature telle qu'elle se présente. Telle qu'elle existe à l'état naturel.

Les plus intrépides, qui ont restauré des lieux abîmés par l'homme, rendus à une allure ma foi fortement sauvage, se sont crues quand même obligées d'y planter leur pancarte. Lorsque des stagiaires observent et analysent, dessinent un paysage, ils pensent rarement à y mettre la tête, le pied ou la main de leur confrère qui souvent occupe une bonne part de leur champ visuel donnant sur la rivière ou la montagne.

Mais la perception inconsciente, elle, intègre tout. C'est comme cela qu'habitué sans le savoir à avoir au moins une parcelle de corps humain à regarder, on perd ses repères, on panique, dès qu'on est tout seul.

Sur le plus beau site, la plus belle pancarte s'insère dans la sensibilité du visiteur, qui enregistre le message : « La nature sans pancarte n'est pas la Nature, en tout cas pas celle à laquelle on m'a invité et que je peux supporter. »

Le chien ne considère pas ses marques odorantes d'urine comme modifiant gravement le paysage. De même le réalisateur de site protégé ne voit pas les fausses notes qu'il sème allégrement autour de lui.

Mais qu'une cartouche traîne au sol et ce marquage-là est immédiatement remarqué. À juste titre !

Mais c'est quand même le vieux proverbe : « On voit la paille dans l'œil du voisin, pas la poutre qui est dans le sien. »

« Des hommes triment dans le marais du côté de la rivière des vases. »

Car on peut marquer mieux qu'avec des panneaux. En construisant soi-même sa propre nature. Avec de réelles excuses, ce qui n'enlève rien au drame...

La pauvreté croissante en marécages, surtout en certaines zones, justifie l'idée d'en recréer. Mais on est passé de là à la volonté d'améliorer ceux qui existaient déjà. D'en faire des sites officiels et performants de telle ou telle protection. Encore plus d'oies, plus de canards, plus de limicoles...

C'est là l'ambition de « CANARDS ILLIMITÉS ». Ça ne veut pas vraiment dire qu'on en aura autant qu'on voudra. C'est simplement une société, voyez-vous, en anglais : « DUCKS UNLIMITED ».

La traduction québécoise en est toutefois géniale par son double sens. Parce qu'on manque de sauvagine, à tel endroit, on va en faire plus à tel autre.

Vrai que les relais des migrateurs diminuent.

Vrai que leurs sources de nourriture sont en chute libre.

Alors, plutôt que de s'attaquer à ces causes, ce qui serait changer la civilisation, donnons-leur à manger, construisons une belle basse-cour qui fera semblant de ne pas en être une.

Soi-même et son contraire. Tiens, tiens, on a déjà vu ça. L'indétermination qui rend fou. Bon, passons, encore une fois... et constatons que l'approbation n'est pas si pleine et entière. L'auteur se laisse aller : « La cérémonie fut pour moi cause de profonde tristesse et de grande joie. Profonde tristesse parce que je perdais celle que j'aimais, la terre marécageuse où je me suis adonné durant près d'un demi-siècle à la vie errante, au canotage, à la chasse, grande joie à la pensée de la signification de l'événement, l'élévation du marais salé au rang des sites de réputation internationale. »

Comme la Tour Eiffel

« La diffusion des sciences de la Nature dans le bas Saint-Laurent. »

Qu'est-ce qui est diffusé en fait ? Il le montre plus loin : « L'île se couvre de tentes multicolores, de sacs de couchage déroulés dans l'herbe saline. »

Un autre moteur de perversion se met alors à l'œuvre. Comme tout cela a coûté fort cher il faut que ça devienne rentable.

Pas par le canard à la broche, mais par le safari jumelles-photo, tenue de combat. 380 000 F par an pour une réserve en Brenne, 100 000 F par-ci par-là pour planter où ça se voit, pendant qu'on subventionne l'arrachage un peu plus loin. Ce n'est pas simplement une politique incohérente, c'est une conception du monde.

Grâce à « CANARDS ILLIMITÉS » et à ses émules, nous saisissons enfin quelques-unes des règles générales de nos rapports avec la nature à la fin extrême du XXe siècle.

Il faut aider la Nature à être plus naturelle. Ce qui bien sûr n'est pas possible. Mais cela veut dire, en réalité, augmenter la productivité de l'écosystème en vue d'un objectif bien précis. En payant le prix. Pas seulement au niveau du porte-monnaie. Plus de harles, plus d'oies sauvages, c'est aussi moins d'autre chose...

Non seulement parce que ces braves bêtes mangent d'autres espèces. Mais parce que, pour les avantager il faut modifier le biotope très directement en leur faveur. En Brenne on creusera au bord des étangs des sortes de garages à canards que la sagesse naturelle n'avait point prévus. On regardera les espèces végétales à favoriser, ce qui veut dire d'autres à rejeter.

Il n'y a rien de bizarre là-dedans.

Ça s'appelle seulement l'élevage, l'agriculture. Extensifs, d'accord, mais pas spécialement naturels.

Montrer ça au touriste en y collant une étiquette « Nature » c'est ce qu'on n'accepte plus dans les supermarchés : la publicité mensongère.

Une directrice de CPIE (Centre permanent d'initiation à l'environnement) a fait creuser un magnifique plan d'eau de style banlieusard avec îles artificielles rondelettes à souhait. À la place d'un marais d'allure peu touristique, mais plein de ces espèces végétales traquées pour qui l'amour de la vase est une nécessité vitale.

La réponse aux critiques a été : « Tu comprends, faut que ça se voie ! »

Je comprends. Non seulement on doit aider la Nature, mais montrer qu'on l'aide... Ce qui veut dire, au fond, que nous avons renoncé à donner de la valeur aux choses que nous n'avons pas faites, à ces trous d'eaux infâmes, à ces rivières mal habillées, toutes ces jungles douteuses où les arbres ne portent pas notre poinçon.

Il y en a un, en ce moment, qui, constatant que certains orthoptères (sauterelles) sont moins nombreux en région pâturée que là où ne passe pas le mouton, propose de réserver des enclos.

Élevage, pas encore. Mais c'est déjà le premier stade. Pourquoi pas un secteur pour les vers de terre, un autre pour les papillons, etc., avec les ovins gambadant au milieu de ces labyrinthes ?

Le pâturage a changé l'écosystème. Dans une certaine densité, un style traditionnel, il a trouvé un équilibre. Si les effectifs d'une espèce ont diminué, d'autres s'en sont trouvées favorisées. Ce ne sont pas forcément des sauterelles, évidemment. Peut-être des plantes ou des insectes, des champignons, des bactéries adorant consommer de la crotte d'animal domestique. Ce qui compte c'est que l'espèce à enclore n'a pas disparu depuis que le pâturage existe.

Ce qui compte encore plus c'est que la diversité des espèces est maintenue.

Cette nature fabriquée, qu'on ne peut maintenir qu'à coups de complications et de dollars, n'est pas la vraie nature. Elle constitue, selon la merveilleuse expression de la sociologue Anne Wourc'h, des « ZOOS DU TROISIÈME TYPE ». Je ne sais pas trop ce que sont les deux premiers types. Mais zoo il y a sûrement. D'ailleurs il suffit de regarder les visiteurs : paiement, guide, dépliant, exclamations, désir d'en avoir pour son argent. Il n'y a plus qu'à attendre le stade où on nourrit les animaux. D'ailleurs, sans le foin distribué, les fameux bisons polonais qui décorent les bouteilles de vodka auraient passé l'arme à gauche depuis longtemps, faute de nourriture.

Faut-il le répéter, la Nature tourne toute seule. La Nature produit gratuitement la Nature.

Sans se soucier d'avantager l'amateur de canards ou celui des mille-pattes. Elle fait tout. Tirer la couverture dans un sens c'est la changer.

Les installateurs de dômes d'aluminium dans la réserve du Banc d'Arguin (Landes) n'ont pas froid aux yeux. Ils écrivent : « Nous devons suivre l'évolution du monde qui nous entoure. »

Comme si dans cette fameuse direction globale de la civilisation il y avait une place pour eux. Pour l'aluminium, sans doute.

Pour l'écologiste qui prétend combiner la sensualité des ambiances avec le goût moderne pour la brutalité mécanique, le siège éjectable est déjà enclenché.

LES SURPRISES DE LA DÉPRISE

Il y avait une fois une énorme bête.

Pas du Gévaudan. De partout. La Bête en soi.

Mais elle était prise.

On lui avait passé le joug. Jusqu'au jour où...

Ce conte fantastique, vous pouvez l'entendre tous les jours sur les radios, les télés, le lire dans les journaux de la profession agricole.

Le désert français, l'occupation de l'espace, la déprise.

Voilà, le mot est lâché. Ce qui fait la « une », c'est ce qu'on appelle très significativement : la déprise agricole.

Avec la fin de la civilisation rurale, le gel des terres, l'abandon des montagnes, un discours s'établit sur ce terme, dont l'allure et le sens résument toute une interprétation de l'Univers.

La Nature pilotée par l'homme rural serait une sorte de fauve malfaisant que seule la contrainte aurait permis de dominer, d'esclavagiser au service de la production d'aliments.

Comme cette conception esclavagiste du milieu convient bien à nos élevages en batteries, nos stabulations qui n'ont de « libre » que le nom, nos monocultures désertes (d'hommes et de vie sauvage), nos rivières bulldozérisées, avec à côté le centre de découverte de la Nature !

Merveilleuse trouvaille des dompteurs de la Bête. Si on arrête de la tenir attachée, elle va mourir ! La vie sauvage disparaîtra si les agriculteurs s'en vont.

Évidemment c'est faux. Il suffit de sortir de son bureau pour s'en rendre compte.

Non, en fait, il faut aussi sortir des idées reçues. Même à Tchernobyl, la forêt qui n'a pas brûlé, continue de pousser. Avec d'énormes problèmes, des mutations, des malformations. Les chiens sont devenus sauvages, les chevaux aussi. Dans des conditions aussi terribles, la Nature tient. Seul, l'homme est parti. Pour longtemps. Pour toujours. Qu'attendent les animaux ensauvagés pour disparaître à cause de la fuite de leur ancien maître ? Tout se passe au contraire comme s'il n'avait jamais été là.

Allons voir les prés reconquis par l'épine dans le Massif central, les prairies basses qui retournent au marais. C'est gênant pour notre orgueil. Mais, moins il y a d'hommes, mieux ça marche ! Encore une fois, nous avons pris nos désirs pour des réalités. Nous vivons sur une idéologie qui fait de nous, dernier animal apparu, l'indispensable conducteur des processus naturels.

En raisonnant exactement en sens inverse, on serait plus près de la vérité : les systèmes écologiques comme incontournable support de la présence humaine.

« On a le sentiment déprimant que les petits cochons à poils noirs continueront indéfiniment à divaguer dans la Nature... » Alain Giraudo dans *Le Monde* du 27 novembre 1990 (pour la Corse).

C'est que voilà, justement, ces coins-là ne peuvent être, comme on dit, mis en valeur et habités que selon des formules traditionnelles. Le relief, le climat, etc., y interdisent les performances dévergondées de la Beauce et de la Brie, modèle devenu universel.

Alors, dès que les petits cochons disparaîtront, les hommes suivront. C'est plutôt ça qui serait réellement déprimant, non ?

Parce que, s'il est faux que la Nature disparaît si le paysan s'en va, il y a bien quand même quelque chose de très important, d'essentiel, perdu sans retour.

La Nature toujours prête à mordre, c'est du phantasme élaboré en haut de la Tour Montparnasse. Diffusé et imprégné ensuite jusqu'à la moelle chez tous ceux que le surendettement et la minable organisation des marchés vont condamner à l'exode rural.

Tout ça parti, d'ailleurs, d'une mauvaise gestion écologique, sans petits cochons noirs...

Pas partout, pas toujours, mais souvent, l'habitant (le revoilà) flairait les équilibres. Et voilà même que quelquefois au lieu de simplifier tout, il diversifiait. Une clairière dans la forêt, cela crée des lisières, zones les plus riches en espèces, parce qu'offrant presqu'au même endroit des conditions fort diverses convenant à chacune d'elles. La haie du bocage c'était une lisière continue, répétée à l'infini.

Sans l'homme, le milieu, ne vous en faites pas, créera ses propres lisières : arbres tombés, passage des crues et des avalanches.

Mais cette intégration, cette intimité de la société et de l'écosystème sera rompue. Disparue. Oubliée.

Ayant l'air de justifier finalement l'erreur de base de tout ce processus : chacun chez soi et les vaches seront bien gardées. L'industriel de l'aliment derrière ses écrans, les genêts et les églantiers dans les réserves. Avec quelques pseudo-agriculteurs paysans qui paieront leurs dettes en faisant du folklore.

« Mais on n'a pas voulu ça ! » C'est une exclamation générale.

Il y a ceux qui l'on vraiment décidé. « Il faut deux exploitations par commune dans vingt ans », me disait, il y a justement vingt ans, un collaborateur de l'administration. Et il y a ceux, ils sont légion, qui aggravent ce problème à force de ne rien y comprendre.

Sous un titre magnifique « Le siècle de l'Ortie », Henri Montant publie dans *Le Monde* du 27 septembre 1990 un condensé du sujet.

L'analyse socio-économique incontestable se termine par une « chute » qu'il serait dommage de laisser perdre. « Le XXIe siècle, sans nos paysans qui quadrillent le territoire, sera le siècle de l'ortie. »

Quelle malchance ! Bien sûr qu'avant les hommes les orties étaient là. Mais il n'y en avait pas tellement. Elles ont commencé à prospérer avec nous. Faisant partie des espèces qu'on dit rudérales, compagnes de l'homme, elles s'installent au fond des cours, près des écuries, au bord des puits, là où on a secoué les sacs d'engrais, dans les buttes de terre remuées, les ronces coupées qu'on n'a pas eu le temps de brûler.

Alors voilà, si l'humanité fout le camp, on verra une chute spectaculaire des orties. Le siècle de l'ortie c'est du cinéma intérieur pour parisien. Pourquoi faut-il qu'à l'encontre de tout autre sujet on croit pouvoir s'exprimer sur la nature sans rien y connaître ?

Parce que la Nature est un subalterne.

Vous savez, la bête avec collier.

Le rural derrière ses haies aussi sans doute.

Pourquoi dire « NOS » paysans ? Ce possessif est une mainmise culturelle. Rien ne doit être apprécié en dehors de la société urbaine, qui croit que l'univers entier partage ses terreurs construites de toutes pièces à l'abri du béton. Ce fameux XXIe siècle ! Il sera « tremblez carcasses, celui des insectes qui piquent ».

Voilà, voilà, docteur Freud. Devinette facile. Qu'y a-t-il de commun à l'ortie et à l'insecte ? Ça pique ! Ça vous rentre à l'intérieur ! D'ailleurs, c'est dit dans l'article : « La Nature n'est pas bonne. » Et on suggère donc qu'elle est mauvaise, parce qu'elle apprête toutes ses seringues en rêvant des fesses roses du citadin.

On peut penser ce qu'on veut. Heureusement. Mais ce serait bien utile de pouvoir distinguer l'hallucination de la réalité.

Même si on parvient à s'atomiser, il se pourrait bien, qu'après nous, ça continue de tourner.

La radioactivité ? Les scorpions et quelques autres s'en balancent. Peut-être même, un jour, ils aimeront ça. La Nature n'est ni bonne, ni mauvaise.

Elle est innocente. On ne peut pas en dire autant de ses aménageurs.

Elle ne reprend pas toujours pied, après nous, partout. C'est vrai que la forêt amazonienne ne se reconstitue pas. Mais, globalement, le grand système écologique nous traite pour ce que nous sommes : une espèce assez spéciale cependant concernée par les lois générales : circulation de l'énergie, démographie, territoire, etc.

Et il n'a réellement jamais été dominé.

Tout juste conduit vers des objectifs qui nous convenaient. On pourrait presque dire : « Parce qu'il voulait bien. »

Comme ces bœufs d'autrefois dont la force énorme donnait l'impression de docilité soumise. Mais chez qui la puissance dangereuse se révélait à qui les maltraitait imprudemment.

La déprise n'aura jamais lieu. Parce que la Bête n'était pas prisonnière. Une foule de terriens astucieux l'apprivoisaient en permanence. Connivence toujours renouvelée, un peu ratée dans les grêles et les inondations. C'est cela qui s'évanouit dans les systèmes autoroutiers de drainage vers la ville, dans l'arasement du paysage.

Mais pourquoi s'intéresser à la Nature et à notre lien avec elle ?

La politique c'est bien plus important !

En voilà, de la politique.

« La Roumanie a été un pays presque sauvage pendant des années, nous devons dépasser cette période marécageuse [1]. »

La civilisation anti-nature mérite bien son nom. Quel que soit son secteur d'activité, il y a une référence, en général négative, à ce grand ensemble de forces spontanées dont elle a émergé.

Une vraie obsession.

---

[1] Laszlo Tacs, cité par José Alain Fralon, *Le Monde*.

La civilisation anti-nature mérite bien son nom. Quelque soit son secteur d'activité, il y a une référence, en général négative, à ce grand ensemble de forces spontanées dont elle a émergé.

LES STAGES DE LA PEUR

Vous en trouverez peut-être un, ou une.

Si par une nuit d'insomnie vous parcourez landes et forêts. Le spectacle en vaut la peine.

Il y en a qui sont recroquevillés au fin fond du sac de couchage. Tout juste si une oreille dépasse. Et parfois le nez, pour respirer.

Ce sera peut-être aussi un formidable craquement de branches avec fuite éperdue. Celui-là veillait, attentif au moindre frémissement de l'air.

Tous ces animaux redevenus sauvages sont en fait des humains ordinaires ayant accepté de réaliser sur eux-mêmes une expérience, dont l'aspect anodin révèle vite un redoutable arrière-plan.

On les lâche (c'est eux qui ont trouvé le mot) au crépuscule finissant, ou mieux, en pleine nuit. Parfois noire, parfois avec lune, ou étoiles, et quel que soit le temps, on y va. Dans des lieux fort divers.

Il y a Chambord, avec ses allées bien tracées, des miradors qu'on atteint par de petits sentiers tortueux mais repérés par des piquets blancs. Le plateau de Millevaches, la Chartreuse ou le Vercors qui sont nettement moins apprêtés.

Pourquoi tant de sadisme chez l'organisateur ? De masochisme chez le cobaye volontaire ?

C'est que, en réfléchissant un peu, beaucoup ont perçu à quel point notre lien à la nature est conditionné. Pas libre. Pas personnel. Pas authentique.

Manipulé par les images de la télévision, enchanté par le souvenir des contes, marqué par telle ou telle lecture, vaguement expérimenté en groupe, le contact du sauvage naturel recèle une foule de mystères passionnants.

S'allume alors le désir d'en savoir plus, d'aller jusqu'au bout. De découvrir, le plus souvent dans une surprise totale, quel est son rapport intime et individuel avec toute cette nature qui vous regarde, la nuit, des yeux de toutes ses chouettes, renards ou sangliers.

Qui cache dans ses feuilles sèches des multitudes de petits rongeurs furtifs, qui suspend ses toiles d'araignées, cache ses nids de guêpes et abrite au fond des souches de longs serpents gris. Qu'est-ce que c'est que tout ça ?

Un frisson en passe sur l'échine et le bel élan enthousiaste s'essouffle à l'évocation préalable des mystères de la forêt.

« Pas question de rester coupé pendant huit heures du monde des vivants ! »

« Est-ce que je peux y aller avec mon chien, il est très sage ? »

« Comme les lampes sont interdites, j'en ai seulement pris une petite. »

« On y va en couple, c'est mieux pour comparer les impressions. »

Échantillonnage significatif des réactions, ces « phrases types » nous ramènent à certaines nécessités que l'on respecte au cours de ces expériences, même si elles accentuent la peur. Ou plutôt justement parce qu'elles l'accentuent. Le but n'est pas de ne plus avoir peur. En tout cas pas tout de suite. Mais de ne plus avoir peur d'avoir peur. Et il faut expliquer pourquoi. Ceux qui dans un autre ouvrage ont découvert les chemins étranges qui conduisent nos émotions dans la nature attendent de pied ferme [1]. Mais on peut quand même se demander s'il est bien nécessaire de martyriser ainsi les gens.

Sauf que, certaine nuit, vous en remarquerez un qui n'a pas l'air du tout d'un martyr. Mollement allongé dans la fougère, voluptueusement

---

[1] Voir du même auteur *La Peur de la nature*, Sang de la Terre.

installé dans la fourche d'un arbre, tranquillement occupé à dialoguer avec les chouettes, il est dans son élément. Bien. En extase, ici où les autres crèvent de trouille.

Tous sont là parce que les conditions d'absence de lumière et la solitude leur permettent le fameux déconditionnement social. Le choc principal, c'est, de l'avis général, le moment où les feux rouges du minibus qui les a posés disparaît dans un tournant.

Le cordon ombilical est rompu. Ça devient vrai. Chacun est déposé suffisamment loin des autres pour qu'il n'ait aucune chance de les retrouver. Et réciproquement... Tout seul, pas de lumière, et pas de tente. Entre un et deux il y a la même différence qu'entre un et mille.

La différence entre « tout seul » et « pas tout seul ». Il y a tellement peu d'occasions de pensée et de sensations solitaires dans la vie moderne que le concept même d'isolement réel en devient inintelligible. On entend des expressions comme « seul dans la foule », « j'étais seul avec un tel ».

Toujours est oublié le fait fondamental que, même si la foule est indifférente, même si un tel est un ennuyeux imbécile, dans ces cas on a quand même le bain général habituel de la civilisation : mouvements du corps des autres, murs, objets, bruits, bouts de papiers divers, panneaux, etc.

Supports de l'influence culturelle, les voilà oubliés quand le dernier feu rouge disparaît au coin du bois.

Mais comme celui-ci n'est pas la forêt vierge, si on venait le jour, on trouverait vite un vieux paquet de Gauloises, une vieille paire de godasses, des pancartes plus ou moins explicites. Des références au chez-soi, à l'ambiance habituelle. Et si on accepte de venir dans la nuit, avoir une lampe serait un bon moyen de s'éclairer pour chercher à retrouver les signes usuels du moule conceptuel sécurisant. Certains n'y croient pas. « Qu'est-ce que c'est qu'une toute petite lumière ? Une simple lampe électrique, un rien du tout de briquet ? »

Bien sûr, l'expérience ne peut être parfaite. On vise seulement à éliminer les situations que l'habitude des réactions de stagiaires a fait identifier comme conduisant à l'échec de l'aventure intérieure projetée.

La lumière, c'est essentiel. On le voit bien dès qu'on est dans le vif du sujet. À cause de ceux qui ne peuvent s'empêcher de tricher. Par les commentaires sans fin suscités, la surprise, les essais pour que l'on transige sur les règles. Voir fonctionner la lumière-protection dans ces ambiances indique son rôle énorme. Essentiel. Telle amie journaliste, pas rassurée au sujet des araignées, avait camouflé sur elle une de ces bonnes vieilles torches dont on a tant de mal à se passer.

Passe encore pour elle de gagner son mirador dans le noir. Mais une fois arrivée, alors que nous n'avions pas encore quitté le point de départ, et se croyant sans doute seule, la voilà qui, d'un coup de faisceau bien appliqué dans tous les recoins, entreprend la chasse aux douteuses bestioles qui l'attendent avec de louches intentions.

Une autre fois, alors que nous descendions, en draisine à trois heures du matin, une voie de chemin de fer abandonnée des Pyrénées, nous avions un long passage sous tunnel. À quatre, ce n'est pas l'isolement. Mais, toutes les vingt secondes, celui d'entre nous qui tenait la lampe, appuyait sur le bouton pour allumer. Éteignant aussitôt, il prétendait ne pas tuer l'ambiance. Et sitôt éteint, sitôt rallumé. L'angoisse était palpable...

Donc, chasse à la lumière si l'on veut savoir vraiment comment on réagit. Une allumette, un briquet, la cigarette, en bonne logique, ne devraient pas avoir droit de cité. Mais rares sont ceux qui ont le courage d'allumer allumette sur allumette, de laisser le briquet brûler longtemps. Quant à la cigarette c'est un lien à la société, mais ça n'éclaire pas beaucoup. Ceci pour dire que, malgré les apparences, on n'est pas vraiment strict. Seules les lampes, qui peuvent éclairer en continu, sabotent vraiment le résultat. Les bougies aussi, quoique un peu moins. Par leur caractère fantomatique elles pourraient même en rajouter.

Donc avec des consignes nettes, mais pas rigides, on y va. Et malgré ce brin de complaisance pour les marques de civilisation, les résultats sont fantastiques. Phénoménaux. À tel point qu'on se dit : « Gare à l'overdose ! »

Pas de tente, parce que c'est une maison où l'on reprend tous ses repères habituels. Mais tout ce que l'on veut comme autre équipement.

Et ça marche aussi bien que si on les parachutait tous nus, sans vivres et sans boussole au fond des jungles. Car c'est la représentation mentale qui compte. On a même poussé le vice jusqu'à s'éloigner des routes. On n'entend rien de ce qu'on voudrait entendre. On ne voit rien de rassurant. La pensée n'est plus guidée que par elle-même...

La projection habituelle des pulsions inconscientes sur le milieu extérieur se met en marche. Et, selon ce processus, apparaît la peur de la nature, accrochée à la peur de soi-même et aux vieux problèmes sans solution.

Ce qui défile en images mentales pressées a toujours à voir avec la position organique de l'homme dans l'univers : la mort et la sexualité.

Les stages de la peur mettent au jour la situation complètement occultée des grands problèmes métaphysiques au sein de la vie quotidienne. À travers le défilé de vieilles terreurs et de vieux désirs, l'isolé dans la forêt touche le fond de son propre dénuement devant les mystères cosmiques. Il y va par diverses voies.

Certains sont au plus creux des fourrés denses et obscurs, car ils pensent que « pas vu, pas pris ». Ils seront protégés, croient-ils, justement par ce qui les inquiète : le noir profond où aucun ennemi ne les repérera.

D'autres croient vaguement qu'il faudrait se défendre. Voir venir le danger. Et ils vont au contraire se mettre au plus clair de la végétation, l'œil et l'oreille « branchés » comme ils disent.

Les soirs de lune enchantent quelques-uns. Ils se disent que la nature tourne en dérision les intentions des organisateurs. Peur du noir. Peur du noir ! Ce leitmotiv alimentant les conversations préalables, le clair de lune apparaît comme le sauveur. Las ! C'est bien rare que ça marche ! Et seulement pour un ou deux qui se contentent de peu. Qu'est-ce que c'est que cette forme bossue et noirâtre qu'on n'aurait jamais repérée dans l'obscurité, mais qui semble trembler dans la clarté blanchâtre de la pleine lune ? Et ce soi-disant ravin qu'on côtoie, dont « l'obscure clarté » du ciel permet de voir les bords. Et seulement les bords, délimitant des profondeurs denses que le contraste fait apparaître comme encore plus noires, d'une opacité suspecte.

Sous la lune, il y a des choses qui bougent. Ou qui en ont l'air. Ce qu'elles deviennent par notre imagination est une clef de la connaissance de soi. Et les excités de la pleine lune, ça existe...

L'effervescence de l'esprit, une sorte d'électricité fébrile à fleur de peau. Celui-ci, qui ne dort déjà pas dans son lit ces soirs-là, sera aux premières loges pour développer un festival mental extravagant et révélateur.

Et contagieux. Si le groupe se constitue quelques heures avant la dépose, un tel « leader fantasmatique » va contaminer tout le monde.

On peut en profiter alors pour comprendre comment se constituent les groupes culturels, comment s'échangent, se diffusent et se valorisent les images.

C'est toujours par l'émotion. La circulation émotionnelle qui va du meilleur conteur, du meilleur metteur en scène, de l'émotif extraverti vers le cercle des esprits qui l'accompagnent. On a ainsi, avant la séance réelle, l'imagination de ce qu'elle sera. Est alors récoltée, non pas encore l'image individuelle de la relation à la nature, mais quelque chose de tout aussi important. L'idée du sauvage, du non contrôlé, telle que formulée par des mentalités reflétant la grande civilisation urbaine coupée du milieu extérieur.

Brouillards, marais, traîtrises, mille-pattes, serpents, hommes sauvages, braconniers, sangliers, déboulent en rangs serrés au fil des exclamations, des rires (jaunes) et des supputations. L'image de départ n'est pas positive. Les enfants de la civilisation anti-nature veulent en savoir plus long sur le monstre. Qui les attire vaguement. Mais ils ne ressentent avec lui nulle parenté.

❖

La panoplie des réactions est infinie.

Ce qui rassure l'un effraie l'autre.

Avec des paradoxes.

Lors d'une effroyable nuit de montagne, sous la pluie lourde et brutale d'un orage continu et interminable en Vercors, avec le « bruit de vaisselle cassée » des pierres qui dégringolent, on pouvait s'attendre à tout. C'est vrai, il y en a une qui a vu des « fleurs phosphorescentes ». Mais surtout la peur a été, bien que présente, pas terrible du tout.

Solution de l'énigme telle que tout le monde l'avait vécue. La pluie faisait tellement de bruit qu'on ne pouvait rien entendre d'autre. Sous-entendu, rien d'autre qui aurait semblé inconnu et inquiétant.

Le bruit des gouttes de pluie est encore connu dans les villes concentrationnaires. Il reste au moins ça. Et de ce fait il ne fait pas peur.

Il y en a d'autres qui seront rassurés par le bruit de la rivière. Certains, absolument pas du tout.

Ceux qui sont bercés de doux murmures sentent une rivière bénéfique. Vieux symboles de clarté, de limpidité, de reflets de lumière, de régularité fiable et somnolente. Ou bien, dans une autre tête : vase des bordures, plantes qui piquent, trous d'eau qui tourbillonnent et sucent, précipices où l'eau se jette...

Le même lien est vécu non pas en fonction de ce qu'il est, écologiquement parlant, mais par sa représentation émotionnelle qualitative.

N'oublions pas ceux aussi qui restent perplexes : « Je n'ai pas réussi à comprendre si c'était le bruit d'une rivière ou celui d'une autoroute... »

Mais si, c'est authentique !

Chaque objet, chaque forme de paysage, chaque agencement de l'espace des lieux est ainsi perçu différemment selon l'organisation émotionnelle.

Tellement fort que le stagiaire récupéré au petit matin déclare : « Comment saviez-vous que ça m'aiderait d'être près d'un gros arbre ? » Ou bien : « Quelle honte d'avoir fait exprès de me mettre près d'un étang alors que je déteste l'eau dormante. »

Quelquefois d'ailleurs c'est vrai. On porte sur soi, par des signes non verbaux, sa symbolique. (On y reviendra.) Et on peut alors deviner comment atténuer de trop forts traumatismes, ou réveiller une sensibilité particulièrement endormie. Mais, souvent, je le jure, on n'a rien fait de spécial. Le visiteur nocturne reconstruit le monde dans sa tête. Il s'accroche positivement ou négativement aux lieux de son séjour nocturne.

Et ce lien est si intégré, si dépendant de sa profonde et unique sensibilité individuelle, qu'il ne conçoit pas que, pour un autre, c'eût été différent. Et c'était, de ce fait, tellement fort qu'il se dit : « Ce n'est pas normal, ils ont dû le faire exprès. »

Mais si, c'est normal ! Les énergies émotives conduisent le comportement, derrière les façades intellectuelles et rationnelles. Et on a construit les conditions adéquates, quoique minimum, pour leur laisser la bride sur le cou.

L'émotion, sa puissance, son mystère. C'est elle qui décide de l'amour des rivières et de la détestation des autoroutes, et inversement.

Et quelle que soit la solution retenue pour passer la nuit, ce que l'on fait se ramène toujours au vécu et au pilotage des émotions. De même que la terreur est majoritaire (mais pas complètement généralisée), le mode de gestion émotionnel choisi est presque toujours la lutte contre la peur.

Il n'y a aucune consigne à ce sujet. Aucune consigne d'ailleurs en dehors de l'élimination des lampes et des tentes.

Responsabilité, autonomie, risque personnel de débloquer complètement pendant quelques heures. Et qu'est-ce qu'on a appris ?

Dans la vie courante, au fil des jours de bureau et des vacances programmées, on ne trouve rien qui puisse servir dans la nuit solitaire.

Là, personne à qui téléphoner, pas de chef de service, pas de meilleur copain, pas de petit(e) ami(e), pas de topo-guide, pas de bréviaire de « comment passer la nuit à ne rien faire dans un lieu nocturne où on n'a rien à faire ».

Très grave. Situation sans précédent.

Le temps de s'en rendre compte, et la pensée inconsciente grimpe déjà à l'assaut de la raison en même temps que les fourmis sur lesquelles on est assis entreprennent l'escalade du pantalon.

Encore quelques minutes pour s'accrocher aux ronces, caresser de la main une touffe d'orties, et ça y est ! On le sait. On le savait d'avance. On a peur !

« Éviter ce qui est difficile au lieu d'apprendre à faire ce qui est difficile. »

Non, vous n'avez jamais lu ce conseil dans votre hebdomadaire favori, ni entendu ce slogan à la télévision.

Mais cependant il est passé, par les multiples canaux insidieux et subliminaux des ambiances de tous les jours.

Alors il faut cesser d'avoir peur.

L'autruche est un premier modèle. La tête dans le sable. Ou en tout cas dans le sac. Et on a déjà vu le veilleur, le guetteur de nuit. Il y a aussi le fuyard qui bougera tout le temps, aucun coin ne trouvant grâce à ses yeux. L'aménageur qui en cassant des branches et piétinant l'herbe apportera sa marque. Le chanteur qui fait son propre bruit. L'amoureux de nounours perdus depuis longtemps qui est pris d'une soudaine affection pour son sac à dos. Celui qui veut s'endormir pour échapper, ou qui imagine être déjà au matin devant un petit-déjeuner gargantuesque.

Mais c'est toujours comme ambition : sortir de la situation, ne pas l'accepter comme telle. Ne pas s'accepter soi-même avec ce serrement de cœur, cette inquiétude, cette incertitude. Cette révélation d'être au contact de forces énormes, anciennes, primitives, autant à l'intérieur de soi qu'au fond des espaces forestiers.

Fuir la peur. Conduite d'évitement. Ne jamais résoudre un problème faute d'avoir le courage de s'y confronter. L'école psychiatrique de Palo-Alto, Paul Watzlawick et consorts, raconte à ce propos l'histoire de l'agoraphobe, celui qui a peur de la foule.

Tellement peur qu'il n'est pas sorti de son appartement depuis dix ans.

C'en est assez pour lui. Il décide de se suicider. Et aucun moyen ne lui convient.

Tous affreux !

Mais il a une idée géniale. Il est sûr qu'il mourra de peur s'il sort de son appartement et va se mêler au grouillement de gens qu'il aperçoit en bas sur la place.

Alors il y va. Pour mourir ! Pas pour affronter son problème. Mais c'est de ce fait ce qu'il réalise. Quelques minutes plus tard, non seulement il n'est pas mort, mais il est guéri. Il n'a plus peur des concentrations de gens.

Avec la nature, c'est pareil. Le stagiaire argumente : « Mais j'ai peur, j'ai peur ! » La réponse existe. Elle est simple : « Continue. Tu es sur la bonne voie. »

Dans les sociétés traditionnelles, quantité d'initiations à l'âge adulte, nombre de formations à la qualité de shaman ou de magicien, sont basées sur le contact avec la peur.

Pas comme on le croirait, pour la dominer.

Mais pour la vivre, passer au travers.

Ceux qui le comprennent, ou plus exactement qui le ressentent intuitivement, sont ceux qui sont vraiment terrorisés, ceux qui ne savent même pas ce qu'ils craignent.

Passe encore de trembler à l'idée de voir ses tripes répandues à profusion sur le chemin par le sanglier. Ou si l'on est une femme de dessiner le portrait-robot du braconnier violeur. Ce sont des dangers cernés. Identifiables. On peut en faire le tour, dire ce qu'ils sont.

Mais quand on ne sait pas de quoi on a peur, c'est une autre affaire. Ces angoisses lentes qui bloquent le diaphragme, coincent la respiration, accélèrent le cœur en ondes frénétiques, comment y faire face ? Les images inconscientes rament de toutes leurs forces vers la surface qui ne veut guère les accueillir. C'est la vraie trouille, intense, panique. Il y en a qui trouvent la solution.

Il est bon de le répéter, ce sont les plus choqués, les plus traumatisés. Pas tous. Certains se ramassent à la petite cuillère. Mais ceux qui innovent ne se rencontrent jamais dans la catégorie des moyens trouillards qui se contentent d'adjuvants.

Qu'est-ce qu'ils font, les créatifs de la peur ? Sans réfléchir, sans préméditation, ils réinventent la vieille méthode des shamans. Pour cesser d'avoir peur, il faut avoir encore plus peur. La gueule du loup ! Directement. « Si je ne m'étais pas jetée dans les broussailles, je serais morte sur place. »

Voilà un exemple. Ce n'est pas du courage. Pas du tout. C'est le type de personne qui jusqu'au dernier moment réclame une assistance.

La conduite d'évitement, dans ce cas, ne suffit pas à rassurer. Il ne reste que la politique du pire. Y aller voir. Ça commence très mal. Griffures, déchirures, bains de boue. Submersion de sensations négatives. Ça dure, et on est toujours vivant. Surprise, voilà même qu'on est un peu habitué. De nouveaux repères se créent dans ce qu'on croyait informe. Le clivage se fait entre dangers objectifs et imaginaires. Il faut toujours éviter de se mettre dans un ravin, mais sans plus. Il y a des retours de bâton, des rechutes. En quelques minutes un nouvel assaut de la peur s'insinue... Au-delà il y a autre chose...

Ce n'est pas que l'on ne soit plus du tout effrayé. Les arbres tordus, les buissons tentaculaires, les trous d'eau représentent toujours les grandes forces cosmiques de l'univers. Mais, comment dire ? Avec une autre couleur.

On est impressionné. Par la nature. « Toute cette vie, toute cette spontanéité, qu'est-ce que ça veut dire ? » Par soi-même. « Comment ai-je fait ? »

La pensée consciente n'y comprend rien.

Ça s'est passé en dehors d'elle. Même pour être tout à fait franc, complètement contre elle.

Elle aurait conseillé la sécurité, le calcul, la réflexion planifiée.

Ce cheval sauvage qui a pris les rênes du comportement est une part de la nature. Celle qui vit à l'intérieur de l'homme. Spontanéité, désir, intuition, mouvements incontrôlés... Stupidité du point de vue de la stricte raison, la plongée dans les ronces a été décidée par le vieil animal sensible qui choisit ce que nous aimons, ce que nous détestons, ce qui sera fraternel ou que l'on haïra...

Part archaïque de l'esprit ? Système adaptatif performant ? Avec une simple sortie en minibus dans les bois, nous voilà en pleine neurophysiologie, en pleine psychanalyse, au cœur de l'affectivité, et au bord d'un territoire démesuré et inconnu : nous-mêmes...

Arrête ! Eteint ! Ne salissez-pas !

Gardons l'eau propre Braconnier de la nature

L'habiller de balisages coloriés, de crépis neufs, de rivières sans arbres morts...

RETOUR AU BERCAIL

X % de Français pour la protection de la Nature.

Y % sont en faveur des grands mammifères sauvages.

150 % pour la sauvegarde de l'ours.

Il y en a de la majorité d'opinion, pour une minorité d'action.

C'est les gouvernants ! Ils freinent des quatre pattes. S'ils en avaient huit, comme les araignées, ils les utiliseraient toutes pour arrêter le grand élan des citoyens vers les espaces sauvages.

Comment est-ce qu'on sait tout ça ?

Rassurez-vous, on n'en sait rien.

Regardez un peu comment on essaie de comprendre où on en est, dans les relations avec la Nature.

On pose des questions aux gens.

Qui sont sympas. Ils répondent. Ou ils essaient. Ça n'est pas vraiment la même réponse le matin ou le soir, seul ou en présence des enfants, de la femme ou de la belle-mère. Du meilleur ami. Et la tête du questionneur y est pour quelque chose.

Pire, sortant à peine du stage nocturne, nous avons bien vu que, d'habitude, on ne connaissait pas sa position véritable, alors qu'on s'illusionnait, qu'on idéalisait, qu'on diabolisait, qu'on regardait ailleurs. Quel crédit accorder à ce qui est dit par une personne, même sincère, qui n'a de plus, jamais expérimenté ce dont elle parle.

Voir l'ours dans la montagne, combien savent vraiment l'effet que ça leur ferait ?

Rien que la campagne, rêvée et désirée si fort. Ne faut-il pas pour qu'elle soit présentable l'amputer de ses épines, de ses coqs qui chantent trop tôt, de ses chiens vagabonds, de ses taureaux supposés encore plus fous que les « vaches folles » ? L'habiller de balisages coloriés, de crépis neufs, de rivières sans arbres morts...

Allons donc. Si la civilisation avait vraiment tourné casaque en faveur de la nature ça se saurait. Ça se verrait ! La réalité se cache. Pour seuls révélateurs nous en avons les comportements et l'expression spontanée.

Observer, sans intervenir, ce que fait l'homme. Ce qu'il dit. Sans l'influencer. Et en faisant tous les recoupements possibles puisqu'il varie si souvent.

Un gamin qui donne des coups de bâton forcenés à une grande touffe de chardons en fleurs en dit plus que l'exposé, par son père, de l'éducation qu'il lui donne. D'une conversation de bistro, avec l'effet désinhibant de l'alcool, sortent des données inaccessibles à l'enquête d'opinion.

Avec nos stagiaires ébahis dans le petit jour, cela va être très difficile d'appliquer tous ces principes. Ce ne sera jamais parfait. On interfère toujours. Mais le fait de le savoir peut sans doute permettre de mettre la main sur quelques faits pas trop inexacts.

Le psychiatre Boris Cyrulnik dans son livre *Sous le signe du lien* nous prévient : « Toutes les observations qui vont suivre sont fausses. »

« Mais le fait de le savoir, etc. [1] »

Fort de cet illustre précédent traitant de la manière dont se créent les liens humains, appliquons sans vergogne au lien avec la nature. Pour, derrière l'équation personnelle de l'observateur, trouver quand même quelques jalons.

---

[1] Boris Cyrulnik, *Sous le signe du lien*, Hachette.

❖

« J'aime pas les cafards.
— Pourquoi t'aimes pas les cafards ?
— Parce que j'aime pas ça ! »

Nous voilà bien avancés ! Ce dialogue est tout à fait du niveau de l'humoriste déclarant d'un air pénétré : « J'aime pas les nouilles. Heureusement. Car si je les aimais, j'en mangerais, et je déteste ça. » D'accord, le niveau n'est pas très élevé ! Mais dans la vie courante nous expliquons tous nos amours et nos détestations à cette altitude-là.

Comme si l'on ne pouvait rien savoir ! Seulement tourner en rond. Et du fait qu'on déclare que c'est incompréhensible, être sûr du même coup qu'il n'y a qu'une façon de voir les choses : la sienne. Comment pourrait-on aimer les cafards ? Mais, en étant entomologiste, tout simplement. Il y a des spécialistes des cafards. Ça les intéresse. Ils les aiment ! Ils les trouvent beaux ! Alors, retour au bercail, au cours du récit que chacun fait de ses aventures, apparaissent les grands thèmes de notre imagerie mentale. Sans fin. Toutes sortes de choses.

Mais ce qui est significatif, c'est le brouillard qui entoure les choix émotionnels. Leur déterminisme. Et leur intolérance.

Pour chercher à comprendre, il faut que les questions que les autres posent, ou que le chercheur invente, laissent à l'interlocuteur la plénitude de sa liberté de réponse.

Cela suppose un entraînement. Mais il n'y a pas que des échecs.

Demandons, par exemple, quelque chose à celle qui redoutait de trouver des cafards dans le mirador où elle a abrité sa nuit. Et qui a encore eu plus peur des cafards parce qu'elle n'en a pas trouvé. À cause du manque de lumière. Seulement ça, ou à cause de quelque chose d'autre ?

Lorsqu'il connaît la cause de la terreur en question, l'animateur peut orienter la personne dans la direction adéquate. Mais il ne doit jamais rien lui dire explicitement. C'est le caractère personnel de la découverte de la source de l'émotion terrorisante qui donne sa valeur au résultat. Sinon ce n'est au mieux qu'une hypothèse de chercheur.

Alors, que...

Mais continuons :

Question : « Est-ce qu'avec de la lumière tu n'aurais pas peur des cafards ? »

Réponse : « Bien sûr que si !

— Ah bon. Pourquoi ? »

Petite pause, hésitation, tâtonnements...

On peut aider. Suggérer d'imaginer les cafards.

« Non, ça me fait horreur !

— Allez, fais-nous plaisir, imagine quand même, qu'est-ce que tu vois ?

— Ils sont sombres. Tous plats. Ils courent très vite se réfugier...

— Se réfugier ? Où ça ?

— Loin de la lumière, dans des trous, non, dans des fentes invisibles. Il peut y en avoir partout, sans qu'on le sache. »

Et après ? Patience...

« Quelle est la caractéristique la plus "cafardesque" que tu pourrais retenir, celle qui crée l'essence même du cafard ? »

Le diagnostic tombe : « Ils sont tout plats. » On est bien avancés !

Mais oui, et on peut aller plus loin.

« Et maintenant, regardons voir s'il n'y a pas d'autres animaux qui font des effets qu'on pourrait comparer à ceux du cafard, même si c'est moins fort.

— Ben... les mille-pattes. »

Bon, allons-y. Caractéristiques du mille-pattes.

Nombre de pattes. Imaginons... La bête serait-elle moins terrifiante avec moins de pattes ?

Oui. À partir de combien de pattes sera-t-elle tolérable ? Dix. Cinq. Deux ?

« Non, non, même avec deux pattes, ça me ferait peur, parce que ça court très vite ! S'il y a beaucoup de pattes c'est plus spectaculaire, mais au fond, ce qui m'impressionne en réalité, c'est que ça va vite. Alors, même s'il y en avait que deux... » On peut voir, on peut saisir sur le vif comment la pensée consciente, complètement pas habituée à un tel exercice, tape à côté de la plaque, avant de saisir le fil conducteur.

Et maintenant, ne nous décourageons pas. Qu'y a-t-il de commun entre le cafard et le mille-pattes ?

« C'est des insectes. »

Non, les mille-pattes font partie des Myriapodes qui, pour être de lointains parents des insectes, ne risquent pas de leur ressembler anatomiquement. Mais voilà que fantasmatiquement « ils ont l'air de... » ! Et c'est ça qui compte au niveau du frisson.

Autre essai : « Ils vont tous les deux très vite se planquer quelque part. Ça court à toute allure. Le regard peut à peine les saisir ! Et les mille-pattes, ils sont pas aussi plats que les cafards, mais il ne s'en faut pas de beaucoup. »

Pas d'arrêt en si bon chemin ! Il nous manque maintenant une petite liste de tout ce dont elle a peur. Et en dehors des insectes ou de ceux qui ont l'air d'en être. Pour voir si la comparaison identifie encore des traits communs.

« Je vois pas... Je vois pas... »

C'est à ce moment-là qu'il faut faire taire les autres qui vont lui proposer leurs propres monstres. Et ne pas se décourager. Être sûr qu'il y a quelque chose à voir.

En effet : « Y aurait bien aussi les chauves-souris. Puis les grenouilles. » Alors là, on pourrait jeter l'éponge ! On saisit le lien mille-pattes-cafard. On lui aurait concédé l'araignée. Certains l'attendaient. Elle n'est pas au rendez-vous. On a sous la main un batracien et un chéiroptère.

Ailes membraneuses de la chauve-souris. Noirceur de la peau. Vitesse du vol. Et quoi ? Et quoi ? Les griffes. « Ça pourrait s'accrocher dans mes cheveux. »

« Est-ce que c'est déjà arrivé ?

— Bien sûr que non, je n'aurais pas pu supporter. »

Allons-y, vivons la scène, tout improbable qu'elle soit. C'est un effort très dur qui va justement contre la conduite d'évitement. Ressentir, décrire pour d'autres une expérience imaginaire, mais terrifiante et humiliante.

Ne nous étonnons pas que la stagiaire bégaie ou saute des mots dans ses phrases.

Mais voilà : « Quelque chose qui va si vite que c'est presque invisible, sombre et de contact très organique, très collant, peut m'enfoncer quelque chose dans le corps. »

Repos. Ou plutôt changement de souffrance : la grenouille. C'est seulement le contact pressenti de la peau, la fixation d'un épiderme étranger sur le sien. Peut-être une pénétration insidieuse d'on ne sait quel suc vénéneux.

Résumé des chapitres précédents : on risque la pénétration par effraction à l'intérieur du corps de la part d'une entité quasi invisible, cachée, et à la fuite rapide.

Condensons ainsi le cafard, le mille-pattes, la grenouille et la malheureuse chauve-souris : viol de l'intégrité corporelle par une puissance sournoise.

Alors, pour vérifier, on va sortir de la nature. Et faire des propositions d'objets de peur qui, si l'interprétation est juste, susciteront l'horreur de notre amie stagiaire.

On va prendre quelque chose, qui, tout en étant un objet ou un individu marqué par la civilisation, doit représenter symboliquement les mêmes racines de la peur de l'effraction intime.

« Et maintenant, pourrais-tu, en changeant complètement de sujet, imaginer une situation non naturelle où on observerait la même réaction de ta part ?

Par exemple, peux-tu nous décrire ce que tu éprouves devant une seringue, ou en face de quelque chose qui y fait penser ? »

C'est une explosion.

« Oui, ah oui ! Le dentiste ! C'est pire qu'une seringue. Ça va à l'intérieur. On ne voit rien. On ne le voit même pas opérer, il peut se passer n'importe quoi ! »

Le terrain est déblayé. Allons-y maintenant. On repasse les images. Les blattes pourraient bien, en vous grimpant sur le ventre, pénétrer à l'intérieur du corps. Manger de l'intérieur peut-être. Dans ces images mentales, le mille-pattes va rencontrer son cousin (insecte) le perce-oreille. Toutes les griffes sont au rendez-vous...

C'est un vieux problème dans notre insertion au sein des écosystèmes. Nous sommes dépendants de notre intégrité corporelle sur une planète où tout le monde mange tout le monde. Mais c'est une réalité qu'on ne regarde guère. Cependant elle nous tracasse. Notre esprit brode là-dessus, pour savoir qui pourrait envahir ce territoire sacré de notre corps. Et les images se construisent de « la bête dont on a le plus peur ».

Après, il n'y a plus qu'à la projeter sur quelques malheureuses bestioles, certes un brin carnivores, mais qui dédaignent nos anatomies de civilisés bien nourris.

Et cependant il y a les punaises des lits. Preuve que le problème peut devenir réel, que parfois la réalité rejoint la fiction. Pauvre dentiste !

La part de la nature dans ces phénomènes est essentielle. Nous y fonctionnons par l'émotion... Dans les sphères les plus secrètes.

CANIS VARIABILIS

Celui-là, quand on a voulu le faire monter dans le minibus, après la nuit de stage solitaire dans la grande forêt d'épicéas, il a exigé qu'on prenne avec lui un invité qu'il ne voulait pas abandonner.

Le nouveau venu avait l'air circonspect. Il a d'abord flairé consciencieusement les sièges proposés, dévisagé d'un air interrogateur et légèrement dédaigneux la bande d'ahuris hirsutes et trempés qui lui faisait face.

Puis, jetant un regard complice vers celui qui l'avait amené, il a fait trois tours sur lui-même, s'est couché, et s'est endormi sans écouter ceux qui, dans l'espoir de connaître son nom, s'obstinaient à l'appeler « Médor ».

Certains penchaient aussi pour « Pataud » vu le style général du personnage, mais on ne savait toujours pas d'où il venait. Surtout pas celui qui l'avait invité. À les voir arriver tous les deux, quasiment bras dessus, bras dessous, on avait pu croire qu'ils se connaissaient.

Bien sûr que non !

D'ailleurs tout cela avait fort mal commencé. Réfugié dans son sac de couchage, l'humain comptait les heures, peut-être les secondes, qui le séparaient du petit jour salvateur. Se demandant quels dangers allaient l'assaillir. Et voilà que de derrière les broussailles noires venaient des bruits de pas furtifs. De reniflements...

Le suspense ne dura pas, car le deuxième héros de l'histoire, le chien, ne put résister à la curiosité de contempler vraiment cette étrange saucisse bleue d'où sortait une tête ébouriffée suggérant quelque chose d'humanoïde.

Pas trop loin, pour voir. Pas trop près, en cas de pépin. Là-dessus ils étaient tous les deux parfaitement d'accord. Pour le reste...

Pour le reste on ne connaît que le point de vue du stagiaire, l'autre ayant obstinément refusé de répondre aux questions. La version des faits ne peut donc qu'être unilatérale. Il y aurait eu des grondements. Devinez de la part de qui ? Des babines retroussées sur des canines que la pénombre portait à imaginer pas vraiment émoussées.

En même temps, foutu pour foutu, l'aventurier solitaire choisit de ne pas bouger. De rester tranquille. Et d'engager la conversation sur un ton nettement décontracté.

C'est comme ça que la trouille se transforma en amour fou. Quelques gestes sympathiques, des avances prudentes mais sans équivoque, et les deux fauves passèrent la nuit ensemble. Finie la solitude. Tant pis pour l'expérience de l'isolement, qui de toute façon avait été fort bien vécue.

Avec l'arrivée du danger, la conscience du danger, puis l'assimilation de l'objet terrorisant dans son monde intérieur. Sur un mode d'harmonie et de collaboration... D'accord, c'est plus difficile avec les loups.

Mais tout de même, la nature se conduit parfois en fonction de nos propres attitudes.

Les abeilles sont sensibles aux mouvements brusques, à l'énervement, peut-être à des effluves chimiques venus de la peur. L'effet « magnétique » ou « électrique » qui émane de certains êtres humains est aussi une source d'attraction ou de répulsion.

Toutes sortes d'exemples fonctionnent de toutes sortes de façons. Traversant un marais en compagnie d'un collègue qui n'aimait (déjà vu) ni les piqûres, ni les dentistes, au point de tomber dans les pommes à la vue de la seringue, nous fûmes attaqués par des spécialistes : les taons. Pour assurer la maturation de leurs œufs, les femelles pompent le sang des mammifères à sang chaud.

Comment reconnaît-on un mammifère à sang chaud ?

Ça sue. Ça sent.

Après avoir dégusté les premières piqûres, si on se met à redouter les suivantes, tous les mécanismes physiologiques de la peur se mettent en jeu. Et alors, entre autres, les glandes sudoripares ne chôment pas. Si bien que la victime devient un véritable phare-balise pour les taons. « Attention, venez par ici, il y a du bon sang ! » Message parfaitement involontaire, mais parfaitement émis et complètement efficace. Mon cher camarade eut dans les quarante coups de lancettes et votre serviteur cinq ou six, étant exactement côte à côte avec lui et immergé dans le même nuage de bestioles. Quel rapport avec Médor, ou Pataud ?

C'est que les messages qui induisent l'attaque peuvent parfaitement venir de nous-mêmes. La méchanceté supposée de la nature dans le siècle de l'ortie n'est que la conséquence d'attitudes inadaptées de notre part. Certains savent ramasser la fameuse plante sans se piquer beaucoup. Ou s'en moquent, ce qui revient au même : absence de sentiment d'hostilité et de rejet.

Il y a des dangers objectifs dans le milieu naturel. Une avalanche ne se détermine pas en fonction des gestes d'amitié que vous lui faites ou pas. Et il y a des serpents tropicaux avec qui le dialogue est difficile.

Cependant, cependant... nous nous envoyons des messages à nous-mêmes.

Celui qui s'en va dans la sauvagerie, non pas le nez au vent sans précaution, mais avec cependant un sentiment d'appartenance au monde qu'il visite, est dans un mode d'action souple, adaptable, tranquille. Face au danger réel il dispose de toutes ses ressources.

Le repliement sur soi, l'inquiétude, l'envie de dominer, de forcer, de détruire, nous entraînent à ces réactions heurtées, chaotiques, désastreuses, qui décuplent le danger et en tout cas interdisent d'y parer efficacement.

Pour se faire mordre par le chien, c'eût été très facile. Il suffisait de montrer autant de peur que lui, de sauter sur ses pieds, ou simplement de parler brutal et sec.

La part de la nature dans ces phénomènes est essentielle. Nous y fonctionnons par l'émotion et sa traduction préférée, le langage non verbal. Nous nous autosuggestionnons avec des symboles négatifs. Nous en transmettons, dans le ton de la voix, le style du geste, l'éclat des yeux. Tout ce secteur est qualifié par le langage verbal comme étant du « naturel ». « Il, ou elle, n'était pas naturel ce soir-là. » « Il composait ses allures, forçait sa voix, déguisait son émotivité. »

Pas question dans cet état-là de communiquer avec un animal sauvage. Et ce n'est pas possible non plus de faire passer alors du positif entre nous-mêmes et nous-mêmes. Entre notre cerveau conscient et la grosse bête hypersensible qui, tout au fond, est aussi nous, et s'emballe pour des désirs ou des répugnances définitives.

❖

Mais tous les chiens ne sont pas les mêmes. Ils sont variables. Il y a les bons et les méchants.

Voire !

Celle-là, dans la nuit, toute seule, n'a pas dormi. Elle entendait un chien aboyer. C'est sûr, il allait venir. Tout ça l'a tenue éveillée. Jusqu'au petit matin. Même après que les aboiements se sont tus, car l'autre était peut-être en route vers elle.

Persuadée que c'était le signe d'une volonté d'attaque, elle surestimait beaucoup le flair de l'animal. Car, renseignement pris, elle était à deux kilomètres de l'objet de sa terreur qui officiait depuis le village.

Explication rationnelle : la personne avait dans le passé été attaquée en passant en courant près d'une ferme. Les canidés n'aiment pas le sport. En tout cas ils sont tous pareils. Prêts à mordre.

Mordre ? « Surtout toi ? » lui demandai-je.

La réponse était étrange. Les chiens ont envie d'attaquer tout le monde. Peut-être, d'accord, certains plus que d'autres. Et on devrait obliger les fermiers à cadenasser tout ça. On doit imposer. C'est catégorique. Il faut forcer les chiens à garder la niche. Punir le maître qui ne s'en soucie pas.

Et ce chien-là l'a attaquée, elle, personnellement. Alors qu'elle ne faisait rien !

Pour aller plus loin il fallait lui demander, dans l'hilarité générale, de se mettre dans la peau du chien.

Ce fut très dur.

On le sait bien, chez les chiens comme chez les hommes il y a des têtes à claques, des excités. Quelque chose dans l'expression de notre amie donnait l'intuition que ce n'était pas vraiment sur cette catégorie qu'elle était tombée. Elle ne pouvait imaginer le spectacle qu'elle avait pu représenter pour un chien désœuvré : tenue spéciale, allure étrangère, petites foulées qui incitent à suivre du même pas, claquement des pieds sur le sol, odeur due à l'effort physique. Qu'auriez-vous fait à sa place ?

À la fois à la place de la fille. Et à la place du chien ?

Lui, il a démarré vers un nouveau jouet, qui, quand même, n'aurait pas dû se trouver là.

Trop inhabituel. Trop étranger. Et dont le message était pour le moins équivoque. Incompréhensible. À contrôler. À intimider peut-être un peu.

Mais quand elle a eu peur, le chien a compris.

Le non-verbal, ils ne connaissaient que ça. Si elle n'est pas rassurée, c'est qu'elle n'a pas la conscience tranquille ! Il sait très bien comment il fait lui-même en certaines occasions.

Les effluves de la peur sont alors dans l'air. Des deux côtés. Matériels par les odeurs, mais aussi par les mimiques inconscientes de la sportive qui dit, par tous les pores de sa peau, par un indéfinissable changement dans le jeu de jambes, par un coup d'œil rapide en coin et l'accélération de son souffle, qui dit : « Sale chien, sale chien, il faut te faire quelque chose, je sais pas quoi, mais de très mauvais pour toi ! »

« Il a attaqué aussi mon mari, c'est bien la preuve que ça ne vient pas de mon langage non verbal ! »

Ils étaient deux ! Ce qu'on ne savait pas au début de l'histoire. Ça en fait des émotions pour le spectateur à quatre pattes. Et puis « qui se ressemble s'assemble ». Est-ce que par hasard ils n'émettaient pas tous les deux dans l'ambiance la même philosophie anti-canine ?

Et ce goût de l'imposition du contrôle à ce qui intervient inopinément, est-ce qu'il est spécifique à cette aventure ?

Ou complètement général. S'appliquant par exemple aux élans, aux émotions personnelles. Pas besoin de boule de cristal. On peut proposer à la victime du chien, à partir de son aventure, une esquisse de son profil mental anti-émotionnel, et des effets les plus usuels qu'il produit sur son entourage.

Dans les sphères les plus secrètes.

Le confinement des chiens dans leurs niches, des hommes dans leurs bureaux, de la nature dans ses parcs, des rivières derrière les barrages, pourrait bien être le signe du triomphe d'une religion impérialiste qui n'avoue pas son nom : l'ANTI-NATURE

l'ANTI-ÉMOTION.

LE SEXE ET LA LOIRE

Vous êtes devant une pierre.

Vous la regardez. Elle vous regarde. Peut-être...

Une grosse pierre, un roc, au moins à votre taille.

Et alors, qu'est-ce que vous ressentez ? ...

...Ce n'est pas si facile de le savoir. En tout cas de le dire. Ce qui surnage, devant n'importe quel paysage, c'est qu'on se sent bien ou mal. Mais pas le détail du « comment-pourquoi ? ».

Certains pensent même qu'il n'y a pas de raisons. Le pont du Gard est beau, le Mont Blanc me fait de l'effet, le quartier de la Défense m'exalte ? Ou tout le contraire.

D'où ça vient, si ça vient de quelque part ?

Alors, devant la pierre ?

Si on ne réfléchit pas, si on laisse passer la sensation, il est bien difficile de ne pas retrouver de vieilles images communes à toute l'humanité. La solidité, la durée, la puissance, la consistance associée à la perception du rocher.

De là l'idée de résistance, de fiabilité, de confiance. Mais qui pourrait aussi être obstacle et dureté.

La résistance à l'usure, le temps, l'éternité... L'ancienne symbolique de la pierre renaît à son contact. La vision, le toucher, l'ambiance de l'espace, l'imagination, construisent une puissante onde passionnelle, instinctive et peu consciente. Mais incrustée dans le plus intime de la personnalité.

Ces courants-là, ces élans impalpables mais chargés d'énergie se déclenchent en fonction de deux pôles : le regardeur et le regardé, le toucheur et le touché, le senteur et le senti, etc. C'est-à-dire par voie sensuelle.

Une interaction entre la formule essentielle de notre identité et un objet extérieur crée l'idée d'harmonie, de beauté. Ou bien de fausse note, d'incohérence, de négatif. Pour l'un la pierre dominera en assurance de la pérennité de l'univers, en antidote de la fuite des choses. Il sera rassuré, apaisé, sans même le savoir. Et si le courant est parti dans un autre sens, ce sera la perception d'un objet encombrant, inutile, non façonné par l'homme, à la présence illégitime et condamnable.

Que la flèche émotive parte dans un sens ou dans un autre dépend du regardeur, puisque la chose extérieure est toujours la même : assemblage d'atomes, molécules et formes, immuables à l'échelle humaine de perception.

Le promeneur, le voyageur, le touriste, le vagabond, l'ingénieur ont des idées. Des réflexions. Une opinion intellectuelle, peut-être, sur la nature des pierres et sur ce qu'il faut en faire. Mais contrairement à ce qu'ils prétendent souvent, ceci n'est pas le plus significatif et le plus important de leur attitude. Et même ce n'est que la surface de l'iceberg de leur position qui repose dans le puits insondable des sources de leur émotivité.

❖

On voit bien que ce fonctionnement risque de ne pas se limiter aux pierres.

Et s'il révèle notre formule émotionnelle, il permettra de comprendre bien des attitudes camouflées derrière de solides raisons, baptisées pour la circonstance « progrès social » ou « expansion économique ».

❖

Derrière le paravent de toute perception d'un espace, d'un lieu, d'une personne, il y a la source authentique du comportement. La réaction sensible.

Sachant cela on peut se promener dans le monde avec des lunettes qui permettent de voir des ondes invisibles à l'œil nu.

Cette image, symbolique comme il se doit, est toutefois complètement réelle, à travers sa formulation analogique. Les ondes électromagnétiques de la lumière ne sont que très partiellement captées et analysées par nos dispositifs visuels. Par exemple celles qui sont, par leur longueur, en dessous du rouge, les infrarouges, ne sont pas vues, mais seulement perçues comme chaleur. Et on a réussi à fabriquer des instruments qui transforment l'infrarouge en onde visible. On a des jumelles infrarouges, des fusils à lunettes infrarouges qui permettent de tirer sur les gens en les repérant par leur chaleur.

Et nous qui avons, je l'espère, des buts moins guerriers, il nous faut inventer le détecteur des infra-émotions. Des pulsions profondes, des sources du désir. Et de l'agression.

Et si on essayait un peu de s'en servir dans un cas concret ?

Il y a des branches mortes entassées sur les rives. Des saules très souples, très vieux qui penchent au-dessus de langues de sable.

Des tourbillons noirs se forment ici et là, rongeant sous les racines des aulnes. Le courant clair se tourne soudain en mare croupissante. Des contre-courants ont l'air de retourner vers la source.

Il y a là-dedans des poissons gluants, brillants, noirâtres, épineux, indolents ou furtifs.

Et puis, au centre du lit, un flot sauvage qui court, qui passe, s'entortille sur lui-même, et va où il veut.

Il vient de loin. Il va très loin. Au-delà de la prochaine courbe, de l'horizon. La Loire voyage...

Ce n'est pas tolérable.

Pas pour notre familière civilisation anti-nature.

On va construire des barrages sur la Loire pour limiter ses crues. Pour assurer les réserves en eau. À la fois pour les cités riveraines et l'agriculture. Peut-être, disent certains, pour refroidir les centrales nucléaires.

C'est du déjà vu, Itaipu, Tucurui, Sete Quedas, Manicouagan, Rivière la Grande... que peut nous apprendre ce mélange de Brésil et de Grand Nord canadien ? Qu'on fait aussi de l'électricité avec des barrages. Et qu'on en a besoin.

Sauf que...

Sauf que certains de ces monstres que les Brésiliens qualifient de « pharaoniques » sont en surproduction. Qu'Hydro-Québec justifie ses projets par la vente future d'énergie aux États-Unis qui n'avaleront peut-être pas tout. Mais cela permettra comme le dit la publicité de la compagnie d'« HARNACHER » toutes les rivières du Nord-Québec. Vous avez bien lu : TOUTES.

Et le mot québécois est la clef de la philosophie sous-jacente. HARNACHER c'est ce qu'on fait aux chevaux sauvages.

Pour les contraindre, les civiliser.

Faut-il harnacher tous les chevaux même si les domestiques sont bien utiles ?

Peut-on tolérer quelque part des animaux sauvages qui font ce qu'ils veulent, qui vont où ils veulent ? Au lieu d'être soumis à notre volonté.

La réponse est : NON.

Sans équivoque. Partout !

« On ne va quand même pas laisser ça comme ça ! »

C'est le refrain de tout aménageur, et que commence même également à chanter en chœur la soi-disant « Protection de la Nature ».

Il y a des fleuves qu'on ne peut pas « laisser comme ça ». Tapajoz, Rio Negro, passe encore ! Mais chez nous, à notre porte, ce nid de sauvagerie qu'est la Loire nous menace.

En quoi ?

❖

Les hommes ont plein de problèmes.

Relation avec les autres. Relation avec la nature. Ils ont fait une définition de cette dernière. En disant : on appellera « naturel » tout ce qui peut fonctionner sans notre volonté.

Et du coup ils ont eu de mauvaises surprises. Parce que la fameuse nature ils en ont trouvé tout plein en eux-mêmes. Et d'abord la sexualité.

Ça, c'est vraiment la part du sauvage. Une très vieille force qui se fout de tous les barrages. Qui surgit quand on ne l'attend pas, qui bouscule, qui s'étale, qui envahit, qui noie les défenses conscientes.

Fleuve émotionnel, la sexualité a toujours fait l'objet dans les sociétés de la plus grande attention. Les systèmes les plus compliqués ont été inventés pour la gérer.

Malgré tout, elle est demeurée la quintessence de l'instinct et des pulsions non volontaires.

Avec des organes qui semblent remonter à la nuit des temps. Et qui déjouent un peu la belle dignité aseptisée du formalisme social.

Sa puissance passe par la sensation. La vibration intime de notre formule émotionnelle s'y déploie selon ses caractéristiques propres.

Comme devant la pierre, au contact du vent, sous le souffle du désert...

On dirait que se sont donné rendez-vous là tous les mystères et tous les courants d'énergie. Et qu'on ne peut pas manifester une prise de position sur quoi que ce soit sans qu'un petit quelque chose de sexuel montre son nez.

Non pas bien sûr par ce qu'on en dira de façon consciente, mais par toute cette mise en scène du corps qu'est le langage non verbal. Aussi par les lapsus, le choix des termes, tout ce qui est à lire entre les lignes.

Alors, savez-vous pourquoi on souhaite construire des barrages sur la Loire ?

Celle-là, rien ne la contrôle. Rien ne l'arrête...

Si elle était barrée on aurait le mouvement suivant : un élan fougueux et violent vient buter sur un socle rigide et s'en trouve refoulé et contenu.

Rappelons-nous alors comment toutes ces idées ont été défendues. Particulièrement par quelqu'un dont l'action s'est déployée dans d'autres domaines apparemment sans rapport aucun.

C'était le temps des débats sur la morale et la sexualité. Et son avis sur la question reposait nettement sur le principe d'endiguement.

Aussi n'était-ce pas par hasard qu'un soir une salle le chahutait aux cris redoublés de :

« ÉNERGIE... SEXUELLE !
ÉNERGIE... SEXUELLE ! »

Alors, la route de MONOPOLIS ? Ne cherchez pas.
De quelque côté que vous tourniez, vous y êtes.

Vous êtes devant une pierre. Vous regardez. Elle vous regarde. Peut-être…

Les Associations de Protection n'ont pas voulu de cette image de marque de défenseurs de la Nature telle qu'elle existe à l'état naturel. Les plus intrépides, qui ont restauré des lieux abîmés par l'homme, rendus à une allure ma foi fortement sauvage, se sont crues quand même obligées d'y planter leur pancarte.

Pour survivre,
il aurait fallu
s'appeler
REAUMUR-
SEBASTOPOL.

Regardez nos villes,
laissez-vous
imprégner de leur
dureté émotionnelle,
et pensez à ce que
serait le ciel, si nous
avions le pouvoir
de modifier la forme
des nuages...

Du côté de
Guaraqueçaba, il y a
des leçons à tirer
pour le département
de la Creuse.
Et réciproquement.

UN PIÈGE À ÉMOTIONS

BROUSSAILLE	OCÉAN	SCORPION
GLAUQUE	NUAGE	ÉTOILE
VACHE	SCHMILBLICK	SINUEUX
NET	RAGOUGNASSE	FOUILLIS
VIDE	POURRI	VER
RONGÉ	SOUPLE	VELU
POIL	SUCCULENT	

Vous pouvez le lire dans l'ordre qui vous plaît le mieux. C'est sans importance.

Mais vous ne pouvez pas le lire impunément. Il va défiler dans votre esprit toutes sortes d'images. Qui vous plairont ou pas. Mais induites obligatoirement par la résonance du mot.

Il paraît que, justement, les mots veulent dire la même chose pour tout le monde. Et on s'accorde sur la définition du dictionnaire.

Seulement voilà, le sens réel, celui que nous utilisons pour penser, pour nous raconter des histoires ou rêver à l'avenir, est un peu comme un territoire. Dont nous partagerions la plus large surface avec les autres, mais avec des petits coins bien à nous, bien retirés, où nous colorons le mot à notre façon. Parce que nous ne l'avons pas appris tous dans les mêmes circonstances avec tout à fait le même sens. Mais surtout parce que ce qu'il évoque nous renvoie à des sensations que nous valorisons différemment. Le bon et le mauvais, le beau et le laid, le nul ou le précieux, sont des catégories que nous infiltrons en permanence dans le vocabulaire émis ou reçu.

Et avec ça nous mettons la main sur une merveilleuse machine à comprendre les gens. Et à analyser la civilisation anti-nature et ses membres.

Car, comment soutenir nos hypothèses ? D'où viennent les informations ?

Voici donc une petite technique facile à mettre en œuvre. Plus délicate par contre à interpréter.

C'est très surprenant. On demande à chaque membre d'un groupe disposant chacun d'un exemplaire de la liste ci-dessus de donner une note aux mots. Pris isolément, chaque terme doit être noté d'une valeur allant de moins dix (- 10) à plus dix (+ 10). À savoir que non seulement vous traitez le vocabulaire selon une échelle de valeur, mais vous le catégorisez aussi en répulsif et attractif par le + ou le -.

Ce travail commence dans l'ébahissement général. Les mots sont faits pour être utilisés, pas pour jouer les bons ou mauvais élèves. Certains prétendent que c'est impossible, que le mot est neutre. Ou qu'« à quoi bon puisque tout le monde mettra la même chose ? »

Le principe même de l'expérience est inconcevable tant le phénomène de valorisation positive ou négative de la terminologie est inconscient.

Il faut aller jusqu'à dire : « Tant pis, mettez n'importe quoi. » Car vous savez bien que ça ne peut être n'importe quoi ! Que moins la volonté participera, plus l'émotivité s'exprimera.

Rien n'est au hasard dans cette liste. Il y a bien sûr du rechange possible, mais les choses qui y sont évoquées renvoient à quelques-unes des grandes directions de la sensibilité. Avec des images respirant la facilité, le consensus... D'autres semblent peu sérieuses, délirantes, inventées (schmilblick, ragougnasse).

La surprise est partout, au moment des résultats qui sont très significatifs. La plupart n'y ont vu qu'un divertissement un peu douteux. Ils n'ont pas contrôlé leur expression. C'est merveilleux de spontanéité.

La stupéfaction vient de la découverte de notations très hétérogènes pour des mots culturellement positifs comme OCÉAN - NUAGE. En effet l'un aura perçu des profondeurs menaçantes, et l'autre l'espace horizontal fascinant pour navigateur solitaire.

Au contraire, pour d'autres, la profondeur sera l'attrait de l'inconnu. Et il peut y en avoir un qui ait très peur de l'ouverture spatiale de l'océan.

Les notes pleuvent. Contradictoires. « Comment peut-on penser ça ! » s'exclame-t-on au vu de résultats différents des siens.

Non seulement le terme choisi n'aura pas forcément fait surgir la même image de la réalité, mais au cas où c'est la même, elle peut être jugée très différemment. Il y a cependant aussi des mots rassembleurs. En plus ou moins. ÉTOILE a beaucoup de supporters. SCORPION pas tellement.

Ceux-là étant sans mystère, on croit facilement en faisant le test que les autres sont pareils. NET ne l'est pourtant pas autant que son sens littéral veut le dire. Il y en a qui trouvent à la netteté une certaine froideur. SUCCULENT qui plaît beaucoup a pour quelques-uns un relent organique. Quant à POURRI il n'attire que les naturalistes bon teint, habitués à la décomposition des corps et charmés devant les pommes moisies.

Mais ça existe... Les mots artificiels semblent sans objet. Qu'est-ce que le SCHMILBLICK a à voir avec la nature ? Eh bien, c'est que justement, en quelque sorte, il n'est pas naturel. Il peut faire le clivage entre esprits choqués par l'artificialisation des choses ou non. RAGOUGNASSE non plus n'existe pas. Mais il a dans sa sonorité quelques relents de cuisine et de fermentation qui évoquent des choses bien éloignées du métal et de la mécanique.

La note donnée ne suffit pas. Il est intéressant que l'individu essaie d'expliquer la raison du choix. Et même si au début il a beaucoup sucé son crayon avant de noter, en écoutant les autres, ses motivations affleurent à la conscience. C'est un festival ! Avec vingt mots on met en scène toute la société. Ceux qui ont un sens dévoilent qu'ils ne fonctionnent pas seulement par leur sens littéral. Ceux qui n'en ont pas grossissent le phénomène du « non verbal dans le verbal » en exhibant leurs sonorités clinquantes ou adoucies.

Ceux qui n'y sont pas passés pourraient critiquer. Par exemple, pourquoi diable, mettre POIL et également VELU. Est-ce que dans le dictionnaire VELU ne veut-il pas dire « qui a des poils » ? Répétition, redondance inutile ?

Mais voilà ! C'est que les gentils chats ont des poils. Et les araignées sont velues. Mais si... mais si. La même personne ne cote pas forcément du même chiffre le POIL et le VELU. Très souvent ça diverge. Le poil c'est l'animalité. Déjà certains vont l'évacuer par un moins huit bien senti. Mais tel qui l'a marqué plus dix en songeant avec délices aux fourrures sensuelles des félins, n'est pas forcé d'apprécier l'hirsutisme débridé et quasiment venimeux qu'il fantasme derrière le VELU.

Alors que ceux qui ont pensé à VELOURS...

Vous voyez où ça mène...

La VACHE n'a pas toujours la cote. Il paraît que certaines foncent sur les gens (- 7). Mais la rumination étant signe de sagesse, ça peut remonter à + 10. Le GLAUQUE partage les fanatiques du mystérieux et les amateurs de couleurs plus typées.

Quant à la BROUSSAILLE elle révèle une des frontières les plus fortes entre les esprits. Entre ceux qui aiment l'arbre mais pas les buissons qui l'entourent. Et inversement ceux qui adorent le foisonnement exubérant et crachent sur les « espaces verts ».

La différence de sensibilité saute aux yeux de l'interprétateur.

Toutefois il lui arrive de rester perplexe quand BROUSSAILLE et FOUILLIS, qu'il avait mis comme répétition parce qu'il y a là-dedans un thème essentiel, se retrouvent, contrairement à ce qu'il croyait, cotés différemment.

Instrument de projection des stagiaires donc. Mais aussi système de vérification des hypothèses. La réalité est toujours plus riche et plus complexe que ce que l'on croit. Surtout dans la tête des gens.

Qui pourraient bien détester de se voir ainsi mis à jour et enclencher le sabotage.

Il y en a !

On les repère facilement. Ils se sont forcés à mettre des notes moyennes partout, bien également réparties entre les plus et les moins. Avec, pour masquer le masque, de légers décalages de la moyenne : beaucoup de - 5, + 5, mais aussi pas mal de + 6, - 7, quelquefois + 5 1/2 pour rire parce que ce n'était pas prévu.

C'est très étudié. Mais faire volontairement de l'aléatoire est un truc qui ne peut pas marcher. Le voile jeté sur l'émotion trahit la forme de ce que l'on cache. Avec un peu d'entraînement on repère bien les dégoûtés des VERS qui ne veulent pas que ça se sache...

Plus la réponse prend délibérément une forme anodine, plus la puissance cachée est grande et significative pour celui qui l'éprouve.

Le piège n'est pas si mauvais. On y tombe aisément quand on ne le connaît pas. Et quand on le connaît, même pour celui qui l'a fait, tous les efforts pour le fuir reflètent tellement la réalité de soi, que plus on réussit à l'éviter, plus on plonge dedans.

Peut-on tolérer quelque part des ânes sauvages qui font ce qu'ils veulent, qui vont où ils veulent ? Au lieu d'être soumis à notre volonté.

FAUT-IL DE LA NATURE ?

« Les Diplodocus ont disparu, et dans la région, on les regrette pas spécialement. »

Voilà en substance ce que déclarait récemment un maire pyrénéen à qui on posait le problème de la survie de l'ours. Comment alors d'autres osent-ils rêver avec un frisson de délice qu'on pourrait bien, des fois, on ne sait jamais, au cœur des marécages du Congo, mettre la main, si on peut dire, sur quelque échappé de l'ère secondaire ? Ils peuvent chercher longtemps ! Mais ce qui est important, c'est qu'ils ont envie d'y croire. Eux, ils auraient défendu le dernier Diplodocus.

Pourquoi ?

Faut-il de la nature ? Est-ce qu'on ne pourrait pas s'en passer ? Au moins dans certains de ses aspects : serpents venimeux, jaguars et crocodiles.

Vivre dans un monde entièrement fait pour nous, n'est-ce pas ça qui constitue un idéal de civilisation ? Ne dort-on pas mieux dans son lit, objet pas tellement naturel, que sur un tapis de fougères ?

Celui qui répond croit toujours qu'il reflète une opinion générale. Qui n'existe pas. Les controverses à propos de la nécessité de la nature sont gigantesques.

S'étalant sans nous, ou malgré nous, sur de vastes espaces, la jungle est une bonne image des forces extérieures à l'humanité. Elle vit, elle grouille, elle progresserait si on la laissait faire. Encore une fois, la nature, c'est ce qui n'est pas nous. Doit-on laisser exister dans l'univers des choses que nous ne savons ni diriger, ni produire ? De l'AUTRE... ?

Cela vaut la peine de se promener parmi le foisonnement des réponses.

Il y a la science. Les sciences de la nature. Si on veut comprendre un jour la naissance de la vie sur Terre, supputer son émergence dans d'autres systèmes solaires, il faut peut-être en garder un peu ici.

Un peu. Pour la biologie moléculaire a-t-on besoin de toutes les espèces ? À moins que la clarté ne vienne des comparaisons du patrimoine génétique, au cas où on voudrait savoir comment a marché l'évolution ? Alors il en faut, beaucoup ! Beaucoup ! Et on se met aussitôt à regretter les illustres disparus : Brontosaures, Trilobites, Mammouths, etc.

Solution qui a pu sembler suffisante : les réserves de la biosphère patronnées par l'Unesco (Organisation des nations unies pour l'éducation, la science et la culture). On a convaincu les gouvernements de délimiter des zones à ne pas toucher. Là, pendant que tout autour le « développement » suivra son cours, seront préservés des morceaux originaux de la biosphère que les générations futures pourront étudier.

Le pari est fait, après quelques recherches, que ces aires spéciales contiendront l'échantillonnage nécessaire pour alimenter les travaux des labos du futur. Et avoir un jour une idée des règles du fonctionnement, des modes d'apparition et d'évolution des espèces.

Sans compter que là-dedans on va découvrir de nouvelles plantes, de nouveaux insectes. Qui dit « nouveaux végétaux », dit souvent « nouveaux médicaments ». L'utilitaire rejoint les spéculations des sciences fondamentales.

On est paré pour l'avenir.

On peut même faire mieux. Les conservatoires d'espèces, ou les conservatoires de gènes. Zoos ou jardins spéciaux où on transplantera l'espèce menacée. Avec parfois l'espoir de la réintroduire ensuite dans la nature, en des temps meilleurs.

Mais le glissement des idées va vite ! Est-il besoin de ramener un jour tout ça à l'état sauvage, puisqu'on aura de toute façon sous la main le matériel d'étude ?

Pourquoi les gènes se baladeraient-ils dans la Sierra Neblina alors qu'ils sont beaucoup plus accessibles en culture ou en élevage ?

On parle ainsi parfois de la conservation *in situ* (c'est le terme), c'est-à-dire sur place, dans la savane ou la forêt, comme d'une méthode déjà un peu ringarde. Garder la Nature. D'accord. Mais qu'elle tienne le moins de place possible.

Peut-on faire de la science seulement en conditions « non naturelles » ? La pesanteur fonctionne de la même manière en plein air ou en sous-sol. Mais la vie ?

La vie dont nous faisons partie. La vie qui est quotidienne et pas toujours drôle...

Ce qu'il faudrait compenser par la récréation dans la nature. La demande de nature, les loisirs de nature, ne sont-ils pas en pleine expansion ?

On fréquente les réserves naturelles, on écoute poliment le gentil animateur, on se rue sur les parcs nationaux, mais aussi sur les bases de plein air, les bois de Boulogne et les Aqualand.

Alors vient un argument massue. Pour que l'idée de conservation prenne racine il faut que la nature soit fréquentée. Elle n'a droit à l'existence que comme vase à expansion des traumatismes urbains.

Décor pour le jogging, le foot, le tennis ou l'écoute de la radio. Avec ses petits trains ou ses accompagnateurs, ses balises, ses panneaux si instructifs.

La régénération par la nature est un lieu commun qui s'expérimente au milieu des gens, sur des sentiers bien tracés, avec tentative d'incrustation dans les neurones de principes conservationnistes d'une touchante bonne volonté.

Mais si on lit bien les explications présentées à l'exposition de la « Maison de la Nature », en fait, on devrait conclure que notre présence n'est pas si nécessaire.

L'interaction des espèces présentées en schémas qui se croient simplifiés nous montre notre dépendance vis-à-vis de l'ensemble du monde vivant. Carnivores situés au sommet des chaînes alimentaires nous avons besoin de tous les autres. De la chair des herbivores qui digèrent mieux l'herbe que nous. Eux dépendant justement des végétaux qui captent l'énergie solaire.

Tributaires aussi du maintien de l'équilibre des facteurs physiques (gaz carbonique, climat, ozone), on aurait semble-t-il besoin de la nature même si on ne la fréquentait pas du tout. Steve Van Mattre a illustré la chose. En demandant à des enfants de choisir quel animal ou plante ils voudraient être. Et en cherchant les liens qui unissent chaque espèce choisie aux autres.

On matérialise le lien par une ficelle. Puis on tire au sort celle qui doit disparaître. Celui-là doit se laisser tomber à terre.

Et les ficelles se tendent, tout le monde tombe. Y compris l'homme...

On a encore trouvé une bonne raison : la survie de l'espèce humaine.

Et comme les régulations sont plus équilibrées quand il y a beaucoup de sortes différentes d'êtres vivants, la diversité est devenue un critère d'appréciation. On a trouvé les formules mathématiques qui l'expriment. On a repéré ses conditions optimales d'apparition : les ÉCOTONES, c'est-à-dire les lisières. Ou tout ce qui y ressemble : haies, bords de rivières, d'étangs, clairières...

Là se côtoient les habitants de milieux différents. Ça fait beaucoup de monde !

Ce qui n'est pas toujours satisfaisant. Il y en a toujours un qui vous dit : il manque le Loup, ou bien *Rosalia alpina* (très beau coléoptère des forêts) ou le « je ne sais quoi » qu'il aime et étudie particulièrement.

C'est ainsi que l'on se partage la nature ordinaire, champs et bois fleuris, et l'extraordinaire, où il n'y a peut-être pas de diversité, mais qui recèle l'ESPÈCE RARE. Devenue telle bien souvent à cause de nous.

Alors qu'est-ce qu'on fait ? Qu'est-ce qu'on veut ? Serons-nous satisfaits d'avoir trente-deux espèces de papillons communs batifolant sur 10 000 hectares. Où est-ce qu'on va se battre pour garder à une plante peu commune les 28 mètres carrés où elle daigne encore pousser.

Car la conservation sera réussie ou non, non pas en soi, mais selon que l'on appartiendra à l'une ou l'autre école.

Mais pourquoi pas les deux ?

Là c'est encore autre chose. Cela voudrait dire que la gestion de l'ensemble du territoire serait conduite avec des critères écologiques. Tels que notre coléoptère Rosalia, qui a besoin du bois mort pour ses larves, pourrait vivre dans une forêt exploitée. Que notre compère le Loup aurait quasiment le plateau de Millevaches pour lui tout seul, sans que celui-ci soit improductif (pacages extensifs, bois de chauffage, etc.).

Qu'on accepte le bois mort ? Et la perte de quelques moutons ? Quand on était forcés, d'accord !

Mais maintenant ?

Et s'il n'y a pas toutes les espèces ? Est-ce qu'un grand territoire avec une quantité moyenne d'êtres différents et même pas rares est préférable à un petit archi-diversifié ? Qu'est-ce qu'on veut réellement quand on parle de nature ? C'est la même chose au fond. Du non-humain. Mais sous quelles modalités ? À quelle dose ? C'est là que ça se corse.

Le spécialiste d'un groupe n'aura de cesse d'assurer la pérennité de la niche écologique de sa sauterelle préférée. Qui est aussi la sienne, de niche, sans quoi il perdrait son cordon ombilical privilégié avec la nature.

Et ceux qui ont le cordon différemment placé, qui communiquent par des sensations globales, un intérêt multiple, vont mépriser les « timbres-poste » des autres. Ces petits réduits rachitiques, témoins non seulement d'un type de sensibilité, mais aussi d'une politique.

Agir pour la nature, dans la société. Est-ce se résigner à la pénurie de nature ? Aux arbres comptés. Aux espaces confinés. À la disparition de l'Histoire naturelle de tous les enseignements. Ou à sa position, elle aussi, en « timbre-poste » par rapport à l'océan d'espace occupé par les autres disciplines.

On nage dans la confusion. On coule parfois. L'urgence des actions relatives à la nature, l'étouffement par la réunionite, la Tour de Babel des dossiers empêchent de se poser les questions de fond. Empêchent de rechercher les véritables motivations. De se souvenir.

De retrouver comment on est arrivé là...

Parce qu'on espère une nouvelle drogue issue des forêts vierges ? Pour survivre sur la planète ? Pour aller salir la neige sur des raquettes vert fluo ?

Pour mieux savoir qui descend en ligne directe du Diplodocus ?

C'est qu'il n'y a pas que le regard scientifique sur la nature. Ou, mieux, les naturalistes ont de drôles de parentés avec des gens peu recommandables : les artistes.

La beauté des papillons, mais aussi celle nettement plus inquiétante des chélicères[1] de l'araignée. L'éclatement de la foudre, la pénombre bleue de l'Amazonie, le champ des chèvres au coin du bois...

Et si tout était venu de cela ? Pas rationnel, pas logique, pas technique, pas scientifique... Émotionnel.

Les récits de James Olivier Curwood[2] ont entraîné bien des rêveurs vers la forêt du Nord.

Le rêve, à quoi ça sert ?....

Alors, faut-il de la nature ?

Vous êtes trop sûrs que je vais répondre « Oui ».

Mais attendez un peu...

---

[1] Mandibules.

[2] *Kazan, Nomades du Nord...*

ÉCOMUSÉES

Il s'appelle Madhu Ramnath. Il a séjourné chez les Muria, dans le nord-est de l'Inde. Ceux-ci sont très connus pour leurs maisons collectives de jeunes où se déroulent les apprentissages de la sexualité. Des gens intéressants, sûrement...

Lui, il était très intégré. Il était vêtu comme un muria, avec un certain nombre de colliers autour du cou[1].

Et voilà que, dans un souci universel de préservation de la nature et des peuples qui en sont proches, on a construit un ÉCOMUSÉE.

Il est allé visiter. Le gardien le connaissait. Ça lui a fait un drôle d'effet de voir exposés en vitrine les objets et vêtements de tous les jours. Quelque chose d'inexplicable. Mais comme un serrement de cœur. Tout ça n'était pas à sa place. Ou alors, si c'était vraiment là la place de ces ustensiles familiers, ça voulait dire que...

Malaise.

Quand a commencé la mode des restaurants, bistrots, salles de réunions avec fourches anciennes accrochées au mur, colliers de chevaux reconvertis en décoration, on a pu voir quelquefois réagir de vieux paysans que de malencontreux hasards de compagnie avec les jeunes

---

[1] Verrier Elwin, *Maisons de jeunes chez les Murias*, Gallimard, 1978.

fourvoyaient jusque-là. D'abord ils n'en croyaient pas leurs yeux. Puis ils faisaient la gueule. Pourquoi ? Ils étaient bien incapables de l'expliquer. En sortant du Musée, Madhu Ramnath a eu une surprise. Ce n'était pas le même gardien. Et il a été accusé d'avoir dérobé aux expositions son accoutrement quotidien.

Essayez donc de ressortir d'une rétrospective muséographiée de l'agriculture avec des sabots ? Ce gardien savait bien de quoi il retourne. Et quelle est la fonction des musées. D'incurables naïfs s'extasient sur la réalisation de villages à l'ancienne. Qu'on a pu construire parce que le modèle existait encore un peu dans les environs. On y met même de temps en temps de vrais moutons. Avec aussi de vrais faux bergers.

Tout est authentique. Copié sur mesure. À un poil près. L'aménagement intérieur itou : bancs, cheminées, cendres, tisonnier. On réunit dans le même « parc muséologique » les maisons de plusieurs provinces. Quel beau village pour imaginer l'ambiance du passé ! Qui, au contraire, était faite de l'atmosphère créée par des maisons presque identiques.

Et surtout avec des habitants !

Mais des habitants, on peut en mettre !

Ça vient, ça viendra ! Le conte comme autrefois avec une vieille plus vraie que nature, avec un chat super-authentique, sous des charpentes artificiellement vermoulues.

On fait tout cela par nostalgie d'une harmonie ancienne, paraît-il ?

D'où vient alors cette impression de faux-semblant ? Que tout le monde n'a pas d'ailleurs. Car il faudrait avoir vécu dans la vraie société traditionnelle pour sentir que celle-là est en toc. Et les points de comparaison se font rares. « Ah bon ! C'était ça ? » se dit le citadin qui n'a rien à quoi comparer.

Plus le temps passe, et plus le contraste nécessaire est impossible. En pleine sincérité, les concepteurs vous somment de ressentir le souffle mystérieux de la civilisation d'autrefois.

En Amérique on a trouvé un terme pour la fausse cuisine mexicaine, française ou chinoise. Plastic restaurants. Les restaurants en plastique. Ersatz de la vraie vie, de la vraie chose recherchée. Imitation. Pauvre et factice.

À qui il manque quoi ? Oh ! Rien, presque rien ! À qui il manque d'être vraiment ce qu'elle veut avoir l'air d'être. Forçant tant qu'on peut, pour être sûr de ce qu'on veut montrer, on croit que l'authentique peut se décider. Comme dans le fiasco des villes nouvelles. Ou l'amitié et l'amour sur commande...

LES CHOSES NE PEUVENT ÊTRE ELLES-MÊMES QUE QUAND ELLES SONT ELLES-MÊMES. Voilà une drôle de lapalissade qu'on est obligé de formuler devant les chaumières rutilantes de Lüneburger Heide (Allemagne), les troupeaux de races locales sauvées des eaux, les fêtes villageoises construites à la force du poignet.

Manque de courage. Si on aime tant ces traditions, qu'on les garde ! Et en même temps la civilisation rurale et agricole qui les faisait vivre. Mais on veut à la fois la destruction et la préservation.

Ce qui donne notre floraison de pathétiques réalisations « POTEMKINE ».

Si vous avez oublié qui c'était celui-là, Oyez, Oyez... conseiller et amant de l'impératrice Catherine II de Russie, il voulait la persuader de la belle vie que menaient les moujiks. On baladait alors Catherine à grande allure dans les rues d'un village où il n'existait en fait que les façades de simili-isbas. Devant les maisons, les soldats moustachus reconvertis en paysans d'un jour, exhibaient leurs bonnes mines. POTEMKINE-ÉCOMUSÉES, même combat ! Besoin de simuler avec du faux, parce qu'on est incapable d'avoir le vrai. Parce qu'on ne veut pas le vrai !

Les mots étaient là d'ailleurs, pour nous le dire : ÉCOMUSÉES. Abusons, malgré la réforme de l'orthographe de ce trait d'union qui nous porte à l'analyse sémantique.

Le musée, c'est là où sont les choses qu'on ne peut trouver dans la vie courante. Les œuvres d'art en un seul exemplaire qui ne courent pas les rues, qui ne seront jamais notre décor quotidien.

Et aussi les objets périmés. Les curiosités anciennes dont on n'a que faire mais qu'il est parfois pittoresque de contempler. Et qui est-ce qui est périmé en l'occurrence ? C'est ECO. Tout simplement. On s'étonne de voir tant d'écologistes travailler à leur propre empaillement.

Vous en doutez ?

« Jetez donc un coup d'œil sur cette coupure de journal. »

Polémique

« Le département est obsolète »

nous déclare M. Pierre Mazeaud (RPR) qui propose de transférer ses compétences à la région

L'Association des présidents de conseils généraux est divisée entre élus de droite et de gauche à propos de l'orientation donnée à son action par son président, M. Jean Puech (UDF-PR). La proposition de M. Pierre Mazeaud (RPR), député de la Haute-Savoie, ancien ministre, de supprimer les départements a attisé la polémique. Malgré le refus, le 3 octobre dernier, par l'Assemblée nationale, d'adopter son amendement visant à transférer les compétences des départements aux régions, l'ancien ministre persiste et signe.

[...]

UNCERTAIN WILDERNESS[1]

« Il suffit d'une suite de cordes fixes abandonnées pour priver une paroi de son sens. »

Ceux qui ne sont pas alpinistes ne saisiront peut-être pas où veut en venir cette profession de foi de l'Association MOUNTAIN WILDERNESS[2]. Mais il y a aussi un proverbe russe. Qui dit : « Il suffit d'une cuillère de goudron pour gâter un tonneau de miel. »

Ceci pour les ours sauvages qui aiment le miel. Mais on se demande devant la profusion des pitonnages, des balisages, des équipements d'assistance en général, si le goudron des uns n'est pas délectation pour les autres.

Combien de protestations, même dans la simple montagne à vache, parce que le sentier est mal tracé, que l'on s'est perdu, mouillé les pieds, crotté les fesses...

La demande est si forte que dans la campagne la plus civilisée, presque chaque arbre, sans compter les pierres du chemin, arbore fièrement des taches de couleurs bariolées pour que le visiteur ne se perde pas, sur des chemins sans surprises où tout le monde passe depuis des siècles.

« Goudron – goudron ! Tout le monde ne fait pas son miel d'"un fragment de la création originelle". » (Reinhold Messner.) Bien au contraire

[1] Pour les non anglophones, cela veut dire quelque chose comme « incertaine sauvagerie ».

[2] MOUNTAIN WILDERNESS, MARGENCEL. 74200 Thonon-les-Bains.

la fin de l'asphalte signifie souvent le début du terrible. À partir des mêmes phénomènes de base que nous avons déjà vu à l'œuvre dans de nombreuses réalisations conçues pour approcher le milieu naturel. Celui-là nous met face à nous-mêmes et sert d'écran de projection à nos peurs. Évitant la « porte de la peur » qui conduit au sens du sacré, il est plus commode de fuir. Mais pas glorieux...

On fera donc semblant de ne pas se sauver vraiment. Parce qu'aussi on est vaguement attiré. Mais que le désir, force de la nature, se trouve revêtu de la suspicion que la culture moderne porte à tout ce qu'elle ne contrôle pas.

Il faut donc dépouiller la nature des signes qui la rendent authentique. La marquer subtilement comme pleinement dominée. On appelle ça l'amélioration de l'environnement.

Ou alors on se garantira par la présence d'un accompagnateur qui, même s'il a sincèrement le désir d'aider à la découverte, aura bien du mal à faire comme s'il n'était pas là. À cette occasion la rage peut vous prendre.

Par exemple, au cours d'une sortie où il s'agissait d' « encadrer » des vacanciers à la montagne.

« Où c'est qu'on met les pieds ? Est-ce qu'on peut passer là ? C'est quoi cette feuille ? Est-ce que je peux m'asseoir, où c'est qu'on va ? »

Alors, un début d'après-midi, à 3 300 mètres, de la neige jusqu'au ventre, le brouillard tombe. C'est ainsi que, brusquement inspiré par un démon des glaciers, je leur ai dit : « Je suis perdu. » C'est après que ça devient intéressant. Il a fallu débattre de la marche à suivre. Chose inconcevable quelques minutes avant !

Le plus malin a dit : « Il faut descendre. » Il n'a pas été contredit.

Descendre, mais comment, dans quelle direction ? Ils connaissaient les noms des points cardinaux. J'avais même eu l'occasion de dire qu'on trouvait la direction nord sud en pointant vers le soleil la petite aiguille de la montre. Et en traçant la bissectrice de l'angle formé avec la direction de midi.

Mais ce fut l'occasion de redécouvrir que pour ça, il faut prendre l'heure solaire qui n'est pas l'heure officielle. Et que, si on veut être très précis, se rappeler un peu que l'heure dépend de la position du soleil, qui ne donne pas la même chose en des endroits géographiquement différents. Ça aurait tourné au cours d'astronomie si un finaud n'avait pas fait remarquer : « De toute façon on est dans le brouillard, et on ne sait pas du tout où est le soleil. » C'est vrai. Un mètre cinquante de visibilité, ce n'est pas suffisant pour guetter les étoiles.

On eut droit à la position de la mousse au pied des arbres, repère que j'avais beaucoup critiqué. Mais l'esprit d'observation progressait. Quelqu'un constata qu'à 3 300 m il n'y avait pas vraiment à se poser la question.

« On pourrait descendre jusqu'à la limite de la neige. » Ce qui fut fait. Mais ce n'était pas la limite du brouillard, qui semblait descendre avec nous.

Nouveau dilemme. J'avais expliqué que les rivières de pays calcaire étaient souvent coupées de falaises brutales. Mais qu'en pays granitique ce n'était pas idiot de suivre un cours d'eau pour descendre de la montagne. Sous réserve d'exception, bien entendu.

J'avais dit ça deux jours avant, à table, sans que personne ne pense avoir à s'en servir. Et voilà. Ils s'en souvenaient... Mais était-on dans une montagne granitique ou calcaire ? Ça, ils ne savaient pas reconnaître.

Passons les affreux détails. Les glissades au fond des ravins, les écorchures de ronces, les oreilles boueuses et les pantalons déchirés. À l'heure du repas du soir on arrivait en vue de l'écurie. Toujours dans le brouillard.

Nous enlevions nos équipements. Crevés et silencieux. Lorsque de derrière une montagne de chaussures sales s'éleva une voix :

« Tu te serais pas foutu de notre gueule, par hasard ? »

J'ai avoué immédiatement. Avec un couplet sur l'énervement qu'il y a à traîner des sacs de patates passifs. C'était l'heure du casse-croûte. Tout le monde en parlait. Leur table devenait un véritable spectacle. Suite au bar. Si bien que vers deux heures du matin, ils m'ont fait une proposition : « Demain, tu viendras avec nous en cas de pépin, mais on fera tout tout seuls. » Et ils avaient déniché des cartes topographiques. Une boussole de l'armée suisse. La vraie métamorphose à laquelle je ne m'attendais pas du tout. Et les jours suivants l'ont confirmé. Il y avait là-dedans des condamnés au tourisme de masse, qui, stupéfaits, découvraient qu'avec encore un peu d'apprentissage, ils pourraient un jour s'intégrer par eux-mêmes dans ces vastes espaces que les Anglo-Saxons nomment WILDERNESS.

UNCERTAIN WILDERNESS, comme on dirait dans la langue d'outre-manche dont la moitié du vocabulaire est français. Parce que l'occasion de découvrir la possibilité d'être responsable de soi n'est pas si répandue.

Et que j'ai été fort réprimandé pour mon expérience par ceux dont le métier est de conduire les gens. Je prépare leur chômage.

Ce qui n'est pas si sûr. Pour les grandes ascensions où la voie ne se devine pas, les guides de haute montagne ont encore de beaux jours devant eux. Et pour le plus facile, il faudra peut-être quelqu'un pour donner le coup de pouce de départ, pour aider à commencer à franchir la frontière.

Mais il faut, il est capital, que l'aide s'arrête très vite, ou qu'elle soit distante, laissant la place à l'apprentissage personnel qu'on ne peut faire à la place de l'individu.

On retombe sur la pédagogie. Et sur le tourisme. La découverte-nature a fortement démarré. Ses promoteurs tiennent des discours extraordinaires ! Écoutons sur l'Antarctique Paul Dingvall de l'Union internationale pour la conservation de la nature[1] : « Celui qui visite la région comprend mieux l'importance de ces lieux pour le monde, et la nécessité de conserver ses espèces sauvages et son environnement unique. »

C'est une idée fort répandue. Mettons les gens dans la nature et ils deviendront aussitôt conscients de sa valeur.

Cinq lignes plus loin : « Les touristes perturbent les colonies reproductrices d'espèces sauvages, piétinent la végétation fragile et bouleversent le fonctionnement des bases scientifiques de la recherche. »

Il faudrait savoir ! Si les visiteurs attrapaient le goût de la conservation, ils ne se conduiraient pas ainsi. Il est grand temps de cesser

[1] UICN. Bulletin, juin 1990.

d'imaginer le comportement des gens en prenant ses désirs pour des réalités. Et de regarder ce qu'ils font vraiment. Et ça continue : « Généralement les touristes s'intéressant sincèrement à la conservation se montrent respectueux de la nature sauvage. »

Au fait, ça en fait combien... ?

Sautons encore cinq lignes pour ne retenir que quelques mots : code de conduite, encouragement, limitations, autorisation, surveillance. Malgré toutes les bonnes paroles la solution c'est toujours : « Suivez le guide. »

Un autre dépliant l'annonce : « Lui seul connaît les limites à ne pas franchir. » Il vous propose de vivre « La légende de Jack London ». Ne le croyez pas. Relisez London ou Curwood. Dans aucun de ces récits d'aventure le héros ne suit un guide touristique.

Tout ceci n'est pas forcément conçu pour faire de l'argent, même si le filon est bon à notre époque de risque sans danger et de voyage au chaud dans les pays froids.

La sincérité peut vous inviter au Grand Nord, au Grand Large. La sincérité à qui il manque la connaissance de la psychologie humaine.

Comment percevons-nous la nature ? Cela demanderait des détails. Mais nous en savons déjà assez pour dire que notre esprit ressent tout, même ce qui n'est pas conscient. La barrière du champ bleuie au balisage n'est pas du tout la même qu'avant le coup de pinceau. Le voyage effectué en tant que client ne peut être qu'une consommation. « Votre voyage », insistent les agences. Aurait-on besoin de le dire si fort si c'était réel ? Rien ne ressemble plus, vu de l'extérieur, à une vraie expédition que ces groupes payants recrutés sur le label de l'aventure.

Mais à l'intérieur ? Être pris en charge sera toujours autre chose que se prendre en charge. Ceux qui l'on compris demandent de participer : repas, construction d'igloos, entretien du matériel.

Ce sont là cautères sur une jambe de bois. L'essentiel reste hors de portée du client, ami, camarade... La conception, la réflexion, l'enracinement émotionnel, le sentiment d'appartenance et d'appropriation de tous les détails de l'opération, en bref, le fait de faire les choses complètement par soi-même, ne peut exister quand quelqu'un d'autre s'en occupe, tant soit peu.

La même phrase revient et s'impose : les choses ne sont elles-mêmes que quand elles sont elles-mêmes. Si on veut l'authenticité responsable de soi, c'est incompatible avec le statut de client.

Pourquoi d'ailleurs aurions-nous besoin de responsables ? Que la nature nous aiderait à forger ?

Elle est difficile la nature. Il y a du risque.

À évacuer cette réalité, on rend la nature plus dure et le risque plus fort. L'inadapté congénital se retrouve dans des groupes sans quinine en pleine zone impaludée. Ailleurs, à la moindre distraction de son surveillant, il va en profiter pour se casser une patte. Si on le laisse faire il réussira à se tuer dans un jardin de ferme.

« La grandeur sauvage et la valeur symbolique de la montagne », nous rappelle MOUNTAIN WILDERNESS, dépend du fait qu'elle puisse rester « un lieu où l'on peut mourir sans secours ».

Mais la civilisation veille. Elle contamine. Même nos amis cités ci-dessus proposent des parcs nationaux et des espaces protégés. Où bien sûr, ce qui est protégé, c'est surtout l'homme. Et pas cette grandiose ambiance qui n'a pas vraiment de nom.

UNCERTAIN WILDERNESS : des grappes de primates surévolués le désirent, avec l'obscure conscience qu'y réside quelque chose, d'à jamais perdu.

Dont ils ne veulent surtout pas, car ce serait se changer eux-mêmes...

TEPAMASO CONSULTANTS

C'est dans l'informel que les plus belles vérités apparaissent. Traduire des émotions nocturnes en langage courant, surtout si on a eu très peur, cela peut finir en crise de larmes. Ce serait cruel d'insister lorsque ça ne passe pas. Les stages de la peur dans le *Wilderness*, loin de l'écomusée, engendrent aussi leurs blocages. Et leurs incompréhensions.

Le seul sur vingt qui a été heureux, se décarcasse pendant toute la journée d'interprétation pour se faire comprendre un tant soit peu.

D'abord on ne le croit pas. Et à la pause du soir, s'il a déjà réussi à montrer que sa réaction n'est pas du bluff, c'est déjà beaucoup. Tout le monde s'en va faire un petit tour, en pleine frustration de n'avoir pas compris, promenant avec soi au fil des chemins un persistant et soupçonneux : « Comment est-ce possible ? »

On les retrouve assis dans l'herbe. Au milieu il y a le phénomène, l'amoureux des conditions difficiles.

On n'entend pas très bien ce qu'ils disent. Il ponctue son discours avec des gestes, cherchant désespérément le canal de communication adéquat. Puis il mime. Peut-être raconte-t-il avec bonheur comment il s'est envasé dans l'étang, perdu dans la roselière ou entortillé dans les lianes. Tout ce qu'on entend régulièrement c'est une exclamation : « TEPAMASO ! TEPAMASO ? »

Renseignement pris, ce n'est pas de l'indien. Une simple réminiscence d'une teinture de psychologie ou psychiatrie. Vous connaissez l'histoire du sadique et du masochiste. Le masochiste demande : « Fais-moi mal ! » Et le sadique répond : « Non. »

Le maso aime souffrir. Il faut être semi-dingue pour s'en aller parcourir les lieux hostiles. Qu'est-ce qui fait courir l'amateur de nature ? Pas seulement quand il cueille les violettes, mais quand il se coince dans une cheminée verglacée au sein d'une montagne perdue.

TEPAMASO ? C'est qu'il n'en sait rien le pauvre ! Dans son innocence il se croyait même presque normal. Se disant que si les autres savaient à quel point c'est... C'est quoi ?

Il est à court de vocabulaire. Exaltant, passionnant, fascinant... ? Ça n'emporte pas l'adhésion. Le chœur des assistants s'exprime fermement : « Je ne m'y vois pas ! » Quelle importance ? Chacun va où il veut. Un tel dans l'Himalaya et l'autre au coin du feu. Et la civilisation tourne...

Avec de temps en temps de drôles de ratés.

On en trouve qui crèvent de froid dans des villages entourés de forêts. Le fuel n'a pas été livré. Ou bien c'était du chauffage électrique, et la ligne est par terre.

Sortir couper des arbres, marcher dans la neige, c'était seulement deux générations avant. Ceux qui en sont encore capables ne sont pas très nombreux. Quant à ceux qui trouvent ça normal, on les comptera sans avoir besoin d'ordinateurs.

La fragilisation extrême du citoyen moderne, même rural, est étonnante. Elle a fait ces dernières décennies des progrès (si on peut dire) considérables. Tout devient danger mortel au lieu de simple désagrément.

La règle de l'assistance, qui s'applique même aux manifestations prétendues sportives, est si répandue que la prise en charge de soi est devenue inconcevable. « Vivez votre aventure en toute sérénité. »

« Il ne vous arrivera rien. »

Et c'est vrai, il ne vous arrivera rien. Rien du tout ! Surtout pas d'aventures, qui sont faites justement des choses que l'on n'attend pas. Dépendance des autres, évacuation des choix nécessaires, inaptitude à la vie dans un milieu qu'on voudra de ce fait aseptiser et aménager. « Il faut bien goudronner les sentiers forestiers », m'expliquait un jour un inspecteur d'académie, « car ils sont pleins de trous d'eau où on pourrait se mouiller les pieds. »

Je ne souhaitais pas la guerre. Je ne lui ai pas dit qu'avoir les pieds mouillés, c'était une excellente forme d'éducation. J'ai simplement proposé de lui donner l'adresse d'un bon marchand de bottes.

On ne s'adapte pas au milieu. Pas d'effort. On va changer le milieu. Ce qui demande des efforts plus grands, mais au moins on a la satisfaction de la victoire.

Et s'il faut changer quelquefois les conditions naturelles (maisons, routes, chemins de fer) n'y aurait-il pas une dose à ne pas dépasser ? Celle qui nous rend totalement dépendants, hyperadaptés à nos lieux artificiels, vulnérables et paumés au moindre froncement de sourcil du climat.

L'évolution de la vie sur Terre a déjà beaucoup expérimenté dans ces registres. On a vu des espèces se transformer pour coller absolument à certaines conditions de vie. Si vous ne pouvez manger que du Bambou vous êtres drôlement bien dans la forêt de Bambous. (Vous aurez tous reconnu le Panda.) Mais si ça change, vous êtes cuits. Alors que l'omnivore qui mange tout, qui vit partout, qui n'est peut-être jamais parfaitement bien nulle part, tire en toute tranquillité son épingle du jeu.

Il n'était pas dépendant. Il lui restait de la ressource en lui-même.

Qui sait sous quelles formes cachées l'évolution marche à travers l'humanité ? Spécialisés en voyageurs du métropolitain, notre capacité à glisser sur de la neige mécanisée nous laisse quand même pantois devant un pont coupé, une congère, un éboulement ou une panne de n'importe quoi.

Dans ces cas-là, toujours, TEPAMASO passe. Il trouve ça tellement ordinaire qu'il ne se retourne même pas pour voir si les autres suivent.

Mouillez-vous les gars, vous verrez comme on sera bien après, au coin du feu ! » Ça, c'était un de mes amis, vieux canoéiste du Canada, qui apostrophait ses troupes à la fin d'une de ces journées grises des fleuves de la Taïga où la pluie lourde transperce du matin au soir.

Qui connaît vraiment la grande forêt s'il ne l'a pas entièrement sentie dégouliner de toutes ses branches, de toutes ses mousses, de tous ses lichens ?

Et on perçoit essentiellement par contraste. Regardez du rouge (ou du vert, ou n'importe quoi) pendant longtemps, et l'intensité de la couleur s'émousse. Toutes les expériences le prouvent : sans passage d'une situation à l'autre, dans l'uniformité, même celle de quelque chose de très beau, au bout d'un moment, on ne voit plus rien.

Le fou qui se tapait sur la tête avec un marteau expliquait : « Ça fait tellement de bien quand je m'arrête ! » N'empêche, le processus existe...

La face difficile de la nature agit sur nous de l'extérieur. Elle nous dispense d'être vraiment masochistes. Elle nous fournit seulement notre dose nécessaire de contrastes révélateurs de la réalité du monde. Et de nous-mêmes.

« Mon Dieu, donne-nous l'insécurité et le danger, la fatigue et la faim, la nuit et le froid. Qu'ils ne nous quittent jamais pour nous garder de l'engourdissement. Donne-nous le dépouillement et l'errance des nomades, l'incertitude et le doute, tout ce qui peut nous tenir éveillés.

On te demande simplement de nous donner ce dont les autres ne veulent pas, tout ce dont les autres ne veulent plus[1]. »

Les officines de consultants en environnement se multiplient à foison. On y calcule les écosystèmes, on y modélise les impacts. Dans nos têtes la robotisation va bon train. Ceux qui ont le remède sont insaisissables. À peine les a-t-on repêchés au fond des gouffres qu'ils se sont évadés vers la Nouvelle-Guinée.

Ne devraient-ils pas, pour notre sauvegarde à tous, penser tout de même un peu à ouvrir enfin le bureau d'études dont nous avons le plus besoin :

TEPAMASO CONSULTANTS ?

[1] Patrice Franceschi, « Prière de l'Aventurier », *Grands espaces*, n° 7, décembre 1990.

UN TIGRE DE PAPIER

La nature, si mal en point qu'elle soit, est bien défendue. C'est ce qu'on est presque obligé de penser en écoutant les discours officiels, en avalant la publicité et en recevant par la poste diverses invitations à contribuer.

De baleine en panda, de lynx en forêts tropicales, finalement, quel tapage ! Il y a des jours où on se demande si la protection de la nature ne fonctionne pas comme les exploits sexuels. Que plus on en parle, moins on en fait !

Parce que le terrain n'est pas beau à voir. Les espaces sauvages reculent à grande vitesse. Partout.

On peut penser que les adversaires de la conservation sont tellement puissants qu'ils sabotent l'ensemble des efforts déployés.

Ce serait étonnant qu'ils s'en privent. Mais à lire certains documents on découvre aussi avec une stupéfaction sans borne, l'auto-sabotage des défenseurs de la nature. Inconscient peut-être, mais essentiel pour accélérer la défaite. Complètement contaminé par les idées de la civilisation antinature.

L'Union mondiale pour la conservation est la structure internationale sans doute la plus connue. Y participent aussi bien les associations que des États et leurs administrations concernées. Basée en Suisse, elle est en quelque sorte l'ONU de la Nature. Dans le monde entier elle suscite l'espoir qu'on va enfin arriver à insérer harmonieusement notre espèce dans les écosystèmes de la planète.

Enfin, chez ceux qu'un tel but mobilise !

Épouvantés devant le massacre des arbres, l'empoisonnement des papillons et la plastification des fleurs, ils souhaitent y reconnaître leur combat de tous les jours. Jusqu'à la dernière assemblée générale en Australie, ce regroupement planétaire s'appelait « Alliance mondiale pour la nature ». Alliance de ceux qui partagent une fraternité d'attirance. Baptisée maintenant « Union », qu'est-ce que ça change ? Rien peut-être, sauf qu'en même temps sort un document, qui remplace un précédent.

Expliquons-nous. En 1980 voyait le jour une « Stratégie mondiale de la conservation ».

La Bible : Pourquoi ? Comment faire ? Par quel bout commencer ? Dans quelles directions ?

Ce bréviaire du protecteur fit un tabac. On commença à essayer de l'appliquer au niveau des nations. On se jeta sur les experts pour leur commander, dans chaque pays, de produire un document dans le même esprit : clair, combatif, réaliste, applicable.

C'est de là que sont sortis des mots ou des expressions devenus usuels tels que « développement durable », « écodéveloppement », « gestion intégrée des ressources naturelles ». On a donc eu une floraison de stratégies nationales. En négatif parfait, sauf brillantes exceptions, du document de base : confuses, vides, irréalistes, inapplicables...

Et voici qu'apparaît maintenant la « Stratégie mondiale de conservation pour les années quatre-vingt-dix ». Un monument qui nous promène dans la grande problématique actuelle de l'environnement, avec tous ses thèmes et tous ses dérapages. Car plus la démarche obtient un consensus, plus son contenu s'évapore ou se métamorphose.

C'est long à lire. Très épais. Mais disséquons quand même un peu ce tigre de papier qui est censé contraindre à l'impuissance le destructeur d'Amazonie ou de Marais poitevin.

En nous rappelant par exemple la fameuse affaire de la régénération naturelle des forêts.

Là il y a trois options proposées : la forêt productive, la forêt mixte, et la forêt sauvage.

N'oublions pas que ceci est pensé par ceux dont la vocation et le mandat sont de préserver le milieu.

La forêt de production, c'est l'usine à bois. On y mettra ce qui est le plus facilement intensifiable et exploitable mécaniquement. En fait tout y est permis. C'est la zone de *Freekilling*[1] anti-écologique. Cautionnée par les autorités de l'écologie.

Et demandons-nous donc un peu comment on évitera que la plus grande partie des surfaces se retrouve dans cette catégorie.

Dans l'avenir qui nous est ainsi prédit, on voudrait en deuxième lieu des forêts modifiées où l'intensification serait dosée. On ne sait pas qui tiendra le dosimètre et décidera.

Puis enfin les forêts non exploitées. Que vous pourriez croire vouées à la sauvagerie du Wilderness. Sauf qu'il y aura exploitation touristique ou de récréation, comme on dit dans les pays anglo-saxons.

Cette chose-là est l'enterrement de la notion de gestion écologique. Et l'obligation de zoner révèle la conception de base. Plusieurs conceptions de base :

- La productivité ne peut exister en gestion écologique. Il faut réserver celle-ci pour le deuxième choix de forêts où on tentera de produire tant bien que mal, tout en conservant un peu de diversité. Ça ne ressemble pas à un modèle performant. Le « style écologique » est une espèce de tolérance pour les lieux sans réelle importance économique.
- La forêt naturelle non exploitée ne peut être laissée à elle-même. La visite doit y être organisée, encouragée. Prendre les allures formelles définies par le modèle culturel et social : le bon citoyen plein de bonne volonté pour la nature, profitant des équipements et des conseils éclairés des « Rangers ».

Peut-être pourra-t-on même y cueillir de temps en temps un champignon, y pêcher un poisson. Qu'un guide vous aidera à décrocher[2].

---

[1] « Liberté d'action de tuer ». Terme militaire américain.

[2] C'est vrai. Je l'ai vu !

La nature et sa gestion scientifique, son pilotage au service de l'humanité, l'imprégnation par son ambiance non humaine sont ainsi des objectifs jugés incompatibles sur le même terrain. L'homme ne saura jamais s'intégrer et insérer ses activités. Elles sont matière à une résignation définitive à la séparation entre un monde technique et un monde naturel. On peut voir tous les jours où ça mène.

❖

L'agriculture va passer au même moule : intensive, modifiée, traditionnelle.

Les organisations paysannes hurlent déjà contre la mise en place d'un système « à deux vitesses ». Là ils vont être comblés ! Il y en aura trois. Et comment croire qu'alors ce ne sera pas l'habitude de l'intensification à outrance qui dominera le paysage ? Puisque plus aucune voix ne s'élève pour la remettre en cause. Alors que sa base conceptuelle est radicalement fausse, issue d'un mode de pensée industriel qui commet l'erreur de considérer les êtres vivants comme des machines simples. Coûtant de plus en plus chère elle tourne le dos au fonctionnement des systèmes biologiques dont elle dépend pour le maintien à long terme de sa productivité.

Les lois gouvernant les êtres vivants qu'elle produit au profit de ceux qui consomment (nous autres) la conditionnent complètement. Derrière sa façade grandiose entretenue par la consommation d'énergie, d'engrais ou d'aliments du bétail, venus d'ailleurs, l'intensification est un système où de gigantesques lézardes préludent à l'écroulement. Et on en fait dans ce classement « écologique » une pratique justifiée, à qui ira sans aucun doute la meilleure place. D'ailleurs ce n'est sans doute pas sans raison, même si elles sont très loin de leur conscience, que les auteurs, dans leur présentation des trois modes d'agriculture et de forêt, commencent en numéro un par la forme la plus destructrice. C'est parce qu'ils ont renoncé depuis longtemps à ce que leurs connaissances biologiques auraient dû leur assigner comme devoir : enlever une fois pour toutes, la première place à une manière de produire qui ruine le potentiel de production.

❖

Tout plein d'idées convergent lorsqu'on souhaite un plan mondial de sauvegarde. Et les philosophies ne s'expriment guère. Comptons cependant sur les aspects les plus techniques pour révéler la métaphysique.

Ainsi d'une classification des environnements. Une sorte d'échelle de valeur présentée non comme telle, évidemment, mais comme un guide objectif d'action :

- environnements naturels,
- environnements modifiés,
- environnements cultivés,
- environnements dégradés,
- environnements construits.

Première faille. Première position idéologique derrière son masque. En numéro trois il y a les espaces cultivés. Tous dans le même sac. On dit bien qu'on peut y maintenir la diversité biologique. Mais on ne distingue pas ceux où elle existera vraiment, qui mériteraient de sauter à la première place. Par rapport aux monocultures. Oublié le lien homme-nature de certaines civilisations rurales. On laisse penser implicitement que toute implantation humaine est destruction.

Et même si c'est souvent vrai, le but de la conservation n'est-il pas d'aboutir au contraire ? Laisser germer l'idée que c'est impossible est encore plus grave que de le dire. L'opinion se glisse dans l'esprit sans avoir l'occasion d'être contestée par la conscience.

Et ces pauvres environnements urbains ont la dernière position ! Comme ils le méritent d'ailleurs, vu ce que nous avons fait des belles villes d'autrefois. C'est vrai, il est nécessaire de mettre les maisons quelque part, et les maisons ne sont pas de la nature. Alors il ne faut pas positionner les villes sur une échelle où règnent surtout des critères naturels. Elles sont à part. Détruisant obligatoirement la diversité des espèces (pas totalement d'ailleurs), les questions qu'elles nous posent sont d'un autre registre que l'écologie générale de la nature. Si les mêmes connaissances s'y appliquent, c'est en fonction de buts spécifiques relevant de l'écologie humaine.

Ainsi classifier, noter, évaluer, en fait c'est se confesser, c'est réciter son catéchisme préféré.

Ce n'est pas défendu. Mais encore faudrait-il le faire en toute lucidité, et en toute controverse. Ce grand nœud des relations agressives ou positives avec l'univers n'a guère de chance de se simplifier à partir de positions unilatérales. Lire des textes, analyser des dépliants, étudier les slogans, nous entraîne à lire entre les lignes, à repérer les grands espoirs et les grandes illusions. Et si nous suivons là un document particulier ce n'est pas qu'il soit spécialement mal fichu. Malgré tout ce qu'on en a déjà dit. C'est simplement qu'il est mondial. Qu'il résulte d'une concertation, d'une convergence. Un peu aussi une avant-garde. Et que voici par lui les idées qui nous attendent au tournant du siècle prochain.

❖

Innovation. La rencontre de deux grandes difficultés modernes : la dette du tiers-monde et le destin de la nature. *Linkage*, comme on dit maintenant. Selon une formule originale, le lien se fera par l'abandon de créance, en échange du droit d'organiser la conservation sur un espace relevant de la souveraineté du pays endetté. Écrasés financièrement, vous serez heureux de ne plus payer vos intérêts. On peut même remettre le tout. Et on vous demande juste la permission de protéger à domicile ces quelques hippopotames, crocodiles et poissons bizarres qui sont à l'intérieur de vos frontières.

Concert d'applaudissements !

Désolé, je n'en suis pas.

C'est là qu'il faut aussi prévenir : la question est en soi gravissime, de pays sans ressources dont les gouvernements, parfois déjà renversés, ont laissé à leurs peuples des ardoises phénoménales. Et toute l'imagination du monde ne suffira peut-être pas à trouver des solutions sans effet pervers.

Mais ici il ne s'agit que du rapport dette-conservation. Voyons donc brutalement ce que le système envisagé permet. Il rend possible :

- À un gouvernement de réduire sa dette.
- De se désintéresser de la protection.

- De laisser tomber l'ensemble de ses responsabilités sur un territoire que généralement il ne contrôle pas.
- De faire payer la protection par les autres.
- De récupérer au nom de la souveraineté nationale tous les pouvoirs sur le territoire, dès qu'il sera sorti de l'inorganisation, et d'y installer alors les activités de son choix, éventuellement contraires à la protection de la nature.

Tout ça suppose une dose assez conséquente de naïveté. Mais aussi de paternalisme.

Et puis voilà, cela veut dire que le souci de la nature est l'affaire des pays riches. Que c'est un luxe d'hyper-développés. Alors que le support de tant d'agricultures vivrières est en cause dans de nombreuses affaires de conservation. Et qu'on n'a pas besoin d'être citoyen d'une mégalopole occidentale pour respecter les éléphants.

Ruinons l'avenir pour quelques faux-semblants du présent, avec le beau rôle et la bonne conscience.

Même scénario pour les programmes militaires. À quoi un pays utiliserait-il les sommes économisées sur l'armée ? C'est la même question que : « À quoi servirait l'argent économisé par la remise de la dette ? »

Tout le monde agit et pense dans un bel ensemble comme si la sagesse humaine garantissait que toutes ces finances devenues disponibles iraient à l'éducation, à la culture, à la préservation des sites et des ensembles naturels.

Et si on en faisait des programmes de défrichement ? D'exploitation intensive des forêts, de grands barrages, de centrales nucléaires tropicales ?

Mais tout se passera bien car on prônera en même temps la décision locale et la participation des femmes.

Voilà encore deux merveilleuses idées :

- tout ce qui est local est écologique ;
- tout ce qui est féminin est bon.

On aimerait bien ! Ça s'appelle encore une fois prendre ses désirs pour des réalités. Si des communautés comme les Penans de Bornéo luttent pour leur jungle, ailleurs, à Madagascar, de destructeurs feux de forêts ne sont pas du tout accomplis contre la volonté des gens. Ceux-ci estiment en avoir besoin. C'est l'habitude. Et de plus il y a un plaisir esthétique à voir brûler. C'est la promesse de pâturages. Pas de coercition extérieure. C'est une décision libre et démocratique. Le problème n'est donc pas si simple. Un conseil municipal uniquement composé de femmes est-il une garantie contre la destruction des broussailles où se réfugie la faune sauvage ? Pourquoi « non », encore que dans ce cas ce soient souvent plutôt ces machos de chasseurs qui montent au créneau. Mais pourquoi obligatoirement « oui » ? Il y a dans l'air en ce moment de drôles de lieux communs...

Les femmes ont dans les sociétés, assez mystérieusement, un statut qui ressemble à celui qu'on donne à la nature. Mais cela n'entraîne pas forcément de la part de toutes une totale solidarité avec les putois, les vipères et les araignées. Ah ! les bons sentiments. L'envie d'être dans un courant d'idées valorisant. Ça nous tracasse souvent autant que le sort de l'ornithorynque le soir au fond des bois d'une péninsule d'Australie.

Ce fut la surprise d'un ami qui, s'étant initié à la psychosociologie, s'est mis à rechercher les motivations du groupe de militants auquel il appartenait. Aucune n'avait à voir, en fait, avec le but que cette formation dynamique et enthousiaste croyait poursuivre.

Pour lutter aux côtés de la nature, connaissons-nous nous-mêmes !

Les plus gros tigres de papier devraient savoir qu'ils n'auront jamais la victoire. Parce qu'ils n'ont jamais eu l'intention de combattre.

LA ROUTE DE MONOPOLIS

Alors, où va-t-on ?

Mais à MONOPOLIS, voyons !

ZUP [1], ZAC, SDAU, ZAD. Vous ne savez pas ce que ça veut dire ? Ce n'est pas grave. De toute façon, vous y habiterez !

Le vent, la pluie, la boue, c'est fini ! L'humanité va enfin réaliser son rêve grandiose. Faire de la planète une gigantesque maison humaine surprotégée contre l'extérieur. On peut déjà calculer le moment où tout le monde vivra dans les villes. C'est pour bientôt. Les villes ? Au pluriel ? Ça c'est moins sûr...

Rappelons-nous la grande forêt d'autrefois. Établis dans des clairières entourées d'arbres, les gens d'alors auraient crié à l'utopie si on leur avait dit qu'un jour la situation se renverserait : les forêts, manteau naturel du monde, deviendraient de petits ensembles entourés d'une vaste clairière infinie...

Des champs dans les bois, ou des bois dans les champs ? Entre les deux il y a une transition cruciale, un seuil où on bascule d'un univers dans un autre.

---

[1] ZUP : Zone à urbaniser en priorité.

ZAC : Zone d'aménagement concerté.

SDAU : Schéma directeur d'aménagement et d'urbanisme.

ZAD : Zone d'aménagement différé.

Ce n'était rien que le coup de hache qui un jour a fait se rejoindre toutes les clairières. En rompant le cordon ombilical par lequel les forêts se tenaient encore en un ensemble intégré. Mais c'était la fin d'un monde. Celui où la normalité était représentée par les arbres.

Le nouveau garage à la sortie du bourg, la discothèque flambant neuve au carrefour, ce n'est rien. Les baraques à l'entrée du bois non plus. Les cabanons sur la rivière, qu'est-ce que ça a de louche ?

C'est tellement ordinaire d'abattre un chêne, ou de construire un nouveau magasin. N'allez pas nous faire croire que c'est modifier l'ordre du monde ! Ou alors on ne le fait pas exprès.

Et voilà ces élus de deux villes méridionales qui se veulent en pleine expansion. Qu'est-ce qu'ils voient miroiter dans les lointains de l'avenir pour le bonheur de leurs concitoyens ? D'abord élargir la route qui les relie. Pour circuler, pourquoi pas ? Mais aussi, suivons leur raisonnement, pour qu'on ait envie de s'implanter au bord de cette voie rapide. Ou supposée telle, quand tout le monde est dessus. Y installer ces villes routières composées d'un ruban industrialo-commercial clinquant et inorganisé.

Est-ce que cela les inquiéterait qu'en se rendant visite l'un-l'autre, ils ne contemplent plus la moindre vache, mais seulement quelques images d'animaux préhistoriques devenus emblèmes de supermarchés ?

Au contraire ! Au fil des discours on saisit le phantasme qui les fait jouir : QUE LES DEUX VILLES SE REJOIGNENT, QU'IL N'Y EN AIT PLUS QU'UNE SEULE ! Désenclavement. Le mot magique sert de locomotive au bétonnage des campagnes. La longueur des voyages d'autrefois, les difficultés de contact entre les hommes, certains obstacles que la nature mettait devant un animal sans ailes et sans nageoires ont été les aiguillons du progrès. C'est vrai que la vitesse a des avantages. Mais pour aller où ? Voir quoi ?

Il y a eu bien des problèmes, toujours mal résolus, pour les passages d'autoroutes et de TGV. Mais enfin, est-ce qu'on n'avait pas toujours cherché, de mémoire d'homme, à aller un peu plus vite que le char à bœuf ? Trois cents kilomètres à l'heure en train, cela vous a un petit air de conquête spatiale, on a envie de dépasser des limites. Les étoiles nous attendent.

Moi, sur ce registre, voyez-vous, je marche ! J'aime le char à bœuf. Je pourrais admirer aussi l'avion supersonique. Mais il m'est arrivé quelque chose de drôle en regardant en rase campagne une voie de TGV. C'était seulement un aménagement pour aller d'un point à un autre, à travers une campagne qui essayait de rester bocagère.

Et d'un seul coup, je me suis rendu compte de ce dont il s'agissait en réalité.

Un tentacule ! La main tendue d'une pieuvre urbaine vers un autre poulpe surengraissé [1]. Pas le moyen pratique de relier vite deux implantations humaines destinées à rester entourées d'espace rural vivant.

Mais bien le fil rouge par lequel les deux monstres soudent leur énergie, pour avaler encore et encore plus d'êtres et d'espaces non urbanisés.

Il y en a, il y en aura sans fin, de ces fils saucissonnant le territoire en portions géométriques isolées et de moins en moins viables. Avec les concentrations aux nœuds, puis linéaires, suçant la substance du reste. Avant de repartir, après les avoir vidés, à l'assaut des espaces paléo-ruraux pour y installer les bases de loisir, les clubs de chasse au faisan plastique, les simulations de nature baptisées « parcs naturels ».

Rien que des espaces urbains. Contrôlés. Planifiés. Des lieux organisés en fonction des complications qu'apporte obligatoirement l'excessif nombre des hommes. Avec pour un temps des îles, rescapées de ce qui était il y a peu tout un continent : la mare aux canards, les brochets sous les saules, les moutons derrière la haie...

Nous ! Rien que nous ! Que nos constructions, nos images, nos orgueils. Chasse au non-humain. Ou à l'homme intégré au milieu. À la place de la nature réelle, celle imaginée par les désenclavés urbains. C'est-à-dire avec des gadgets, des guides et toutes sortes de fioritures. Jamais sans parking, jamais sans voie d'accès. Dans cette direction nous allons faire de gros efforts. Car c'est là qu'est l'ennemi ! Il faut le repeindre à des couleurs acceptables. Faire que l'espace paysan ou naturel n'apparaisse plus comme une tache dans l'homogénéité globale de la cité mondiale.

---

[1] Avec mes excuses aux céphalopodes.

Mais comme un lieu qui en fait partie, avec sa fonction un peu spéciale certes, mais définie selon les nonnes et les besoins de la ville, estampillé par la ville, avalé et digéré par elle.

Avec cet angle de vue, on identifie enfin la fonction réelle des espaces dits protégés. Il s'agit d'une méthode d'intégration au monde citadin des espaces qui auraient eu le plus tendance à lui être rebelle.

Suivent tous les programmes de sédentarisation des nomades, de séparation de l'Indien et de la forêt, de développement rural par urbanisation sur place.

« Tout de même, c'est extraordinaire », s'exclame une certaine opinion, « il y a vingt ans, ce n'était qu'un bois où on cherchait du muguet, et maintenant il y a une base de loisir. » Où on peut même acheter du muguet !

L'asphalte au lieu de la terre, le mur de béton à la place des haies, la promenade organisée le long de la rivière redressée, aseptisée de ses ronces, le sens giratoire paysagé, ça va jusqu'où ?

Sur la côte orientale du Japon c'est plus de 2 000 km que l'on peut parcourir sans sortir des zones construites. États-Unis Côte est, Région parisienne, Ruhr, Midlands... Ça va. Le processus est bien lancé...

STARMANIA. C'est un opéra rock qui va nous faire goûter au monde du futur. On y vit, on y aime, on y chante. Où ça se passe ? Ne cherchez pas la longitude ou la latitude.

Les jours s'y déroulent au milieu des gratte-ciel, des ascenseurs, des véhicules ultrarapides, du verre et du métal...

On y chante : « Dans les rues de MONOPOLIS. » C'est nulle part. C'est partout. MONOPOLIS, la ville, couvre intégralement la planète TERRE, sans un pouce d'exception. Le rêve de nos élus est exaucé. Probablement on a trouvé une petite place pour ériger leur statue. En remerciement d'avoir œuvré pour créer ce monde-là.

Alors, la route de MONOPOLIS ?

Ne cherchez pas. De quelque côté que vous vous tourniez, vous y êtes.

L'ARBRE CONTRE LA NATURE

Les bulldozers, vautrés dans les cours d'eau, taillant et broyant pour accoucher de canaux rectilignes et déboisés, c'est fini.

Place au chantier écologique de nettoyage de rivière ! La nature a gagné.

Sans nous, bien sûr, elle était perdue. Comment avait-elle fait avant notre apparition pour préserver ses eaux douces et ses poissons ?

Mystère. Heureusement nous sommes là, et fleurissent les compliments sur la maintenance des écosystèmes par techniques douces. Car, c'est la technique qui fait tout, n'est-ce pas ?....

Faut voir.

J'entends déjà une fausse note. Dans le cri du pic-vert. Visiblement il n'est pas très content. Renseignement pris, on s'aperçoit qu'il a perdu son garde-manger. Une série de vieux aulnes toujours debout mais archicrevés depuis longtemps. Complètement vermoulus et criblés de coups de becs. Car les vers qui ont moulu (voir étymologie) sont le beafsteack préféré du pic. Larves grasses de coléoptères entre autres, elles s'épanouissent dans le bois mort, qui ne fait pas bien dans le paysage.

Oh ! Les bons écologistes qui ont foutu en l'air comme inutiles et morts ces réservoirs de vie.

Et qui se demanderont pourquoi on ne voit plus guère ce grand spectaculaire insecte, le lucane cerf-volant dont la larve a besoin du bois plus ou moins desséché. Tout était à moitié écroulé, il n'y avait plus de feuilles, c'était la jungle...

Si, si ! C'est dit, c'est écrit dans les dépliants et commentaires. Tant pis aussi pour les champignons de l'orme défunt, pour le trou à chouette, la planque du nid de guêpes... Nettoyage. On aurait dû s'en douter. Ce mot a un sens. Faut faire du net.

Pas de pourriture, pas de silhouettes décrépites au long de l'eau.

On s'aperçoit qu'en fait il s'agit de réussir de manière écologique un projet totalement préconçu : rendre conforme à une image mythique la réalité de la nature. Au besoin contre la nature elle-même.

Les maniaques du bull voulaient systématiser, ordonner, créer des autoroutes aquatiques. Ils vivaient la logique du remplacement des écosystèmes par l'artificiel. Les nouveaux venus sont plus forts. Ils ont l'ambition de mettre à la place du vrai les images de leurs phantasmes tout en se faisant croire, non seulement qu'ils ne touchent à rien, mais qu'ils améliorent. La nature sera d'autant plus naturelle qu'ils y seront passés.

L'eau claire, qui coule au soleil, sans mauvaises bêtes et sans épines, c'est du positif ! Nos tronçonneuses et nos jeunes vont s'en charger. Il y a des bestioles qui adorent l'ombre et l'eau stagnante ? Ah bon ! Pas nous, en tout cas, déclarent ces modernes croisés de la nature. Si ça existe ça ne peut être qu'une sorte de pollution. Une incapacité des choses à être telles qu'elles devraient être.

Et de tortiller dans tous les sens des resucées simplistes et mal digérées de données scientifiques, qui ne prennent un sens pour eux que lorsqu'elles sont conformes à un projet métaphysique bien précis : rendre la vision de la nature supportable au promeneur sorti droit du métro [1].

La rivière naturelle coule à certains endroits. Et pas à d'autres. Les arbres tombés y ménagent des espaces d'eaux calmes et profondes. Ailleurs la pente crée des friselis d'eaux cristallines sur les gravières où le poisson vient frayer.

Le soleil perce où il veut, quand il peut. C'est le point de départ de la chaîne d'énergie captée par les plantes qui lie tous les êtres vivants. Et l'eau coule, un peu, beaucoup, à la folie ou pas du tout. D'une manière ou d'une autre tout son parcours se retrouve vivant, même s'il n'est pas éclairé en totalité. La rivière ne meurt que si l'homme s'en mêle.

---

[1] N'oublions pas que, bientôt, chaque ville aura le sien.

Faire couler, obsession majeure des aménageurs, nous produit des vaches dépitées devant les quelques centilitres qu'une sécheresse, ainsi bien organisée, leur laisse à portée de langue, dans leurs points d'eau d'autrefois.

Faire couler ! Et voilà à la crue de printemps un déboulé formidable d'eaux que rien ne ralentit. Gare à ceux qui sont en aval !

Tout ça marche bien mal, simplement parce que le but poursuivi n'est pas, en réalité, la régulation du cours de la rivière, avec dosage des crues, du soleil et de tous les éléments.

Ce qu'on veut, c'est civiliser le lieu, le rendre correct. Fréquentable.

Et alors le premier élément sur lequel on se focalise c'est l'arbre. Vous l'avez vu : pourri, mort, tombé, il n'a pas droit à l'existence.

Mais il est le symbole de la nature. C'est donc lui qui, parmi tous les occupants du milieu, subira le plus cet étrange alchimie : devoir le maintien de son existence à la condition de devenir autre chose que lui-même. Autre chose qu'un être vivant qui vit, se reproduit et meurt. Et de surcroît se décompose, écrabouillé dans l'eau et farci de petites bêtes. Donc :

Première règle : il doit y avoir des arbres.

Deuxième règle : ils doivent être vivants.

Troisième règle : ils ne doivent être ni morts ni malades.

Quatrième règle : il ne doit y avoir que des arbres, pas d'autre végétation.

Et non seulement au bord des eaux. Ce credo est celui de tous les espaces que l'on prétend ouvrir à la fréquentation, alors que des gens divers y ont déjà vécu pendant des siècles.

Chemins ruraux, bords d'étangs, sentiers forestiers, sont passés au même moule. Les villages aussi d'ailleurs. Rengaine : il faut des arbres. Subvention, montants hors taxes, compléments de financement, valeur des plants. On pourrait vraiment croire à la revanche de la végétation sur la froideur des bitumes et bétons. « Sont visés pour la plantation les communaux délaissés, les talus, les parcelles condamnées par la rectification d'un virage. »

Voilà un langage bien caractéristique. Dans ces lieux pourraient s'implanter des hordes sauvages d'escargots, d'épines, de lianes, de chardons et serpents. Des enchevêtrements, des lignes non maîtrisées, du spontané sans aucun calcul. Plantons, mes frères, plantons. Ne laissons pas pousser ! Plantons, c'est un acte volontariste qui montre que nous sommes encore là. Ce territoire « délaissé », condamné, non, on ne l'« abandonnera pas à lui-même », ce qui serait tragique. Jouons à dire qu'alors il dépérirait. Parce que nous, indispensables primates, n'y serions pas.

Laisser-pousser ? Vous n'y pensez pas ? Quel crime ! Lèse-majesté. Lèse-Homme. Voyons, ça ne peut pas pousser sans nous ! Ou alors c'est du… Ça n'a même pas de nom !

Car, voyez-vous, autrefois on aurait appelé ça : « Nature ». Mais nous sommes en train de changer la définition. N'aura droit à ce qualificatif que ce que nous aurons refabriqué nous-mêmes à partir d'éléments du milieu.

Quant au reste, ce sera pourchassé, éliminé. Et s'il en subsiste, eh bien, ça n'aura plus de nom ! Forme parfaite de l'exclusion. La civilisation anti-nature consacrera sa victoire en ayant, non seulement éliminé la chose, mais aussi le concept qui s'y référait. Une entité sans nom est totalement exclue. C'est bien mieux que d'être « anti ». La néantisation parfaite du spontané naturel nous amène directement au problème bien connu : comment expliquer la lumière aux aveugles ? Ça sera encore plus dur quand ces derniers auront réussi à nous convaincre que, pour être authentique, la lumière doit être obscure. Et quand le concept même aura disparu. Ne riez pas ! Sur le terrain on en est là. Car, entre les arbres, pas un poil de « laissez-pousser » ne subsiste. Tout est travaillé ! Sarclé ! Léché jusqu'à l'os !

Où sont passées les églantines ? Les ronciers pleins de papillons ? Plus de vieilles orties, de pousses de frênes tordues, d'épines noires anarchiques ! Des arbres, de beaux arbres de parc, d'où toute excroissance pas dans la ligne a été amputée.

Élagage soigné pour donner une silhouette pure et géométrisable par l'œil. Plus de ces vieux têtards hirsutes, de ces rejets mal fagotés. La ligne, la netteté ! Le simple. Ou comment faire de l'esthétique industrielle sur des êtres vivants.

L'écologie est bien loin. Elle a toujours été loin, mais encore faut-il s'en rendre compte. Tant pis si les larves des broussailles auraient apprécié plus de modération. Le look n'était pas bon. Plutôt plouc dans l'ensemble. Pas arrangé au goût de la philosophie qui imprègne nos tronçonneuses, ou nos haches maniées à la main, autant que nos bulls conduits à la pédale et au volant.

Ce n'est pas la technique qui est en cause. Le vélo tout terrain devait aussi nous libérer des destructions des automobiles 4 x 4. Mais avec les pneus arracheurs de mottes que ça a, demandez donc aux pâquerettes ce qu'elles en pensent.

Les arbres ont bon dos ! Voici qu'on réussit à en faire les alibis d'une politique anti-nature. Dans les quatre règles de leur utilisation, il y a la troisième : « Ni morts ni malades ». Car la deuxième : « Arbres vivants », ne suffit pas à exprimer la métaphysique qu'on veut leur faire porter. L'oïdium, les galles, les rouilles, toutes les maladies du végétal nous font penser aux nôtres. Et au fonctionnement général de la nature qui nous inclut. En les éliminant du milieu, on se dispense de songer à notre propre décomposition future. Arbres creux, morts et tordus, abstenez-vous de vous montrer, que les décideurs puissent oublier qu'ils sont faits à votre image !

Nous avons, dans nos accessoires, des signes symboliques de notre intégration à la société. L'un de ceux qui ont été le plus controversés est la cravate.

Élégance vestimentaire, elle est aussi le signe d'une certaine retenue, d'un certain accord avec des règles de savoir-vivre.

De là elle a été aussi symbolisée comme carcan, entrave aux allures et gestes spontanés.

Soyons sûrs que, devant les chantiers écologiques où les cravates, pour n'être plus autour du cou, n'en sont pas moins nouées serrées à l'intérieur des cervelles, seuls les arbres solidement cravatés resteront debout.

... la belle vie que menaient les moujiks. On baladait alors Catherine à grande allure dans les rues d'un village où il n'existait en fait que les façades de simili-isba.

LA PLANÈTE CLEAN

On va inventer une grande rustine pour boucher le TROU D'OZONE. Désintégrer les déchets. Rendre l'eau tellement pure qu'on ne la verra plus dans son verre. Des tankers de pétrole étanches ne perdront plus une seule goutte dans l'océan. L'électricité solaire va envoyer les centrales nucléaires au musée.

Et la TERRE, qui aura sûrement une autorité mondiale écologique, va changer de nom.

Ce sera la PLANÈTE CLEAN [1].

Qu'est-ce qu'on va être heureux !

La nature aussi d'ailleurs. On la « préservera de ses propres errements », « sans la sollicitude de son élément humain, la nature s'épuise et court à sa perte » [2].

Cette civilisation future dont quelquefois on peut souhaiter l'avènement commence à se dessiner réellement. C'est vrai que les gouvernements s'y mettent, que les citoyens s'associent, que l'opinion verdit. Les lignes directrices de l'aménagement de notre habitat pour le prochain millénaire se mettent en place. Les pollueurs sont une arrière-garde qui ne mène que d'ultimes combats de retardement.

Alors après la société anti-nature, la civilisation pro ? Respirer, limiter le nombre des hommes, s'alimenter et boire sainement, est-ce

---

[1] Pour les latinistes invétérés, clean en anglais, ça veut dire : « propre ».

[2] Geneviève Delbos et Paul Jorlon, « La nature ou le réel forclos », in Anne Cadoret, *Chassez le naturel*, éd. de l'École des hautes études en sciences sociales, Paris.

que c'est le but ultime ? Suffisant ? Que nous dit cette nouvelle culture en émergence ? Car on le sait bien maintenant : elle ne saurait se définir uniquement par ses objectifs techniques. Derrière eux, elle pense le monde. Comment ?

La première affirmation est claire : « Nous les hommes, y a que ça qui compte. » Si nous faisons tous ces efforts, c'est uniquement parce que nous avons compris que nous étions menacés. On cherchera en vain une action d'environnement non entreprise pour le bien-être de l'homme. Qui reste un animal dont le succès fou à la surface de la planète n'a pas encore généré une vision non égoïste des affaires de l'univers. Quelqu'un qui dominerait le problème en quelque sorte. Qui, ayant orienté les choses à son profit, ressentirait également la parenté avec les autres, limaces et vermines qui mènent leur destin dans les coins oubliés.

Mais si ! Mais si ! On les gère ! Il y a pour les enfants des jeux de gestion des réserves naturelles. On s'occupe des grillons et des sauterelles. N'est-ce pas le signe de maturité attendu ?

Justement. On s'en occupe. On ne devrait pas.

Le paternalisme n'a pas lieu d'être si on respecte les autres formes de vie. Elles doivent s'autogouverner. Ce qui est bien le contraire de nos intentions.

Il faut « remettre de l'ordre dans ce désordre [1] ».

« Pourquoi avez-vous brûlé ces bois ? – Parce qu'ils étaient le théâtre d'orgies coupables, répondit Cupsidor. Ils proliféraient dans leur flore et dans leur faune par le moyen de copulations désordonnées [2]. »

Les arbres cravatés seront au rendez-vous. Visiteurs avec guides et tickets.

Il y eut autrefois des châteaux où l'on pouvait vivre. Il y a maintenant des châteaux que l'on visite. Ce sera prochainement le cas de l'habitat rural.

Un jour il n'y a plus que le visitable. Et pas le vivable. La nature à vivre disparaît avec le spectacle qui consiste essentiellement à ressentir par procuration.

---

[1] Geneviève Delbos et Paul Jorlon, « La nature ou le réel forclos », in Anne Cadoret, *Chassez le naturel*, éd. de l'École des hautes études en sciences sociales, Paris.

[2] Larry Triten, « Les bois noirs », *Fiction*, août 1988.

Un lieu de nature, pour être vraiment tel, ne doit pas être INSTITUTIONNALISÉ. Il doit être hors système.

On se demande comment une vérité aussi simple peut échapper, tant qu'on n'a pas saisi le véritable moteur conceptuel de la planète CLEAN : les choses ne sont bonnes que par rapport à nous, et comme nous n'apprécions qu'en conditionnés urbains, le sauvage doit se modeler pour nous plaire. Notre échelle de valeurs s'impose au pissenlit, comme au bison. En aucun cas l'inverse, qui aurait fait de l'homme un être évolué au point de tolérer les organismes non soumis à sa loi, les espaces non dominés par lui.

Dans la foule de ceux qui travaillent à l'avènement de la planète CLEAN, il y a bien du monde...

Et certains risquent d'être désagréablement surpris. Ceux qui ne veulent pas de pétrole dans leur potage, mais qui aimeraient bien aussi le cri d'une chouette non tarifée au sommet de leur grange. Un regard solitaire, non accompagné et commenté, mais perdu dans le marais aux reines-des-prés, l'intimité d'un rouge-gorge non bagué, d'un arbre banal échappé du balisage touristique.

C'est pourquoi il faut discuter tout de suite sur le nom.

Tous ceux qui ne marchent pas pour CLEAN doivent se résigner à ouvrir les yeux. Ils combattent pour une armée qui se fout de leurs objectifs. Ou qui en a, en tout cas, une sacrément autre conception. La nature servira de récréation, de détente, d'espace pour randonnées.

Elle ne sera plus là comme par hasard, sans utilité préconçue, ouverte à l'inspiration du moment. À la promenade, qui est, mentalement, aux antipodes de la randonnée. Au voyage, qui entretient avec le tourisme le même rapport que l'amour avec la prostitution.

Le goût du propre imprégnera tout. Même ce qui se fera pour, intentionnellement, ne pas avoir l'air trop propre. Pour avoir critiqué les panneaux moralisants d'une réserve, je les ai vus disparaître, pour être remplacés par BIENVENUE. Et cependant on ne sortait pas du système où l'entrée de la nature est annoncée par une pancarte, et non par la sensibilité du voyageur.

« Rien ne bougeait, pas même le pont de lune, et les tiges des roseaux étaient dressées au bord de l'eau comme des lances aux pointes embrasées. Et pourtant on eût de nouveau cru entendre quelqu'un marcher doucement par le bois ou sur l'eau... [1] »

Rien à faire ! Ceci ne peut être obtenu volontairement. Ça ne se fabrique pas ! Tous les centres d'initiation à l'environnement du monde n'y changeront rien.

Pour le moment, la découverte de la nature continue le plus souvent dans des conditions psychologiques qui interdisent justement le contact : explications, intellectualisation, nombre, tarification, équipements, etc.

« Vivez comme un trappeur. » Non. Ça n'existe pas. Ce n'est pas possible ! On l'est. Ou on ne l'est pas ! Devenez trappeur et vous le serez ! Avant ça, vous n'êtes que le client d'une entreprise de travaux factices et de vie par procuration.

VTT [2], RAFT, CANOË-BAROUD, TREK, BLUFF, tout ça c'est synonyme.

Perverti par la volonté. L'exigence de faire par préméditation ce qui ne peut être fait que sans vouloir.

C'est aussi mettre l'accent sur les apparences de certaines facettes de l'activité. Celles qui sont valorisantes pour l'accompagné et l'accompagnateur. On se gèlera juste assez les pieds pour qu'on puisse croire qu'on l'a vraiment fait.

Mais hélas, on se sera probablement organisé pour le faire « au moins un peu exprès ».

Alors que l'aventure a beaucoup à voir avec la nature. Parce que comme elle, elle ne peut être INSTITUTIONNALISÉE.

Les pistes oubliées cessent de l'être dès qu'on en parle.

---

[1] Ernst Wiechert, *La Vie simple.*

[2] VTT : Vélo tout terrain, encore appelé en berrichon : *mountain bike.*

UTILITÉ DE L'INUTILE

« Il n'y a personne là-bas. »

« Un blanc sur la carte. »

« Milieu hostile jamais pénétré... »

Loin vers le nord, là où les rivières n'ont même pas de nom, on voit à l'échelle du 1/50 000e réalisé par photos aériennes, la marque d'un petit carré. Avec une indication : « Air-field » [1]. Et rajouté en dessous en plus petit : « abandonned ». Quel que soit le cas, un petit frisson vous parcourt...

Les endroits sans hommes, ou qui le sont redevenus, ne font-ils pas rêver quantité d'anciens lecteurs de Tarzan englués dans la routine des bureaux ?

Mais c'est le rêve, c'est-à-dire la part exclue. Nocturne et oubliée dès qu'on passe aux choses sérieuses.

Inutile. Sans aucun effet sur le produit national brut.

Sans valeur, comme cette brillante analyse symbolique de votre dernier conflit conjugal que vous proposait le songe de la nuit dernière. Incompréhensible. Venue d'un *no man's land* qui pourrait bien avoir quelque parente avec la ronce et l'araignée.

---

[1] Aérodrome.

Loin des buildings où s'étiole la perception du monde, il y a ces coins de champs négligés, ces bouts de jardins incultes. Des bois pas entretenus. Des landes conquérantes, armées de genêts à balais que le mois de mai couvre de fleurs en or. Des heures de marche sans rencontre. C'est grave, il faut occuper le territoire...

Halte là, dit l'écologie. Ces lieux sont des conservatoires de la faune et de la flore sauvage. Donc, ils sont utiles.

Développement de la science, réservoirs génétiques, zones de démonstration pédagogique.

Est-ce que l'on comprend bien ? Est-ce que ça veut dire que, s'ils n'étaient pas tout ça, on pourrait les raser ? À quoi servent les méandres de la rivière ?

On peut le dire. Avec la technique on peut tout prouver. Et ce sera vrai ! Les méandres ralentissent le courant, évitent la dégradation des berges, ménagent des plages d'eaux calmes préférées des carpes ou des tanches.

C'est pour ça qu'on les veut ? C'est pour ça qu'on les garde ? Pour bien comprendre, il faut voir comment ça se passe dans le cas contraire. Lorsque sans une bavure, on recalibre comme on dit, remettant la rivière toute droite, selon la formule bien connue du fossé antichar.

Là aussi il y a des justifications techniques. Il faut éviter les crues provoquées par des barrages d'arbres tombés. Descendre les nappes d'eau sous-jacentes aux parcelles pour éviter que le maïs asphyxie ses racines, etc.

Après ça, la crue d'aval bat tous les records. Et le maïs manque désespérément d'eau qui s'en va trop vite.

Cela n'empêche pas d'être satisfait, parce que le territoire a enfin une allure moderne. Il faut rationaliser le « look » des aménagements. Que ça n'ait plus l'air d'une offense à la géométrie. Du précis, du net, du propre.

Tout ça sera déclaré utile. Peut-être même d'« Utilité publique » avec financements et expropriations à la clef.

Même si c'est de l'argent perdu. La notion d'utilité est aussi subjective que celle d'harmonie. Ce qui touche l'un, ennuie l'autre. Et ce qui n'attire pas est vu comme dépourvu de fonction.

Supprimer les méandres ou les garder, c'est dans les deux cas coller une étiquette rationnelle sur une pulsion sensible, qui n'en a aucun besoin pour se justifier. Car elle n'est pas justifiable. Elle vient du désir, de l'accord ou du désaccord avec les éléments de l'univers. Comme l'amour, elle n'a pas de lois. Ou alors celles-ci sont bien cachées.

Ou mieux, la source de leur puissance ne peut pas être vue, car elle réside dans une réalité que nous ne pouvons pas regarder en face : l'utilité de l'inutile.

Temps perdu, feuilles qui glissent au fil de l'eau, intimité et solitude, parcours illogiques des ruisseaux, champignon non comestible à regarder, tout cela ne peut argumenter pour son droit à l'existence.

Et le faire à leur place, ce serait pire ! Terrible. En extirper l'âme.

« Les comptes du patrimoine » ont voulu, avec bonne volonté, dans une grande opération officielle concertée, qui a produit un volumineux rapport, donner enfin de la valeur à ce qui n'en avait pas.

Ce n'est pas idiot. Sans le *farniente* et les plaisirs inutiles ce sont des hordes de dépressifs qui prendront d'assaut la médecine mentale. Et l'intimité réelle est en passe de se payer bientôt beaucoup plus cher que l'énergie ou l'emprunt d'argent.

Mais. Mais... ?

Nous souhaitons par là faire une sorte de démonstration mathématique. Vous pensiez que ceci était zéro ? Non, regardez le beau raisonnement qui dit qu'au contraire, c'est l'infini.

Donc si l'inutile est sacré utile, il n'y aura plus rien qui soit dépourvu d'utilité. Tout sera intégré. Le plus vilain crapaud, la plus méchante épine.

Au secours ! On aura réussi le tour de force. Saccager la présence du gratuit en lui donnant une des valorisations compatibles avec le courant général de la civilisation. Qui n'aura pas bougé d'un pouce. Toujours prête à trucider le VRAI INUTILE. Celui qui ne voudra pas rentrer dans la nouvelle façon de faire les comptes, exagérera le nombre des méandres, saupoudrera à foison l'espace de trous d'eaux et buissons, sortira des sentiers volontairement capricieux.

Le paradoxe doit se vivre, et non s'éliminer par son incorporation au système. On a constaté, au fil de nombreuses psychothérapies, comment un élément capable au départ de détruire la structure mentale pathologique, est très vite avalé par elle comme instrument à son service.

Les choses inutiles doivent vraiment être inutiles. Sinon elles n'ont aucun intérêt. Aucune utilité.

Nous sommes toujours là. Espèce humaine à qui rien n'échappe ! Pour que notre souveraineté soit maintenue, nous sommes prêts à tout. Même à faire semblant de l'abandonner.

Combien pariez-vous que si ces lignes faisaient un jour ou l'autre bouger les choses, ce serait pour voir apparaître des « zones d'abandon de souveraineté humaine », des « parcours de l'inutile », des « cures de temps perdu » avec horodateurs payants ?

Inutile. Sans raison d'être là. En infraction, peut-être. La brousse, où s'épanouissent les églantines, les mousses et les moucherons qui dansent, doit le rester. Pas de contrôle, même déguisé sous le masque de son absence.

L'énergie de nos passions, l'obscurité de nos élans instinctifs, la nage hésitante de nos espoirs et de nos illusions y trouve une indéfinissable vibration, à laquelle nos sociétés qui s'en balancent n'ont pas donné de nom.

Mais Lao-Tseu, fondateur du taoïsme (600 avant J.-C. en Chine), avait déjà dit ce qu'il faut dire. Parlant du Tao, la voie à suivre, il expliquait comment ce nom était un pis-aller. Une sorte d'imposture nécessaire.

Affirmant : « Le Tao que l'on peut nommer n'est pas le TAO. »

Sans transformer en publications scientifiques les reniflements du blaireau, sans compter toutes les pattes des mouches, ou même, plutôt, en le faisant si peu consciemment que ce qui dominera sera la fusion avec le bruit du vent, nous aurons une petite chance de devenir, nous aussi, vraiment inutiles.

Comme la beauté, l'amour, le crapaud... Quel honneur !

VOIR L'INVISIBLE

La civilisation anti-nature peut vous dire ce qu'elle veut. Mais vous n'êtes pas obligés de la croire. D'autant plus que son véritable discours peut vous être dévoilé.

Parlons un peu d'argent par exemple. Plus exactement du support matériel de la monnaie. Le commerce, les échanges, les valeurs, tout cela est profondément intégré, indissolublement lié à la culture. Spécialement à la manière dont une société se voit elle-même.

Elle fait figurer ses marques, elle arbore ses emblèmes. Ses billets de banque sont des allégories de sa conception du monde. Leurs changements, les variations des objets ou êtres représentés ne sont pas anodins.

Mais il n'y a pas que par l'identification de ce qui est gravé que la civilisation parle. Cela, c'est si on peut dire le verbal, l'explicite. Il y a aussi le style, la manière dont on traite l'image. Dans un registre moins voyant mais tout aussi significatif, l'artiste exprime des messages assumés par l'ensemble des courants culturels de son époque.

Ceci dit, on pourrait très bien passer à côté de l'essentiel. Parce que, plus le contenu est important, moins il est visible. Représenter la Tour Eiffel plutôt qu'un papillon ne révèle guère de mystères. On savait que les regards de nos financiers n'étaient pas tournés vers les floraisons champêtres.

Cependant, si nous coupions un peu les cheveux en quatre, pour savoir jusqu'où ça va ? Avec en main deux pièces de cinq francs de la même époque. La nôtre.

En poussant le vice jusqu'à regarder ce que d'habitude on ne regarde pas. Ce qui n'est pas fait pour être vu. Mais pour passer directement dans le sang. Enfin... dans la structure psychologique et comportementale de l'utilisateur des pièces.

Sur celles-ci, une valeur est indiquée. Il y a bien longtemps qu'il s'agit d'une pure convention et qu'aucun commerçant sérieux ne vous donnerait cinq francs pour le métal d'une pièce de cinq francs. Mais tant qu'on fait semblant d'y croire...

Alors on indique le montant de la valeur conventionnelle. Et on ne regarde même plus le chiffre gravé dans le métal. On connaît le diamètre, la forme, le poids, l'allure générale de cette monnaie, tellement qu'on l'identifie d'instinct. Sans lire l'indication qui est pourtant bien là, et qui vous dit en bon français : 5 F.

De manière complètement inutile.

Pourquoi est-ce qu'on ne supprime pas la mention de la valeur ? Puisqu'on ne la regarde jamais.

C'est que ne pas regarder n'empêche pas de voir. Inconsciemment.

À toute allure, du coin de l'œil, quelque chose de notre cerveau l'a aperçue, intégrée à l'insu de notre conscience.

Ça porte un nom. La publicité subliminale.

C'est interdit.

Mais la frontière entre les niveaux de conscience est si floue que tout le monde peut prétendre que sa pub n'use pas de tels procédés. Que, après tout, les choses montrées sont vraiment visibles et qu'il n'y a pas manipulation.

C'est peut-être vrai, d'ailleurs, pour l'artiste qui dessine les monnaies. Il peut très bien y projeter symboliquement la vision du monde de la société qu'il représente, sans savoir que son message va si loin.

Alors donc, voilà qu'un malheureux chiffre serait un support publicitaire !

Pour vendre quoi ?

Il y a bien des manières de dessiner le même chiffre, la même lettre. Il y a des 5 bien assis, sérieux, enracinés dans la glèbe, un peu ventrus même. C'est sans doute celui de la Semeuse, avec pourtant une esquisse de géométrisation des lignes, qui veut dire l'efficacité directe, mais non brutale, en souplesse, comme l'indique la légère ondulation de la barre horizontale supérieure du cinq...

J'en vois certains qui n'y croient pas !...

Alors usons du contraste. Passons, après un modèle de 1971, venu du début du siècle, à la monnaie de 1989.

Le cinq est toujours là.

Bien moins discret. Au moins deux fois plus gros.

Et, au lieu de trôner discrètement au-dessus d'un bouquet de chênes et d'oliviers, il s'impose. Il est extrêmement rigide. Plus question de se laisser aller.

Très étudié, il joue malgré tout à une spontanéité à laquelle il ne saurait prétendre. La verticale ne l'est pas vraiment, comme si le léger décalage ainsi manifesté traduisait une sorte de liberté par rapport aux lois géométriques. Malheureusement, la massivité du tracé, la rudesse des angles, montrent qu'il s'agit d'une pseudo-concession au sein d'un système qui ne souhaite pas vraiment les fioritures et les arabesques.

Typique du même processus est la ligne qui termine le chiffre vers le bas. Un chef-d'œuvre ! Une rotondité stricte et dure. Il faut le faire ! L'échappée sensuelle n'est même pas esquissée, qu'il faut aussitôt la tenir et la modeler. Quitte à faire semblant, en descendant très bas la queue du 5, que tout ça est parfaitement spontané. Puisqu'on dessine exactement comme lorsque, en écrivant très vite, on laisse tracer le crayon un peu trop longtemps, ajoutant au-dessous du chiffre une sorte de panache inutile et involontaire.

Du faux négligé. Une main de fer dans un gant de velours, comme on dit. Sauf que les doigts de métal transparaissent drôlement malgré le camouflage.

Le quasi, para, pseudo-naturel, est-ce que nous ne connaissons pas déjà ? Les « canards illimités » et autres génies écologiques travaillent dans les mêmes eaux.

Et ça avance ! Après la première génération de panneaux pour réserves en faux rural, on en a maintenant en vrai industriel : montants rigides, découpe archinette, formes tellement anguleuses que le bois en prend l'allure du métal.

Du marécage à la pièce de monnaie, le même dévastateur courant culturel fonctionne à pleins gaz.

Et nous n'avons pas tout regardé sur nos cinq francs ! Mais le reste est plus facile à voir. L'opposition des formes de la semeuse et celles de la Tour Eiffel.

Laquelle préféreriez-vous dans l'intimité ?

Surtout que nous avons là une Tour plus belle que nature, si on peut dire. Sûr que c'était à son époque un symbole du triomphe de l'industrie. Mais pourquoi pas ? Il y a peut-être, comme dans les formes réelles de la tour, une esthétique industrielle qui ne représente pas d'agressivité anti-organique et anti-nature.

Mais pour ses cent ans la vieille Tour Eiffel des monnaies est renforcée au bas du dessin par une esquisse d'elle-même, enchaînée de courbes, qui se veulent aléatoires et tissent des images de filins d'acier d'une froideur parfaite. Si on la construisait aujourd'hui, on en ferait un monument d'une rectitude extrémiste, intégrée de fils de fer futuristes, dont le rôle principal serait de faire détester les formes et textures du vivant.

Évidemment, tout ça n'existe pas ! Ce n'est qu'un vilain cauchemar. Comment croire des choses pareilles ? Eh bien, justement, parce qu'on est là dans un domaine où s'utilisent les procédés du rêve. Des représentations invisibles, peu croyables et souvent incompréhensibles d'événements réels. Avec une multitude d'enseignements cachés.

S'il n'y avait rien à voir dans une œuvre artistique qui est justement une sorte de rêve éveillé, on ferait des monnaies réduites au strict minimum.

Et on n'aurait pas par ailleurs inventé le « design industriel ». Le métier de concepteur des formes pour les objets de l'industrie.

Ceux qu'on croirait bêtement conçus uniquement « en fonction de leur fonction » Si on peut dire. Mais non, ça n'existe jamais ! S'il y en avait un par hasard, il porterait quand même un message qui serait de dire :

« Je suis uniquement fonctionnel. » Et cela nous en dirait long sur ceux qui l'ont produit.

Alors méfiez-vous. Devenez un peu parano. Jetez donc un nouveau coup d'œil sur votre briquet, votre brosse à dent ? Est-ce qu'ils sont bien obligés d'avoir ce décrochement de lignes, cette facette étirée ou triangularisée, ce renflement suspect ?

Et s'il y avait là un message qui s'adresse à vous ? Flottant dans votre sommeil, guidant vos gestes dans l'autobus, au bureau, dans la nature... ?

Terrifiant ! La couleur et le toucher y sont partie prenante. Et la majorité de ce qui est diffusé est loin d'être une esthétique du sauvage.

Entourés de stylos dont l'allure est plus performante que le fonctionnement, de vaisselles esquissant les divers polyèdres de nos livres de maths, de lampes électriques pour stations spatiales, nous perdons le contact avec les lignes et les formes de la bonne vieille terre.

Entraînons-nous à voir l'invisible. À comprendre l'effet qu'il nous fait. À savoir si nous aimons vraiment ce qu'il nous dit.

Pourquoi pas, bien sûr, des stations spatiales ? Mais la vie y sera dure. On aura le spectacle du vide et des étoiles. Et l'herbe et les jonquilles seront loin.

En attendant, il n'est pas nécessaire de vivre comme déjà exilés de notre planète.

À moins que tous ces objets machines ne soient là que pour nous préparer au jour où l'Amazonie ressemblera au vide sidéral...

... on est là dans un domaine où s'utilisent les procédés du rêve. Des représentations invisibles, peu croyables et souvent incompréhensibles d'évènements réels. Avec une multitude d'enseignements cachés.

DE CHARYBDE EN SCYLLA

Ce sont deux rochers du détroit de Messine, entre la Sicile et l'Italie. Les bateaux qui passaient par là, s'ils ne s'ouvraient pas la panse sur l'un des récifs, se retrouvaient, après avoir cru échapper, très correctement embrochés sur l'autre. D'où l'expression qui fait fortune depuis l'Antiquité.

Allégorie de nos combats pour la nature, l'histoire de Charybde et de Scylla n'en finit pas de se répéter.

Malgré les fluctuations et renversements de position des uns et des autres, il se pourrait bien, par exemple, que l'on renonce vraiment et définitivement à construire un barrage à Serre-de-la-Fare.

Voilà qu'à cette occasion repointe son nez le fameux problème de la Loire. Inondations, centrales et barrages émotionnels intriqués dans un énorme festival de symbolique pro- ou anti-nature.

Sur le haut cours de la rivière, le site, on s'accorde à le dire, est plus que grandiose. L'été y promène ses eaux claires et épanouit les feuillages. Les crépuscules sombres de l'hiver en font une gorge un rien patibulaire qui ravit jusqu'à l'extase le coureur de bois.

L'association « Loire vivante » s'est battue pour que ça ne devienne jamais un plan d'eau anonyme retenu par une masse de béton.

Et pourquoi donc ? Puisque les adversaires juraient que c'était absolument nécessaire. Et d'ailleurs pas vilain du tout à contempler.

Ceux qui se sont installés pour camper sur les lieux, qui ont prospecté et obtenu de multiples soutiens, contesté, expliqué, médiatisé le problème savaient ce qu'ils voulaient. En tout cas on pourrait le croire au vu de leur dynamisme et de leur capacité d'entêtement.

À moins que, ce qui est déjà pas mal, on puisse plutôt dire qu'ils savaient ce qu'ils ne voulaient pas.

D'ailleurs c'était écrit sur les murs : NON au BARRAGE. Non au barrage, mais, alors, OUI à quoi ?

Nombreux furent ceux qui ont pensé que cette bagarre voulait simplement aboutir à laisser le site en l'état. Oui à la Loire sans béton, mais aussi sans apprêts. Sauvage et toute nue.

Et voilà que la victoire a commencé à apparaître comme moins impossible qu'avant ! On a pu réellement imaginer que la nature allait gagner. Et ses protecteurs avec.

Du coup, quantité de choses qu'on n'avait pas eu le temps de voir sont apparues dans les conversations.

C'est qu'il s'en est déroulé des événements en quelques années. Ces lieux complètement inconnus ont fait le tour de l'Europe en dépliants ou émissions télévisées. Ils sont un point focal. Et même un point d'attirance. C'est ce qu'il fallait faire pour les défendre, pour que les destructeurs potentiels aient honte à la face du monde.

Alors le monde entier est venu, ou va venir, à Serre-de-la-Fare.

Est-ce que Serre-de-la-Fare peut contenir le monde entier ? Et pendant que nous y sommes, voyons bien qu'il s'agit là de la question qui se pose pour tous les espaces valorisés au nom de la protection de la nature.

Ce sont devenus des lieux à part. Désignés. Désignés à ceux qui avaient le potentiel de les aimer, ce qui est peut-être déjà beaucoup trop. Mais aussi à ceux qui adorent simplement visiter les champs de bataille, quels qu'ils soient, pour se sentir à la pointe de l'actualité touristique. Et on se préoccupe de les accueillir.

En effet, on sait bien, que, dans l'avenir, tout peut recommencer. Un projet de destruction des milieux naturels ne meurt jamais. On le voit ressortir un beau jour tout guilleret du tiroir où il aurait dû moisir.

Donc, il faudrait maintenir la pression contre lui.

En faisant venir des gens qui témoigneraient en permanence de l'importance du maintien en l'état.

Mais peut-on maintenir en l'état en faisant venir des gens ? « Oui bien sûr », disent certains. « Il suffit d'aménager pour l'accueil. »

J'ai aussi entendu dire une fois, par une paysagiste, qu'il fallait arracher les haies qui bordent les chemins afin que le promeneur puisse avoir une vision du paysage de bocage.

Et vous connaissez la fameuse histoire du coiffeur qui rase d'abord la tête de son client pour être mieux à l'aise pour lui couper les cheveux.

On n'en est pas là, mais on y va.

Et c'est vrai. On peut le savoir. En allant visiter de par le monde quantité de lieux où le même processus s'est déjà déroulé plus loin, et même jusqu'à son terme.

Issu de nos contradictions, le voilà résumé en quelques stades pour lesquels je saute de nombreux intermédiaires :

1 - Lieu sauvage complètement oublié, difficile d'accès.
2 - Visite presque par hasard d'un mordu de Nature qui s'y sent bien tout seul.
3 - Il y amène sa petite amie ou son meilleur copain.
4 - Ils en parlent sans faire attention au repas du conseil d'administration de leur association.
5 - L'année d'après, le conseil ou une partie veut voir les lieux.
6 - Un animateur membre du conseil y amène quelques personnes à qui il fait très sérieusement la leçon de comportement qui s'impose.
7 - L'endroit devient un lieu pédagogique d'animation.
8 - Une étude scientifique bénévole est commencée.
9 - Des fonds sont trouvés pour une vraie étude pluridisciplinaire.
10 - Une cabane est construite pour laisser sur place un peu de matériel.
11 - Une station de recherche soutenue par la Fac et le ministère de l'Environnement est finalement installée.

12 - La valorisation pédagogique se met en place grâce aux résultats, aux chercheurs, et à la présence de la station.
13 - À cause des visiteurs, on rajoute des toilettes.
14 - La valorisation touristique s'ajoute à celle venue des activités pédagogiques.
15 - Des autorités et décideurs pas tellement désintéressés commencent à s'intéresser à l'affaire.
16 - Le chemin d'accès est amélioré.
17 - Le chemin d'accès est asphalté.
18 - On aménage un parking en terre battue.
19 - Le parking est asphalté.
20 - Le parking est agrandi.
21 - Où c'est qu'on mange ?
22 - Salle de projection pour montrer ce qu'on verrait si on était dehors.
23 - Restrictions de circulation pédestre dans toute la zone.
24 - Pour financer les installations, l'entrée devient payante.
25 - Sur un terrain voisin, que la protection ne contrôle pas, des promoteurs venus d'on ne sait où édifient un équipement avec vue sur la « réserve naturelle ».
26 - Les clubs de vacances, bénévoles ou pas, commencent à rechercher ces endroits déjà bien valorisés.
27 - Une sorte de « zone périphérique » en voie d'urbanisation entoure notre cher coin de nature.
28 - J'arrête là, vous pouvez imaginer la suite...

Je ne sais pas si vous lisez « Lucky Luke ». Dans l'un des albums on voit les chariots errant dans la prairie. Et un coin plus agréable que les autres les stoppe. Car le convoyeur a été charmé par une petite pâquerette. C'est là qu'on va vivre. Et aussitôt de planter la pancarte « DAISY TOWN » [1] ! En plein sur la gueule de la mignonne qui y laisse sa peau.

---

[1] Daisy : « pâquerette » en anglais. Daisy town : « ville de la pâquerette ».

Nous sommes les fabricants des futurs NATUROVILLES. Car toutes les agglomérations humaines ont commencé comme ça. Un endroit où de nombreuses personnes trouvaient le besoin de se rendre, et où on aménageait peu à peu les commodités nécessaires. Puis on y restait. On améliorait les voies d'accès. On valorisait.

Ça a donné Paris, mais aussi Lagos et Mexico, et les favelas de Rio.

La ville, c'est un problème en soi. Mais puisqu'on connaît son processus de formation, gardons-nous de l'enclencher en des endroits où, justement, le plaisir vient du petit nombre, ou de l'absence des hommes.

Il faut de tout pour faire un monde. Il n'est pas besoin de démolir la capitale pour protéger Serre-de-la-Fare. Mais il ne faut pas non plus, et c'est dommage, en faire une capitale de la protection de la nature.

Nous devons renoncer à ces satisfactions-là, même si elles sont méritées. Et regarder où nous pourrions tenter de rompre tous les magnifiques cercles vicieux qui nous conduisent au vingt-huitième stade de la nature urbanisée.

C'est possible. Mais avant, il faut en savoir beaucoup plus sur la civilisation anti-nature et sur nous-mêmes.

À ceux qui croient que les caillasses anguleuses des gorges doivent céder le pas au sentier de grande randonnée balisé, au parking discret et paysagé, on peut dire : « Attendez la suite. Allez voir ailleurs ce qu'est la suite ! »

Et rappeler un conseil qu'on pourrait donner à tous les amoureux ! « Vous l'aimez telle qu'elle est, laissez-la telle qu'elle est. »

Car il ne suffit pas de gagner pour ne pas perdre.

Vous l'aimez telle qu'elle est, laissez-la telle qu'elle est.

QU'EST-CE QU'IL EST BLÊME MON HACHÉLÈME [1]

Chemins d'herbes, joncs des fossés, lamiers pourpres, gaillets jaunes grimpant dans la haie, branches et épines... Bientôt tout cela sera sous-verre, dans les musées. Et si on allait les voir avant l'heure fatidique où, consciente de leur valeur, la société les enchaînera dans des coffres-forts inviolables et interdits de parcours ?

Au milieu des bocages désossés, taillés jusqu'à la moelle, il y a de beaux restes.

Bien défendus. Les associations de protection de la nature revendiquent des troupes de l'ordre de cinq cents à huit cent mille personnes. Et le maître mot dans la culture protectionniste c'est « OISEAU ».

On ne crache pas sur la belette et le petit lapin. Les araignées et les scorpions ont leurs maniaques. Mais la volaille tient le haut du pavé. Objet de toutes les sollicitudes. Pour son bien !

On connaît les mères abusives. Leur affection étouffe le développement de l'enfant. À force de serrer nos chers oiseaux sur notre cœur, que leur arrive-t-il ?

Au long de ce beau chemin, les haies sont en pleine exubérance. Les noisetiers fraternisent avec l'épine noire. Le frêne émerge des ronces. Le vieil aubépin tient toute sa place, et de jeunes pousses de chêne démarrent au sol. Violettes, pissenlits, ficaires, champignons se massent ou s'éparpillent sur les talus.

---

[1] Renaud.

Rien que des formes spontanées. Un élan, le déploiement libre d'une énergie que l'on sent progressivement se communiquer à soi-même. Comme si une nature intérieure, sensible et un brin végétale s'accordait aux vibrations de l'ambiance.

C'est tellement foisonnant que l'on oublierait vite l'existence des voies rapides et des cages à lapins de banlieues. Où il n'y a même pas de lapins ! Alors que là... On serait tenté de penser que c'est plutôt l'inverse. Lapins, oiseaux, sans cages... D'où vient cette petite question informulée, ce petit malaise insensible ?

Mais du coup d'œil inconscient que vous avez jeté (à peine) sur une drôle de forme au creux du buisson. Et qui nous rappelle quelque chose. De bien connu.

Le centre des émotions ne laisse rien passer. Si son organisation reste mystérieuse elle n'en est pas moins super-efficace. Dans le repérage de ce qui lui plaît, ou de ce qu'elle n'aime pas.

Elle se rend malade pour pas grand-chose, car ce qu'elle a pressenti dans la broussaille, ce sont seulement quelques lignes un peu plus délibérées, un peu plus fabriquées que le reste. UN NICHOIR.

Aidons les oiseaux à survivre ! Qui n'a pas distribué des bouts de lard aux mésanges au cœur de l'hiver ? Mais tout en pensant que c'était un appoint. Que les mésanges resteraient essentiellement des animaux se nourrissant par eux-mêmes, et ne dépendant pas réellement de nous pour leur survie.

Envie de les apprivoiser un peu, mais aussi de les aimer en tant que sauvages. Et pour leur logement, ont-elles trouvé le coin adéquat, le meilleur creux d'arbre, la bonne orientation ? On peut mettre nos connaissances à leur disposition. En tant qu'ornithologues on sait ce dont elles ont besoin. Et, des fois, mieux qu'elles, si ça se trouve ! En tout cas, nous, on maîtrise le milieu et on peut les en faire profiter.

Tout va bien. Sauf que... gare au syndrome [1] de Serre-de-la-Fare.

Quand est-ce que l'intervention sur une chose commence à modifier la nature de la chose ? Tout de suite, répond la physique quantique.

---

[1] Syndrome : En médecine, ensemble de signes se reliant à une même maladie.

C'est un principe. Le fait d'observer un objet, dans une expérience scientifique ou partout ailleurs, agit obligatoirement sur le phénomène étudié. Qui n'est plus exactement le même. Mais devient l'objet plus l'effet du regardeur d'objet.

Ce dernier souvent n'en sait rien. Tapi au plus haut de son arbre, le naturaliste à l'affût ne voit pas qu'il n'est pas sur un arbre. Mais sur un arbre qui porte un naturaliste, ce qui n'est pas la même chose.

Pour lui, la différence de perception avec un lieu vraiment vide d'hommes n'est pas grande. Même s'il voit le bout de ses pieds, il est habitué à l'extraire de l'image construite par son cerveau. Mais celui qui arrive avec les mêmes intentions, et repère, pendant du haut de son chêne favori, de grandes paluches chaussées genre PATAUGAS n'est pas toujours extrêmement ravi.

Tout ce qui existe, existe. Il n'y a pas de présence, ni d'intervention invisible.

❖

Le nichoir n'est pas une cage. L'oiseau y fait ce qu'il veut. Sauf qu'il n'en modèle pas les formes qui sont et restent bien humaines.

Petites maisons, toits pentus, découpe de l'entrée en arche, ogive, cercle, tout peut arriver.

Installés pour aider à la survie, il est bien certain que leur rôle ne s'y cantonne pas. Et se trouve peut-être complètement ailleurs. Dans la transmission du message permanent de notre autosatisfaction humaine : « REGARDEZ, NOUS SOMMES LÀ ! » « Tout ceci a l'air de s'être fait sans nous, de marcher sans nous, mais ce n'est pas vrai. Ou plus vrai. Maintenant ça marche mieux grâce à nous ! D'ailleurs bientôt, pour fonctionner, ça aura besoin de nous. »

Rien ne pourra tourner sans intervention. On le dit dans les médias : « Au point où elle en est, la nature a besoin de l'homme. »

Belle démarche que d'injecter la maladie pour se rendre ensuite indispensable comme médecin.

D'accord, ceux qui soignent ne sont pas ceux qui ont provoqué la maladie. Mais si, par hasard, ils l'entretenaient, l'aggravaient et la rendaient irrémédiable ?

L'autonomie, l'indépendance du sauvage est nécessaire pour qu'il continue de correspondre à sa définition.

Et à diffuser le mystère des ravins, les énigmes des trous d'eau noirs, le choc de la fuite du chat sauvage.

Mais, chers amis, ceci est de la métaphysique ! La source d'immenses problèmes et de tragiques émotions. De la passion, des explosions intimes, de l'amour des choses et des gens.

Nous enrobons cela dans nos règlements, dans nos cadres, dans nos idées fétiches. L'oiseau a toujours représenté l'esprit. Il traverse l'air, léger et insaisissable...

Migrateur sauvage et nomade, nous ne pouvons pas nous empêcher de le désirer fixé dans une petite maison avec un jardin autour.

C'est plus sûr. Avec le temps nos petites maisons se sont entassées, ont grimpé les unes sur les autres, et sont devenues des tours et des HLM.

Parallèlement d'étranges dialogues se nouent. Un camarade militant s'est un jour indigné de mes idées sur les nichoirs. En me disant : « Mais que veux-tu, il faut bien pallier la disparition des arbres ! »

Et bien, je crois que je l'ai eu ! Car ma réponse était : « Absolument pas, ce qu'il faut faire, c'est arrêter la disparition des arbres. »

« Un inventeur espagnol vient de mettre au point des arbres en mousse plastique spéciale, captant l'humidité et la restituant lentement le jour. Une forêt complète de ceux-ci libère des centaines de mètres cubes de vapeur d'eau dans l'atmosphère, stabilisant le climat. L'intérêt principal de ces installations est qu'elles n'ont pas besoin d'irrigation, grande consommatrice d'eau. De nombreux pays sont d'ores et déjà intéressés. » (*Science et Vie*, octobre 1990.)

Peut-être qu'on pourra tout remplacer. Sur le plan des fonctions.

Alors les arbres sont-ils de simples machines à produire des oiseaux, qui eux-mêmes sont de purs instruments nécessaires à la fabrication de données scientifiques ?

En ce cas, pas de problème ! On peut même installer au cœur de nos bocages des élevages modernes de pinsons et de rouges-gorges.

Mais s'il y a quelque part un plaisir irrépressible à rencontrer ce que nous n'avons pas fait nous-mêmes, le monde sera d'autant plus vide qu'il sera plein de nos réalisations. C'est tellement plus simple, et plus propre, d'acheter un nichoir qu'on installe dans un poirier bien civilisé. Pourquoi laisserions-nous dans le coin du jardin la brousse nécessaire à la venue spontanée des oiseaux ?

Mais ce qu'on fait au symbole emplumé on le fait en même temps à ce qu'il représente émotionnellement. L'ESPRIT.

Allez acheter vos nichoirs ! Vous verrez ! On n'est plus dans la préhistoire de la protection. On a évolué ! Comme dans le 13e arrondissement (et hélas ailleurs !), les compositions architecturales progressent. De magnifiques abris pour vos protégés sont maintenant présentés en blocs de cinq ou six unités d'habitation.

En attendant le gratte-ciel pour loriots et fauvettes, la Tour Montparnasse des faucons et le pylône de guet pour vautour.

Dans leurs blêmes hachélèmes les humains rêvaient à d'autres choses qu'ils ne savaient même plus nommer. On leur a dit : « C'est la nature, venez voir... »

Ils ont vu ! Ça leur a fait un peu peur. S'ils étaient passés au-delà, ils seraient devenus différents : responsables, autonomes. Sauvages, peut-être...

Et il aurait fallu apprendre à vivre avec des gens libres. Trop dangereux...

C'est bien vrai. Venez regarder le jeu de l'univers. Ce n'est pas toujours une partie de plaisir.

Mais l'énergie du passage de l'oiseau, ne l'avons-nous pas ressentie dans l'envol des sentiments, l'espoir et les élans émotionnels ?

L'identité des forces intérieures et extérieures est une loi qui n'est écrite nulle part. Mais elle dirige d'une main sûre les comportements.

Les désirs resteront au chaud dans leurs nichoirs. Ils s'envoleront maladroitement, sans aller bien loin, chercher des pâtures préfabriquées.

Regagnant l'alvéole prévue à leur usage, ils prépareront les vacances dans les espaces protégés.

Protégés de quoi ? De toute passion hors cadre, de tout mouvement innovateur.

Jusqu'au jour où une de ces bestioles emplumées refusera la nourriture, l'habitation et la sécurité.

À ce moment-là on pourra parler de Nature.

Dans les blêmes hachélèmes les humains rêvaient à autre chose qu'ils ne savaient même plus nommer.

ZONES-ZONARDS-ZONÉS

ZPPAU, ça ne vous dit rien ?

Ou peut-être appartenez-vous à la LPCLS, la Ligue de protection contre les sigles ?

Dans notre domaine de réflexion, pourtant, il n'y a que la première lettre qui compte. La zone de protection du patrimoine architectural et urbain (ZPPAU) est intéressante surtout pour son statut de zone. En réalité, zone de quoi, cela importe peu.

Partout nous les avons vus, ces espaces dont le prénom commence par Z. Ne s'agirait-il pas d'un tout à fait essentiel principe d'aménagement ?

C'est un vieux concept. Chez les primates territoriaux on a toujours aimé dire : « Là c'est chez nous, c'est pas chez vous. » À partir de telle ou telle limite.

Mais pour ça, il faut une catégorisation, des différences. Les divergences culturelles les ont créées, et pendant des siècles (qui ne sont pas terminés) on a vu les humains jouer à faire varier les limites des zones, qu'ils appelaient « pays » ou « territoire de la nation ». Il y a eu des sous-zones. Principautés, féodalités, villes libres, montagnes contrôlées par des rebelles ou des bandits. La décentralisation a fait remonter au jour le réflexe. C'est à partir de telle limite que telle autorité commande. En fonction de ses intérêts.

Relisons l'histoire. Sans limites, pas de repères. Mais le résultat pratique est connu : guerre permanente sous toutes ses formes : physique, économique, culturelle et psychologique.

Les entités nationales ou fédérales érigées en États sont cependant diversifiées de l'intérieur. Ce sont des zones au sens faible du terme. Les caractéristiques choisies pour les mettre à part sont en petit nombre et mêlent la langue, le pouvoir, la culture, les solidarités traditionnelles. Tout le reste est variable, et n'a-t-on pas dit qu'une nation s'enrichissait de ses diversités ?

La zone au sens fort c'est quand tout devient à l'intérieur des frontières, à la fois résolument homogène, et complètement différent de l'extérieur. Dans la nature dite protégée, chaque lieu, chaque espèce, chaque rocher appartient à une race à part, la race « sous protection ». Sortie de ces espaces, la plante n'a pas les mêmes habits, la même culture, ne parle pas la même langue. Là elle se laisse cueillir, ailleurs elle se refuse. Biologiquement identique, elle est institutionnellement complètement autre. Comme tout habitant d'un ghetto diffère bizarrement de ceux d'alentour.

Les hommes sont des faiseurs de zones. C'est-à-dire d'espaces définis par :

- un certain nombre de caractères qu'ils seront seuls à posséder ;
- une délimitation de l'ensemble des points de l'espace où ces caractéristiques cessent d'être rassemblées au complet.

Le principe de zonation se dose. Il est d'autant plus fort que le nombre de points spécifiques rassemblés est élevé. Il est total lorsque tout est différent à l'intérieur de la zone, ou quand une donnée particulière aux lieux est considérée comme ayant une valeur absolue éclipsant toutes les autres.

Si nous mettons ensemble des clones, la zonation est parfaite. Ils sont complètement semblables.

Si notre choix est de considérer la religion comme seule valeur absolue, alors la zonation, musulmane ou chrétienne, par exemple, sera à son maximum, même si des différences subsistent.

Une autre facette de ces entités dont nous nous servons sans les comprendre est relative au fonctionnement de la limite. Les zoneurs invétérés la posent dès que le nombre de propriétés zonées, estimées par exemple par le nombre x, devient x - 1.

De plus tolérants acceptent x - 2, voire x - 3, et on peut ainsi aller vers des ensembles flous où les fonctionnements de type territorial sont atténués.

Mais il n'y a plus guère de « ZONES NEUTRES » sur la Terre. À ce sujet il est intéressant de voir ce que vont devenir l'Antarctique et les grands espaces marins.

Pour la nature c'est simple. Nous évoluons vers une situation où les attributs des objets qui tendent à les faire considérer comme naturels seront regroupés en des territoires réservés.

Tout zonage étant séparation de caractères précis, en plus ou moins grand nombre, l'un d'eux a été choisi : ce qui possède des traits montrant qu'il n'a pas été construit par nous ira dans des lieux à part. Zonée sur place ou refoulée dans la zone protégée, la nature a maintenant une frontière nette avec l'humanité. Tracée sur le terrain.

Fini le temps où les légendes jouaient à transcender les différences, avec des hommes-animaux et des pierres-vivantes.

Finie l'époque où l'activité de production se déroulait au milieu des rivières et des arbres. Sous les nuages...

Un caractère érigé en absolu (le naturel) et voilà que les lieux non fabriqués se retrouvent dans le cas de la zonation la plus forte. La plus intransigeante. La plus totale. La plus totalitaire.

Voilà donc qu'en parcourant les bois pour nos inventaires biologiques nous manipulons, en traçant des repères sur la carte, l'une des plus explosives pratique de l'humanité.

❖

Et maintenant, étudions un peu les propriétés générales des zones.

1) Un nombre limité d'éléments est rassemblé à l'intérieur

Il peut être élevé. Il est toujours restreint par rapport à l'ensemble. À cause des buts spécifiques poursuivis. L'élevage et le lys martagon ne se côtoieront plus à quelques encablures.

La diversité reste forte en principe. Beaucoup de plantes et d'animaux.

Mais un facteur d'uniformisation redoutable a tendance à s'installer : le caractère de spectacle, l'intouchabilité, l'institutionnalisation, la réglementation. C'est-à-dire une forme d'organisation et de comportement relevant spécifiquement des grandes agglomérations.

L'urbanisation est un état d'esprit. Elle peut exister sans buildings. Et la diversité « psychologique » des lieux s'en ressent.

A-t-on vraiment des stimulations nouvelles, des vraies surprises, d'étonnantes émotions ?

Peut-être, mais le processus de banalisation est en marche, comme pour l'allure des banlieues et des aéroports. La chute de la stimulation psychique due à la variabilité des sensations guette toute zonation. Car il manque obligatoirement quelque chose de la richesse du monde.

Toujours le même genre de gens, les habitudes, le sens du groupe, c'est le fondement de l'identité culturelle.

L'ennui, le goût désespéré du changement transformé en agressivité, c'est le résultat de l'identité poussé jusqu'à la zonation. Le même phénomène fonctionne dans la concentration de la nature en territoires réservés et dans le confinement des populations mal intégrées dans un pays d'accueil. Ou marginalisées d'une façon ou d'une autre.

2) Les échanges interzones sont limités

Le principe même de frontière implique l'idée de contrôle de circulation. Des gens, des marchandises, des idées.

C'est ce qui arrive aux éléphants. Ils piétinent sur des territoires dont ils ne peuvent guère sortir. Et abîment la végétation qui les nourrit. Ce qui ne s'était jamais produit au temps des éléphants nomades sur de vastes territoires.

C'est ce qui arrive à la station de plantes rares mise sous clef, alors que la source qui alimente les lieux se trouve à 10 km de là, asséchée par un captage.

C'est ce qui guette toute population repliée sur elle-même pour défendre son identité.

Et ne devrions-nous pas nous reconnaître là, chers amis naturalistes ?

Le saucissonnage du territoire par les autoroutes et TGV réussit un beau prodige.

Ce DÉSENCLAVEMENT enclave radicalement quantité de populations animales et humaines, prises dans les mailles de ce progressif et gigantesque filet reliant les agglomérations. Consanguinités des populations, stoppage des migrations. Les crapauducs et tunnels à gibier ne changent pas grand-chose à l'essentiel du résultat : le découpage généralisé en confettis de moins en moins viables, parce que privés de leurs relations à l'extérieur. Pour le paysan comme pour le crapaud accoucheur.

3) La limitation des échanges modifie la communication interne et externe

Corollaire de l'état de fait précédent, les éléments constituant une zone ne fonctionnent plus normalement dans le secteur des échanges de messages. Ce qui touche spécifiquement un animal que nous aimons beaucoup : nous-mêmes.

Que les graines, le pollen et les limaces circulent mal, cela ne nous gêne pas beaucoup. Mais il se trouve que, nous prenant pour des êtres sociables, nous échangeons des idées. Sur la nature, en particulier.

Il y a déjà un fossé de dimensions respectables entre la mentalité de l'admirateur de marais et le fanatique de certains signes de super modernité. Il y a même une conception différente de la modernité. Ils ne vivent pas sur la même planète. Leurs difficultés à se comprendre confinent à celles qui attendent, sur des mondes lointains, les explorateurs interplanétaires.

Fallait-il traduire cette différence sur le terrain ? La matérialiser, la rendre palpable ?

Quel bonheur de baliser son territoire ! On ne peut pas s'empêcher de le faire dans sa tête.

Mais d'abord, si on se risque à concrétiser, la première chose qu'on voit c'est qu'on n'a pas grand-chose. Le pays qui s'annonce champion pour les espaces naturels classés (Costa Rica) proclame fièrement le pourcentage : 5 %. Surprise quand on déclare s'intéresser, au nom de l'intégration de l'homme dans la nature, aux 95 % restants.

Création d'une réserve dans un marais contesté : 20 %, 50 %, n'importe quoi, mais jamais tout le marais ! Encore moins une conception de l'aménagement de la commune où l'agriculture et les marais (même les pas remarquables) seraient harmonisés à base de règles écologiques bénéficiant à la fois à la production et au milieu.

ZONE DE SILENCE : encore une. Par exemple 200 hectares dans une forêt de 10 000. Auparavant toute la forêt était une zone de silence qui ne connaissait pas son nom. Elle a maintenant une zone de non-silence de 8 800 hectares. Et s'il y a du silence dans les 200, il y a aussi des aménagements. Comment supporterait-on l'absence de bruit sans équipements facilitants ou divertissants : bancs, toboggans ou balançoires.

Avec dérogation au silence pour les autocars touristiques. Alors donc, le renforcement exagéré de l'identité crée l'étanchéité et l'incompréhension. Parler avec ses ennemis enclenche le processus inverse.

À force de discuter en famille on se fabrique un vocabulaire, une langue, une mentalité à soi.

L'explosion de petits carrés de couleur sur les cartes écologiques a d'une façon souterraine quelque chose à voir avec les explosions de violence des banlieues grises.

ZONES, ZONARDS, ZONÉS subissent les mêmes lois.

TCHERNOBYL, OU LA NATURE INATTENDUE

Ça existe vraiment.

C'est écrit là, au bord de la route. On n'en croit pas ses yeux : YEPHObINb.

Et ça a vraiment pété ! Devant l'ancien réacteur recouvert de plomb, surnommé le « sarcophage », une vaste clairière s'ouvre là où la forêt a brûlé !

Forêt grillée qu'on a dessouchée. Puis, décapage de plusieurs dizaines de mètres de sol pour tenter de diminuer la radioactivité.

Ça n'a pas dû être follement efficace car le compteur Geiger signale par un roulement continu de crépitements le passage des particules.

On ne va pas vous refaire le cours sur les rayons gamma et les autres formes de radioactivité ! Revoyez vos bouquins de physique. Pareil pour les effets biologiques, les controverses sur les doses, les durées de vie des éléments radioactifs. Rappelons-nous seulement que tout ça n'est pas très bon pour la santé, et regardons autour de nous.

Allons jusqu'à la ville voisine. Une cité industrielle de 30 000 habitants. Usines, cinémas, blocs d'habitations, avenues géantes et manèges pour enfants dans les squares. Sauf que, on peut le dire, à MPNMNTb [1], pas un chat ! En tout cas, pas un homme ! Le car spécial, qui ne sort jamais de la zone interdite de 30 km entourant le réacteur défunt, avance, précédé, on se demande pourquoi, par une voiture de la milice, dans un silence absolu.

---

[1] Pripiat.

Toutes les sources usuelles de bruit sont là, bien solides de tout leur béton et de tous leurs asphaltes. Mais il n'y a dans les oreilles qu'un bourdonnement pesant comme au cinéma dans les scénarios d'après la fin du monde.

Et l'herbe a commencé sa reconquête depuis les espaces verts. Elle ne connaît plus la tondeuse. C'est en la voyant s'accrocher, avec cette fois quelques chances de succès à une fissure du goudron, qu'on réalise. Un vieux phantasme écologique se déroule en réalité sous nos yeux. « ILS SONT PARTIS ! »

Les rois des primates, les envahisseurs de la planète, les transformeurs de milieux. Ils sont partis ! Pas jusqu'à demain matin comme pourraient le faire croire les fenêtres ouvertes et les objets abandonnés. Ils sont partis pour longtemps. À vrai dire, à l'échelle humaine, pour toujours.

Plus on décontamine et plus le sable radioactif revient porté par le vent. D'éventuels habitants après un impossible assainissement des lieux ne pourraient quitter la ville. La forêt d'alentour et les eaux ne se prêtent même pas à un essai de diminution de la radioactivité, infiltrée dans chaque souche, chaque source et chaque champignon. On vient d'inventer le premier lieu où l'homme ne peut pas vivre.

Les fourmis s'en balancent ou font semblant. Elles traversent hors des clous en cohortes affairées. L'académie des sciences étudie ce qui se passe dans les forêts. Mutations, monstres et phénomènes sont attendus. Les gens, qui aiment les belles histoires, parlent déjà de champignons géants.

Mais, au prix correspondant à une reproduction perturbée, la disparition des bois et de leurs hôtes n'est pas prévue. Chevaux et chiens redevenus sauvages, avec les martres et les belettes auront du mal à avoir une progéniture viable.

Cependant les survivants auront pourtant un ennemi en moins : l'homme.

Drôle de situation où quelques humains se sont comportés en sauvages. Dans les villages abandonnés on voit soudain les poules et le coq sur le chemin. Et pas loin une grand-mère qui explique tranquillement que : « Vu ce qui lui reste à vivre... ma foi... »

Tolérée, elle ne le serait pas si elle était jeune fille. La reproduction humaine ne peut s'offrir le luxe des pertes et les horreurs que traverseront les animaux d'alentour. Situation étonnante que de pouvoir observer en un lieu ce qu'il faut bien appeler : LA DERNIÈRE GÉNÉRATION d'ÊTRES HUMAINS.

Après, si on y vient pour étude, ce sera bardé de précautions. Sans y vivre ! Voilà le premier territoire qui nous est vraiment interdit. Qui nous est devenu radicalement étranger. Qui n'est plus à nous.

Quelle inquiétude Tchernobyl ne devrait-il pas suggérer pour les maniaques de l'occupation de l'espace, qui tremblent devant la repousse de buissons qu'on peut araser quand on voudra. Sans danger.

Alors, qu'est-ce qui s'est passé ?

« Le résultat imbécile d'une politique nucléaire qu'on doit refuser », dira le courant écologique le plus radical. Une erreur technique inexcusable, mais qui ne remet pas en cause les principes, assureront les défenseurs.

Mais enfin, sur quoi travaillait-on ? Qu'y avait-il dans le cœur du réacteur ?

Recouverts d'appareillages sophistiqués d'origine humaine, il y avait des atomes à structure liée par des forces que nous n'avions pas créées nous-mêmes. Qui n'ont pas plus de rapport avec notre volonté que le courant de la rivière, le battement du cœur, le souffle du vent dans les aulnes.

Des forces NATURELLES.

D'ailleurs on passe notre temps à ça. Liaisons chimiques brisées dans le moteur à explosion, combustion à l'oxygène de l'air pour les chauffages, piégeage de l'électricité dans des fils qui la conduisent où on veut et pas où elle veut. Ça marche ! Selon l'état d'esprit qu'on a, on dit qu'on domine, qu'on domestique, ou qu'on apprivoise les forces de la nature. Qui cependant n'en restent pas moins pour autant elles-mêmes.

C'est-à-dire portant le mystère de leur origine et leur propension à suivre leurs lois plutôt que les nôtres.

À Tchernobyl c'était un loup particulièrement sauvage.

Derrière toutes ces machines, ces tableaux de commandes et ces fils, on ne distinguait plus très bien ses longs crocs blancs et ses yeux violents.

Il faut écouter comment on parle de Tchernobyl quand on n'est pas un spécialiste de la physique nucléaire. Les métaphores et les symboles renvoient à une puissance sauvage qui aurait rompu sa laisse...

Comme pour la déprise agricole, le règne impérial de l'humanité se trouve mis en danger.

Il y a des jours, il y a des gens, il y a des lieux... Quelquefois pour certaines personnes, en certains endroits, les grands spectacles de la nature démontrent notre insignifiance. Loin d'y trouver une source de teneur, ou même, et peut-être plus s'ils l'y trouvent, on en voit qui frissonnent d'une sorte de plaisir à l'explosion du volcan, aux brutalités des vagues de la tempête, à la puissance de l'inondation.

On aime mieux, c'est sûr, ne pas être englouti dans la faille ouverte par un tremblement de terre, même magnifique. Et voir la tempête depuis la jetée !....

Mais... mais certains qui étaient dedans ont eu des sensations indéfinissables.

« Il faut respecter la Mer », disent-ils.

Sans plus, car : « La vérité qui peut être énoncée n'est aucunement la vraie vérité [1]. »

Et ça a l'air idiot ! Mais si toute cette histoire de Tchernobyl n'était venue que du fait qu'ON N'A PAS RESPECTÉ LES FORCES ATOMIQUES ?

---

[1] LAO TSEU. Encore lui, VIe siècle av. J.-C.

Cela voudrait peut-être dire que si on avait eu une autre attitude, on aurait fabriqué des centrales moins dangereuses pour l'humanité. Tout à fait supportables peut-être ? Le respect n'empêche pas d'intervenir et d'avoir une technologie pour chevaucher les puissances de l'atome ou du pétrole.

Mais le cavalier qui ne respecte pas sa monture va, selon une fort belle expression, mordre la poussière.

À Tchernobyl celle-ci est radioactive. Et marque la trace indélébile d'une erreur de pilotage d'une centrale nucléaire. Plus largement de notre mauvaise manière de piloter, en général, les rapports avec la nature.

Alors, tous à l'auto-école. D'urgence !

Et pensons-y, pourquoi pas ? Tchernobyl, une victoire de la nature ?

Ils verront des bêtes. Ce qu'ils ne verront jamais, c'est surgir en eux l'étonnement de la découverte individuelle. Le troupeau passe et avec lui le rêve...

LES GARDIENS DE LA TRADITION LAKOTA LANCENT UN APPEL

La famille Looking Horse et tous les porteurs de Pipe Lakota vous demandent de ne pas vous rendre à Green Grass pour la cérémonie qui y est prévue l'été prochain : leur sentiment est que faire venir des non-Lakota ferait courir à « la pipe » le risque d'être commercialisée et, à la cérémonie en tant que telle, de devenir un *show*.

Un tel état de fait ne serait pas bon et reviendrait à trahir la responsabilité consentie par la nation Lakota. Il est demandé à tous de s'abstenir d'utiliser la pipe comme symbole pour, entre autres, des articles de papeterie, des bijoux, des insignes de voitures de police, des posters, ou toute autre représentation qui la détourne de son authentique finalité, à savoir être un objet sacré pour les Lakota.

La famille Looking Horse souhaite avant tout que cette cérémonie ne devienne pas un *show*, quel qu'il soit. Ils comprennent qu'il y a beaucoup de non-Lakota qui sont très sincères et qui veulent aider à « prier » pour les mêmes bonnes choses que nous, mais ils pensent qu'il ne serait pas bon que beaucoup de personnes extérieures soient présentes à cette occasion.

Cité par la revue *Nitassinan,* n° 20-2, Automne 1989.

Et maintenant une petite devinette.

Par quel terme doit-on remplacer dans le texte des Indiens Sioux Lakota le mot PIPE pour avoir un résumé des chapitres précédents ?

Nos actions en faveur de la nature sont fondées sur de grandes idées, le plus souvent généreuses, qui n'ont jamais été passées au crible de la réalité.

LA DÉMOCRATIE ET LA NATURE

À présent, il y a des questions difficiles qu'il faut aborder de front. Sans dogmes. Même pas les bons. Ceux auxquels on croit...

Une des plus grosses bagarres de la conservation est d'obtenir des enquêtes publiques fiables, des référendums, des pétitions, des consultations. Les mêmes qui demandent tout ça se laissent aller certains soirs de défaite à d'élégantes appréciations : « Les gens sont cons ! »

Derrière tout ça il y a les hypothèses favorites de chacun. La destruction de la nature est-elle le fait de puissances minoritaires imposant une politique à la masse, aux légions de sympathisants des forêts et rivières ? Le mouvement agressif contre les milieux vient-il au contraire d'une méfiance généralisée ? Même d'une sorte de haine ?

Est-ce en demandant un avis démocratique sur les serpents venimeux qu'on aboutira à leur protection ?

Il faut en savoir beaucoup plus sur les étranges animaux que nous sommes. Nos actions en faveur de la nature sont fondées sur de grandes idées, le plus souvent généreuses, qui n'ont jamais été passées au crible de la réalité.

Les sciences humaines ont du mal à décoller. Et les résultats qu'on peut en tirer gênent tout le monde. Les autoritaires parce qu'on découvre que de toute façon l'homme fait toujours ce qu'il veut. Les anarchistes parce qu'on s'aperçoit de l'existence d'un irrépressible goût pour la fabrication de *leaders*. Respectés, admirés, ou détestés, mais chefs tout de même.

L'idée qu'il est bon de se conformer au choix de la majorité, ou non, repose sur les convictions implicites concernant la nature de l'homme : responsable ou conditionné, apte ou inapte à la réflexion, capable d'ouverture d'esprit ou indécrottablement replié sur son nombril.

Chacun fait son choix dans cette multitude d'idées. En prenant bien souvent ce qui le rassure le plus, ce qui lui donne de l'espoir. Et il tient pour vérité claire et absolue le choix politique qui en sort.

Votons pour savoir si la Terre est ronde ? Et conformons-nous au résultat. En 1994 on ne craint rien, mais si la démocratie avait triomphé au XVe siècle ?

Si cette question-là est réglée, merci, il en reste ! Doit-on traiter l'homme comme un esprit, un psychisme exprimant une dignité particulière, ou comme une machine biologique où les neurones construisent toute la pensée ?

La raison est-elle destinée à gouverner le monde à la place de la passion ?

La nature a-t-elle le droit d'exister ?

Gageons qu'une consultation sur ces sujets donnerait des résultats intéressants. Devrait-on pour autant penser qu'ils tiendraient lieu de conclusions scientifiques ?

Et c'est bien de là que sortent toutes nos difficultés. Protéger la nature oblige à mêler ce qui est affaire d'opinion, donc justifiable du jeu démocratique, avec des résultats reconnus sur le fonctionnement des écosystèmes et des sociétés humaines.

La forêt amazonienne primaire ne se reconstitue pas après des coupes de larges étendues. Faut-il appeler la population à en juger ? Les responsables de la situation et leur clientèle qui peut être vaste, voteront contre la conclusion scientifique. Les autres l'accepteront. Qui peut nous dire à l'avance, selon le découpage des circonscriptions et le jeu des influences d'idées, lesquels seront les plus nombreux ? Il n'y a aucune raison pour que la vision scientifique reconnue et rigoureuse sorte automatiquement des urnes. Les naïfs qui appellent à multiplier les référendums contre une autoroute, une décharge, une centrale nucléaire en préjugeant du résultat sont plutôt mal partis. Le progrès des enquêtes publiques, qui ne le sont encore guère, va-t-il forcément dans le sens de l'écologie ? Pourquoi une population ne déciderait-elle pas majoritairement de bousiller son pays au nom d'un certain type de progrès ? Ou de choisir un équipement anti-écologique pour toutes sortes de raisons qui la regardent au premier chef ?

Le droit à la démocratie est donc le droit à l'anti-écologie. L'exercice de la démocratie ne donne pas forcément une réponse écologique comme ont l'air de le croire beaucoup de militants.

Qui se préparent alors un piège subtil et meurtrier. Leur déception est à la mesure de leurs espoirs. La confiance spontanée qu'ils avaient en l'« Homo écologicus » les jette par dépit dans le slogan déjà cité : « Les gens sont vraiment cons ! »

« On se prend à rêver d'on ne sait quelle dictature », écrivit un jour l'un d'eux qui est aujourd'hui co-député européen. Comme on le comprend ! Des singes à peine évolués ont à leur disposition une technique ravageuse. Ils sabotent toute une planète ! Comment les arrêter ?

Le voilà pris, et beaucoup d'autres avec lui, dans un dilemme. Quand on défend des idées généreuses et libérales sur l'homme et l'organisation de sa société, constater que cela laisse la place à des décisions anti-écologiques qu'on réprouve, c'est un choc !

La question taboue tourne dans les têtes sans arriver à la conscience. Qu'est-ce qui est prioritaire, l'écologie ou la démocratie ?

Il paraît que la somatotropine qu'on va donner aux vaches pour augmenter la production de lait mérite qu'on s'oppose à elle par une pétition. Il est écrit sous la plume de certains scientifiques que cette merveille n'a aucune incidence sur la santé humaine. D'autres, qui sont également bardés de doctorats, recommandent la prudence et ne sont pas loin de suggérer le contraire des premiers. Alors, voilà que, non contente de ne pas sortir des urnes, la vérité scientifique n'arrive même pas à sortir de la science.

Avec la forme de la Terre, on était en sécurité. Il n'y a plus de controverse dans les laboratoires. De même « deux et deux font quatre » n'est pas susceptible d'être réellement contredit, même par un vote massif pour « deux et deux font cinq ». S'il y a incertitude sur la somatotropine, faut-il s'en remettre au verdict des citoyens pour leur demander si c'est bon ou pas pour leur santé ?

Qu'est-ce qu'ils pourraient bien en savoir s'ils ne sont ni biologistes, ni médecins ? Bien sûr ils pourraient inventer ! C'est ce qui se passe dans beaucoup de cas semblables. On décide sur du phantasme...

Cependant ce magnifique embrouillamini va nous illuminer de quelques vérités premières :

- Les données scientifiques établies ne changent pas sous l'influence du vote et il n'y a aucun intérêt à les y soumettre.
- Toutes les données scientifiques ne sont pas solidement établies.
- La controverse sur ce qui est établi ou pas existe chez les scientifiques.
- Cette controverse ne peut être tranchée que par la méthode scientifique et non par un vote de personnes ne possédant ni l'information ni la compétence.

Voilà. Et c'est ainsi parfaitement exact que certains domaines échappent à la prise du public. Pour faire autrement, il faudrait que celui-ci se prononce sur des sujets qu'il ne connaît pas. Ce qui arrive d'ailleurs, dans les sphères où on prône le refus de la compétence, et l'aptitude à trancher en vertu précisément de son ignorance.

Alors, on range le matériel et on ferme les bureaux de vote ?

Revenons à nos vaches. Peut-être bien que ça ne leur fera ni chaud ni froid d'avaler le fameux produit. Et à nous non plus. Et que ça sera quand même une catastrophe ! Cette agriculture sophistiquée, compliquée, coûteuse, bureaucratisée, informatisée, qui est impliquée par notre hormone, constitue le vrai danger.

Augmentation des coûts, des interventions, des impacts de l'agrobusiness, de la distance par rapport aux processus naturels. C'est encore la philosophie de la production qui est en cause. La fin du paysan, remplacé par l'industriel qui fait aux poules cracher les œufs en rafales et transforme Blanchette en une simple usine à lait.

Alors là, justement, il faut voter. Ce n'est pas la science qui nous dira de quel côté on doit aller.

L'Agroville mécanique ou le travail des champs ? L'œil rivé sur les moniteurs de contrôle et les écrans, ou la contemplation satisfaite de ses troupeaux en pâture ?

Chacun peut choisir. En fonction de sa conception du monde, de ses goûts, de ses passions, de ses projets. Personne ne peut le faire à sa place.

Et peut-être qu'il y en a tout plein qui choisiront la super-mécanique.

Mais peut-être pas ?

À ceux qui sont pour les pommiers et les vaches au pré de se battre. De défendre sans complexe leur point de vue, même s'il n'est pas scientifique, mais émotionnel, philosophique, intuitif. Dans quel monde nous plaisons-nous ? Peut-être pas tous dans le même. Quelle place sommes-nous prêts à nous laisser réciproquement lorsque nos perceptions divergent ?

Bagarres, compromis, *modus-vivendi*, évolution des mentalités, information, éducation, ce sont justement les champs d'action ou d'apprentissage de la démocratie.

« Les gens sont cons ! » Mais nous faisons partie des gens. En nous donnant souvent le petit plaisir de penser que nous sommes quand même un peu mieux.

« C'est mon avis, et je le partage ! » dit l'écologiste. « Mes idées sont les meilleures, sinon je ne les aurais pas choisies », rétorque son adversaire.

Allez-y messieurs !

Gourmands d'assistance mais revendiquant l'autonomie, ne pensant qu'à eux sauf quand ils pensent aux autres, contradictoires jusqu'à l'os, les représentants de l'espèce dominante terrestre ont toujours eu un mal fou à s'organiser. Peut-être vaut-il mieux un mauvais système que tous les systèmes épouvantables qui se présentent comme rechange : tyrannie, gourous, génocides, impérialismes...

Alors, la nature dans tout ça ? Il se pourrait bien, qu'avec ou sans vote, ce soit elle qui ait le pouvoir. Et ceux qui croient à une harmonisation avec elle vont peut-être se retrouver en majorité. Ou en minorité.

Les droits des minorités ? De l'individu ? Même isolé dans la Toundra, ou accroché aux basques des destructeurs, par-tout le naturaliste sent bien qu'il vit actuellement dans une civilisation anti-nature.

Si une autre pouvait surgir par miracle, par imposition immédiate, avouons qu'il serait soulagé.

Il sait que malgré les discours, son biotope, sa niche écologique, l'essentiel de ce qui fait sa vie est en recul accéléré et permanent. Alors, dans ces conditions, que conseiller sur cette formidable question du système politique ? Dans quel sens faut-il penser ?

En tout cas il ne faut pas avoir peur du problème.

Et pour la solution, démerdez-vous...

C'est ça la démocratie.

La civilisation anti-nature sait ce qu'on lui reproche. Elle va donc se maquiller. Plutôt que de se changer, elle va revêtir les habits d'une autre culture qui est son propre passé.

CONSERVER LA FAÇADE

Par discrétion, je ne dirais pas dans quelle ville du Canada ça se trouve. Une église (néo-gothique mais pas si mal) avec ogives et porches décorés en copie du Moyen Âge. C'est, dans un pays de gratte-ciel, comme une dimension humaine retrouvée. Ça a bien plus de cent ans, ce qui pour la région est la préhistoire.

Mais ne franchissons pas le porche ! Derrière, immédiatement, se trouve un univers de bureaux en verre, complexe, déroutant, violemment typé dans le style « centre pour *businessmen* »...

Si encore il n'y avait pas eu la façade ! On sait bien que l'architecture performante n'a rien à voir avec les formes du passé. Et on se prépare à son côté rigide et froid. Mais là il y a le piège ! On vous invite à une certaine plongée sensible vers des volutes, des courbes, pour vous balancer leur contraire sans préavis, au moment où votre émotivité se croyait déjà dans une presque abbaye cistercienne. Ils sont fous ces Américains !

Sauf qu'il n'y a pas qu'eux.

Promenons-nous dans les bois. Enfilons cette allée forestière verdoyante. En circulant en voiture, c'est un défilé permanent de nature. Les arbres des forêts comme dans les contes.

Celui qui stoppe et met pied à terre remarque qu'une étrange clarté parvient du sous-bois. Quelques pas lui donnent la clef du mystère. Il aurait pu s'en apercevoir avant s'il avait eu l'œil exercé.

De chaque côté, une bande boisée assure la perception d'images destinées au touriste pressé. Le reste est planté de jeunes conifères dont la discipline alignée et multipliée à l'infini révèle le vrai statut de ce territoire : champ en monoculture.

L'essentiel est sauf. On a conservé la façade. Ce qui signifie que nous sommes dans une culture où l'essentiel est la façade. Ce qui se montre en une vision superficielle plutôt que ce qui est profondément la nature des choses.

Sur le plan humain, l'affaire n'est pas nouvelle. « Perdre la face » était le plus grave événement dans de nombreuses civilisations. Mais plutôt dans celles où il ne fallait pas manifester ses émotions. Était valorisé ce qui était montré. Parce qu'il y avait quelque chose à cacher : le jeu des pulsions et la sensibilité.

Qui privilégie la face a quelque chose derrière qu'il ne veut pas laisser voir. En réalité nous sommes en train d'utiliser le même processus que le Japonais trop poli pour laisser passer son émotion. Mais en sens complètement contraire. Lui, il se sait émotif et montre en surface l'opposé car il valorise le sang-froid.

Nous, nous montrons le sensible, pour cacher le dur, le froid, le brutal.

Ne pavoisons pas trop vite pour dire que nous sommes favorables à l'harmonie et au sensuel bien plus que nos contemporains nippons.

C'est seulement un peu de perversité en plus. Carrément opposée aux élans passionnels, la civilisation anti-nature sait ce qu'on le lui reproche. Elle va donc se maquiller. Plutôt que de se changer, elle va revêtir les habits d'une autre culture qui est son propre passé. Valorisée en tant que monument historique, la façade est là pour nous dire :

« Vous vous êtes trompés, je suis la grande civilisation industrielle, mais je sais aussi apprécier hautement les valeurs qu'on m'accuse de détruire. »

« Bien sûr pas au point de les faire miennes. Mais je fais au moins semblant. »

Faux-semblant.

La réserve de nature préparée et montée en épingle est aussi le porche d'entrée à la civilisation anti-nature.

Pour être plus efficace, la façade peut même être ravalée, restaurée. Avec un bon coup de pouce de plus authentique que le vrai. Tout sera fait pour qu'on ne voie que la façade. Par définition celle-ci est faite pour les passants, pour le plus grand nombre. Combien pénètreront dans l'édifice ? Ceux qui y travaillent et sont peut-être d'accord avec son aménagement intérieur. En tout cas la façade fait l'image publique. Et on s'en contente.

Ce qui conduit au règne du « comme si... ». Rappelons-nous nos faux trappeurs avec leur réchaud à alcool dans les forêts domaniales. À force de se contenter des signes extérieurs d'une activité, on oublie l'activité elle-même. On peut même s'en tenir aux vêtements. Moins on pratiquera la nature, plus on forcera sur le *look* baroudeur de nature.

Symbolisant une fréquentation, l'habit peut faire le moine. Mais certains ne prennent que le symbole, la façade, et on trouve derrière leurs tenues camouflées une vision de la nature qui sent la banlieue.

Les apparences sont trompeuses ? Pas sûr. Le masque dénonce ce qu'il veut masquer. Plus il est travaillé pour avoir l'air vrai, plus vous pouvez être certain qu'il est faux. N'appuyez pas trop sur les grandes formules du genre : « Nous n'héritons pas la terre de nos parents, nous l'empruntons à nos enfants. » C'était génial ! Mais on a tant forcé, exhibé, tarabiscoté à toutes les sauces ce slogan qu'il n'est plus que la merveilleuse façade verbale d'une inaction pratique.

Plus ça se voit, moins c'est vrai !

Démolissons les façades, qu'on sache ce qu'il y a derrière : les vrais ravages de la machine à dénaturer. Hypocrite et clandestine. Rhabillée d'oripeaux naturalistes, bardée d'écologie mal digérée, couverte de peinture verte jusqu'aux oreilles.

Mais la façade, aussi, c'est nous !

Terrifiés à l'idée de montrer des faiblesses, des inaptitudes. Volonté d'avoir l'air aussi bien que les autres, mises en scène sociales, « m'as-tu-vu-ismes » divers.

S'accepter comme être émotif et imparfait n'est pas la règle insufflée par nos modèles culturels. Nous devons, d'après eux, nous reconstruire. Heureusement ils se contentent de la façade. Ils ne nous disent pas réellement de tuer nos émotions. Ils préféreraient, certes ! Mais considérant vraisemblablement que ce n'est pas possible, ils concentrent leurs efforts sur les signes extérieurs.

« À l'intérieur vous êtes des singes peureux bourrés d'affectivité, d'accord, mais ne le laissez pas voir, pour ne pas déparer au milieu de toutes les machines rutilantes et impassibles que vous avez créées. »

Et voilà parties les fausses machines qui sont de vrais singes à l'assaut de tout ce qui rappelle le bouillon organique qui les a fabriqués.

Oublieux de leur propre nature, qu'auraient-ils à faire de celle des coquelicots et des scorpions ?

Mais malgré tout il y a des fissures dans la façade, des pans entiers qui dégringolent. Et on peut les aider !

Et lorsque vous en rencontrez un, visage bétonné et voix métallique, identifiez-le ! C'est un primate terrien pas très futé, qui fait semblant...

Alors, essayez sur lui cette interpellation déjà célèbre :

« Enlève ton masque Frankenstein, on t'a reconnu ! »

L'ARCHITECTURE SCHIZOPHRÈNE

Il y a des gens comme ça. Qui vous abreuvent de gentillesses d'un air froid et glacial. Masque crispé et l'œil mauvais. Au son de la voix vous sentez physiquement qu'ils aimeraient tant vous voir ailleurs ! Puis il y a ceux qui sont sensibles et chaleureux. Pas un seul signe d'hostilité. Et ils sont, en fait, en train de vous dire pis que pendre de vous-mêmes. Avec toutes sortes de noms d'oiseaux.

Est-ce que ce sont de simples menteurs ?

Vous n'en avez peut-être pas rencontré d'aussi typés, malgré les politesses de façade et les hypocrisies sociales.

Bien sûr il ne s'agit pas d'ordinaires faux jetons. Ce sont les schizophrènes.

Qui présentent une dissociation du langage verbal et de l'expression non verbalen [1]. La sensation d'intimité positive se crée par des microgestes, une ambiance. Celle d'hostilité aussi. Mais au moins, dans les deux cas on sait ce qui se passe.

Alors que le chaleureux hostile ou le méchant aimable jouent en fait tous les deux un jeu trouble qui ne permet pas de savoir.

La situation est celle déjà rencontrée souvent dans nos aventures de nature. La DOUBLE CONTRAINTE. Quand une chose n'est ni elle-même, ni son contraire, ni autre chose... Nous sommes avec la schizophrénie dans la situation même qui a créé ce concept.

---

[1] Ronald Searle, *L'Effort pour rendre l'autre fou*, Payot.

L'anthropologue Gregory Bateson repéra un jour en Indonésie une curieuse pratique. Dans l'ethnie étudiée, les mères attiraient les enfants et s'arrangeaient pour les repousser en même temps [1]. Dans le but de les endurcir.

En fait, d'après l'école psychiatrique qui développa ce genre de thèmes, ça rend fou [2]. Fou de telle manière qu'on reproduit le comportement bizarre de DOUBLE CONTRAINTE. Comme protection, défense, on ne sait pas très bien. Rester dans l'ambiguïté, tel est le but. Mais non conscient. Le schizophrénien, double langage où verbal et non verbal se contredisent, tout en étant vrais tous les deux, a des effets redoutables. La crise explosive où la déprime guette celui qui s'y frotte. À moins qu'il ne devienne semblable.

Heureusement que cela se passe derrière les hauts murs des hôpitaux psychiatriques.

❖

Pendant ce temps-là l'homme moderne rêve de nature... Et de sports mécanisés.

Ses terrains d'exhibition varient. L'un des plus coté s'appelle STATION DE SPORTS D'HIVER. Où on va aussi l'été. Cela devient STATION DE VACANCES, BASE de LOISIRS, etc.

Ça vaut le coup de les regarder...

Les ambiances naissent des formes, de l'agencement des espaces. La station vous envoie un message sensible. Pour que vous l'aimiez.

Afin de s'assurer votre clientèle, elle ne s'en tient pas là. Elle vous drague au dépliant. En non verbal par ses photos et son *look*, celui-ci vous parle aussi en verbal, la langue de la raison et de la logique. Nombre de restaurants, qualité des pistes, conception moderniste des voies de circulation, etc.

Noir sur blanc, et en couleurs, l'une d'elles se déclare carrément ÉCOLOGIQUE. Et elle explique. Elle prouve !

Voitures laissées à l'extérieur, cheminements piétonniers choisis et repérés, superficie des espaces non construits, surface des baies vitrées

---

[1] Gregory Bateson, *Pour une écologie de l'esprit*, Seuil.

[2] P. Watzlawick, *Une logique de la communication*, Seuil.

offerte au bon soleil, affiches et ouvrages de conservation de la nature à votre portée...

Voilà pour le verbal.

Après avoir lâchement abandonné votre bagnole au parking, vous voici à l'intérieur, baigné cette fois, non plus dans un texte imprimé, mais dans la réalité physique des lieux. Bétons lourds, angles raides, décrochements symétriques des lignes, texture étincelante des métaux, verres lisses et clean à tous les étages...

Voilà pour le non-verbal.

Pour le cas où le mot ÉCOLOGIE vous ferait fantasmer sur le brin d'herbe, rassurez-vous. Les parcelles de prairies sont là. Bien encadrées. Redéfinies par leur insertion au sein des formes qui signent la victoire du rigide sur le souple, du glacial sur le sensuel.

Elle vous parle cette station ! En schizophrénien. Par elle, la civilisation anti-nature vous transmet le dernier état de ses réflexions : « J'ai changé d'avis, mais je pense toujours la même chose ! »

La dissociation des deux modes d'expression nous laisse pantois. Tout est vrai ! Mais tout est faux ! Le volontaire, le verbal nous entraîne dans un sens, le non-verbal le dément aussitôt. Et réciproquement. La seule chose que nous puissions en dire, sera obligatoirement le reflet insupportable de la démarche pathologique de la conception des lieux. On ne peut rien en penser, sans que le contraire de ce que l'on pense n'apparaisse immédiatement plus vrai. Pour être démenti à son tour. En attendant le démenti du dementi... À l'infini...

Pour ceux qui croient qu'il suffit d'avoir l'adresse afin d'éviter les lieux, il est maintenant l'heure d'avouer l'essentiel.

Cette station n'est pas unique. La maladie ne touche pas seulement les installations montagnardes. Tel centre culturel se pare du nom d'un écrivain de nature. Et se construit selon un symbolisme d'artificialisation métallique et antiorganique.

Des maisons de la Nature fleurissent.

Étranges fleurs-usines aux cheminées sans fumées mais à l'allure pleinement industrielle. Expositions vantant le marécage au sein d'espaces super-froids où l'idée de vase n'est tout simplement plus concevable. Mais aussi, lieux tout juste sortis de la nature et remodelés en périurbain : fausses souches à franchir, portiques jouant aux obstacles naturels, cordes à grimper en pleine forêt...

Ainsi, les humains apprennent à considérer comme ordinaires des procédés d'aménagement hyperdangereux.

La bonne volonté y met du sien. Faire des villes naturelles, par exemple. En voilà une bonne idée ! Qui se retrouve dans ces maisons où on veut faire semblant d'être encore dehors. En déployant pour cela des trésors d'invention architecturale. Pendant que la partie émotionnelle de notre cerveau s'étonne et s'inquiète. Car elle, elle aime bien savoir si elle est dehors, ou si elle est dedans.

Une maison n'est pas la nature. C'est même un dispositif pour se protéger de certains aspects de la nature. Une ville ne peut pas non plus être de la nature. C'est une concentration de maisons. Alors, voir ci-dessus ! Rassemblement effectué pour diverses raisons, discutables ou pas, mais toujours nécessitant une conquête d'espace par rapport à la nature. Des signes, des souvenirs agréables d'éléments végétaux dans la ville, c'est possible, c'est souhaitable. Faire semblant qu'on n'est pas en ville, c'est fou !

De même que l'on peut sortir de sa maison vers le pré des pissenlits, on doit pouvoir sortir de la ville.

Ce qui pose le problème de sa taille. Mais pour sortir de quelque part, il vaut mieux savoir où on est. Identifier et caractériser l'espace. Le rurbain bâtard, même truffé de pseudo-campagnes avec moutons jardiniers du paysage, génère une totale indétermination. Plus on le peint aux couleurs de la nature, plus la double contrainte augmente. Et ainsi l'incapacité à le classer en ville ou en non-ville.

Pouvez-vous supporter facilement l'idée que l'on vous aime et que l'on vous déteste en même temps ? D'accord, ça arrive trop souvent. Mais l'intéressé se rebiffe. Il agresse à son tour son partenaire en hurlant à pleins poumons : « CHOISIS ! » Tant il est dur qu'une chose ne soit pas elle-même, tout en l'étant.

L'architecture schizophrène nous cerne. Nous sommes non seulement privés d'air pur, de libellules et de roseaux, mais bientôt nous ne pourrons même plus dire si ces choses sont réellement absentes ou non.

Il y a plein de raisons pour devenir violent dans les banlieues modernes. On parle de crise d'identité. Des gens et des lieux...

La machine à double contrainte a déjà construit la réponse dans les têtes :

NOUS NE SOMMES RIEN,
ET NOUS NE VIVONS NULLE PART.

SUR LES TRACES DE...

« Vacances hors des sentiers battus. »

Quel bel argument publicitaire. À condition d'être faux. Où va le sentier ? Combien de temps faut-il pour le parcourir ? Où peut-on acheter le topo-guide ? Comment sont les balisages ?

« On peut quitter la civilisation tout en y restant », nous déclare un constructeur automobile. Celui-là n'a pas perdu son temps. Ou plutôt il s'est adressé à une bonne agence de communication, qui connaît l'état d'esprit de l'acheteur mieux que l'écolo moyen parlant de tourisme-nature comme facteur d'éducation.

Qui a envie de s'engager au long d'un ruisseau forestier sans savoir où il va ?

D'ouvrir une nouvelle voie ? D'affronter un roncier dont on ne connaît pas l'étendue ?

Oui, il y en a ! Ça ne fait pas une clientèle. Faut-il s'en plaindre ? Nous sommes déjà si nombreux que tous les ruisseaux de France ne suffiraient pas à nous supporter.

Ils n'ont cependant qu'à bien se tenir. Car pour n'avoir point eu pendant des siècles de sentier à leur côté, ils vont pouvoir se rattraper.

Avec la découverte écologique, dont le « must » est de cheminer « sur les traces de... ».

Après Stevenson et son âne à travers les Cévennes, quelques émules (sans jeu de mots) ont repris la chose cent ans plus tard. C'est amusant !

Pas original, mais amusant. Enfin si, au début, pour le premier, les traces étaient tellement anciennes qu'elles n'étaient point des rails. Mais le chemin de Stevenson est alors valorisé. Comme ce n'est pas vraiment une autoroute, des foules de marcheurs y voient l'aventure.

À condition qu'elle soit sans surprise. Le brave voyageur d'autrefois ne savait pas où se trouverait sa soupe du soir. Chose intolérable aujourd'hui. Les mêmes émotions, sauf qu'il faut que ce ne soient pas les mêmes ! Un gîte prévu, sur les traces de..., c'est une sécurité.

Qu'est-ce qu'il en reste de ces traces, dans la pâle copie pseudo-conforme que vantent les offices de tourisme de tous les lieux où un vrai voyageur s'est autrefois fait repérer ?

Il en reste le fac-similé, qui rassemble factice et simulation.

La chose vient de loin. Dans un monde qu'on croit sans surprise, pourquoi ne pas essayer de retrouver les sensations d'autrefois, celles des grands explorateurs de la planète ? Il est vrai que suivre une piste aux trois quarts effacée au fond de la Nouvelle-Guinée, même si un Blanc est passé voici trente ans, c'est encore un exploit.

Mais suivre un sentier où le vérificateur de balisage est passé avant-hier, c'est se réclamer abusivement d'un état d'esprit qu'on est loin d'avoir réellement.

Suivre, c'est être guidé. Il y a des coins du monde où ça peut servir.

Suivre c'est abdiquer sa responsabilité. Il y a tout un tas de circonstances où ce n'est pas nécessaire. Mais où on aime bien ! C'est devenu une sorte de règle... Il y a de quoi être épouvanté lorsque de jeunes naturalistes, pas suspects d'incapacité physique ou intellectuelle, dès qu'ils abordent une nature qu'ils ne connaissent pas, cherchent fébrilement un « connaisseur ». Pour leur « apprendre ». Où « voir », où consommer la vision de tel animal ou telle plante. En pleine possession de leurs moyens, entraînés à l'observation ou à l'affût, ils pensent d'abord à déléguer leur surprise, leur apprivoisement du milieu.

Ils verront des bêtes.

Ce qu'ils ne verront jamais, c'est surgir en eux l'étonnement de la découverte individuelle.

❖

« Le troupeau passe, et avec lui le rêve... »

C'est la transhumance à Die dans la Drôme.

C'est bien cela que l'on croit poursuivre... sur les traces de..., accompagné par... Le RÊVE ! Autre chose que la routine. Des infinis improbables, des rivages incertains, des surprises frappées du sceau de l'authentique...

Les fabricants se sont donc mis au travail. Mais le vrai coûte cher ! Pas sur le plan monétaire, bien sûr. Seulement dans le registre obscur des passions et désirs, où se situe la machine à rêver. Qui refuse de marcher sur commande. Le prix à payer pour le rêve c'est d'accepter qu'on ne puisse pas le construire. Le préparer. L'orienter. Le définir... Le vendre...

Mais si ! Il y a des vendeurs de rêve ? Les artistes. Regardez bien, cependant. Ils vous vendent seulement la matière première : chansons, musiques, images. Après, c'est vous qui rêvez...

« Un troupeau de deux mille cinq cents moutons a défilé dans les rues, comme au temps jadis... [1] » Là c'est mieux !

On va tenter de vous vendre le produit complet, de vous dire le contenu de votre songe : « Reportez-vous aux époques anciennes, consommez une image révolue, pensez qu'une fenêtre s'ouvre sur le passé, n'oubliez pas, par contraste, qu'on est dans le présent. »

Parce que vous est proposé, peut-être avec bonne foi, non pas le rêve, qui vous laisse libre de vagabonder en esprit, mais une sorte de « rêve du rêve ». Ce n'est pas, malgré les apparences, le retour des lents nomadismes moutonniers. On a seulement, selon le principe déjà vu, conservé la façade.

« Un simple troupeau d'ovins, monté de la Crau, pour estiver sur les hauts plateaux du Vercors, mais descendus, cette année, des camions avant la bourgade, pour un tour d'honneur... »

Touchante nostalgie. Incapable de s'assumer. Versant dans l'ersatz et la simulation. Les moutons dans les camions, c'est la civilisation d'au-

---

[1] *Le Monde*, 30 juin 1991.

jourd'hui. Si on trouve qu'elle manque de rêve, payons celui-ci à son prix. Faisons descendre le troupeau. Et qu'il ne remonte jamais !

Ça suppose une autre économie, une autre civilisation. Et on a le droit de ne pas en vouloir. De rester dans l'actuelle. Mais ne demandons pas en plus de rêver, ce luxe du berger non motorisé.

On va d'ailleurs nous mettre sur le marché, non pas seulement le pseudo passage transhumant à Die, mais le KIT complet, la valise pédagogique. Avec l'application de « l'article 19 » à l'agriculture de la Crau.

Il s'agit d'une disposition réglementaire de la Commission de la communauté européenne permettant d'aider les agriculteurs en échange d'une préservation de l'environnement. Ce qui veut dire que le maintien de la nature sur les terres agricoles est irrémédiablement considéré comme entraînant une perte pour l'exploitant. Au contraire de tous les résultats scientifiques de l'agroécologie.

On aurait pu dire : « Certains agriculteurs produisent en raison même de leur activité un équilibre pour lequel on va les récompenser. » Mais ce n'est pas le style, l'ambiance dans laquelle la procédure a démarré. On va vers des élevages « à la Marie-Antoinette » maintenus uniquement pour le décor. Parce que dans toutes les têtes règne toujours l'idée que l'homme perd quelque chose à chaque fois que la nature gagne.

Un jour les derniers paysans défileront comme les moutons. Descendus du camion à cinq cents mètres des spectateurs, ils enfileront leurs tenues et leurs uniformes. Et ils iront faire semblant, sur les traces de..., sur les traces d'eux-mêmes, avant de rembarquer, dociles, pour aller cette fois exister vraiment, même si c'est sous la forme de super-technocrates de la vache industrielle.

La civilisation anti-nature a réussi là un de ses plus beaux coups. Elle nous coince dans un dilemme cornélien. Ou bien nous avons du merveilleux, mais faux. Ou alors nous aurons l'authenticité, mais seulement au prix d'un ennui et d'une laideur tous les deux permanents.

Ce qui permet de dire que la beauté est réservée aux musées, aux expositions, aux défilés et... aux réserves naturelles...

Un monde où tout agrément se paie de la perte de la vérité, où les choses attirantes ne peuvent être que fausses, va sûrement inventer de magnifiques nouveaux médicaments tranquillisants.

Ces choses qui ont l'air d'être et qui ne sont pas, tout en l'étant tout de même, nous les avons vus ravager, sur le thème de la DOUBLE-CONTRAINTE, les espaces protégés, les architectures, et le cerveau des banlieusards.

Sur les traces de... la grande ruée vers la dissociation mentale, écoutons ce preneur de son de cinéma animalier :

« Je me demande, je me demande... si à force de montrer aux gens sans efforts de leur part tant d'harmonies naturelles, montées, sonorisées, prédigérées, nous ne sommes pas en train, au lieu de les rapprocher de la nature, de les habituer à une consommation en chambre sans rapport avec les problèmes réels de la conservation. »

Suivez suiveurs, ne vous retournez pas. La suite ne sera pas glorieuse, mais le guide vous dira comment procéder, pour se voiler la face...

La capacité à verbaliser se paie d'un éloignement.
Quelques-uns ressentent le fait de nommer une fleur comme un meurtre de sensation.

NOMMER LA NATURE

Nous allons faire une razzia en territoire ami. Chez les naturalistes. Pour juger de leur infiltration par ce qui leur est radicalement contraire.

❖

Leptinotarsa decemlineata.

Je l'aime bien celui-là.

Mais pour vous ce n'est peut-être qu'un nom. Dont l'allure vous fait penser qu'il s'agit d'un inconnu. Mais qu'est-ce qu'un nom ? Pourquoi en avons-nous besoin ?

Leptinotarsa decemlineata est un être qui partage nos goûts. Il aime les pommes de terre. Pas les tubercules, mais les feuilles. C'est le doryphore.

Ce n'est ni un ours, ni une baleine. Le nom, ça sert à se repérer dans la diversité du monde. À découper celui-ci en tranches que l'on classe et répertorie.

Et ça peut n'avoir aucun rapport avec ce qui est désigné. C'est, à un niveau plus général, le problème du mot. Il n'y a paraît-il, pas grand-chose qui ressemble à une table dans le mot « table ». Et rien de particulièrement sale dans le mot « cochon ».

Le signifiant et le signifié, disent les linguistes.

La sémantique générale d'Alfred Korzybski rappelle que la carte n'est pas le territoire.

Et on peut s'appeler Alexandre sans être un foudre de guerre, alors que l'étymologie grecque explique que ce prénom signifie « celui qui combat l'homme ». Donc, il y a au moins un certain arbitraire dans le choix du nom qui se rapporte à la chose nommée. Beaucoup nient qu'il y ait le moindre rapport sensible entre le vocabulaire et ce qu'il désigne.

Abstraction. C'est-à-dire distance.

La capacité à verbaliser se paie d'un éloignement. Quelques-uns ressentent le fait de nommer une fleur comme un meurtre de la sensation.

Mais ce n'est pas forcément vrai. Les hommes ont toujours eu tendance à donner des noms qui décrivaient un peu l'objet concerné. En remontant à l'origine des termes employés on ne débouche pas sur un son reproduisant les caractéristiques d'une entité extérieure quelconque. Mais, cependant, sur une formulation imagée beaucoup plus descriptive de la réalité que le mot moderne. La cave où l'on met le vin, ou la grotte, a toujours été susceptible de s'appeler *bodrum* en turc ou *pogred* en russe. Mais il y a toujours derrière le point de départ l'idée de creusement dans la terre. Ce qui est du concret.

Un nom efficace c'est donc celui qui désigne au prix d'un total arbitraire dans les syllabes choisies. Mais avec le souci de garder la teinte plus ou moins vive que l'allure de l'objet imprègne au sein de notre sensibilité.

Ce qui ne veut pas dire que vous avez saisi la perception qui est à l'origine de la dénomination du doryphore. Cette désignation n'a pas de sens pour celui qui ne parle pas le grec scientifique. Pas plus que *decemlineata* d'ailleurs, qui est du latin.

Pour nommer la nature on a mélangé ces deux langues anciennes qui ont pour elles l'avantage d'avoir pris une allure d'autant plus savante que diminuait le nombre de ceux qui les comprenaient. Avec le souhait d'universaliser le nom des animaux et des plantes. Pour cesser de se débattre avec des désignations changeant tous les cinq cents kilomètres.

Et ça marche !

Je me souviens d'un voyage avec un économiste (français) et une botaniste (bulgare). Cette dernière ne parlant, ni ne comprenant, pas un traître mot de la langue de Molière. N'allons pas imaginer qu'à cause de la communauté linguistique l'échange fut génial avec le garçon et nul avec la scientifique slave.

C'était tout le contraire. La vision du monde en économie n'est pas tellement proche des perspectives naturalistes. Alors que, sous les yeux étonnés de l'ami qui n'en croyait pas ses oreilles, s'engagea à ses côtés un dialogue chaleureux basé sur des expressions aussi transparentes que « Ah ! *Digitalis purpurea*. Euh !... *Ranunculus lingua... Ornithogalum pyrenaicum* ? *Ornithogalum umbellatum* ? » Lorsqu'apparut dans la haie, dans une odeur épouvantable, un champignon bien caractéristique, l'économiste se sentit mieux. Il nous avait compris ! Nous venions de dire : « *Phallus impudicus*. »

« *Leptinotarsa decemlineata* », c'est tout aussi clair. Cela veut dire : « celui qui a une partie des pattes (les tarses) aplatis (ou larges) et qui porte dix lignes (sous-entendu : sur le dos) ».

Nos noms de famille sont aussi plus ou moins transparents. « Terrasson », malgré la tentation qu'on peut en avoir dans une tête franco-américaine, ne signifie probablement pas « fils de la terre ». Mais il est très concret. Quelqu'un, un jour, a été nommé à cause de son lieu d'installation préféré : la terrasse, au bord du fleuve, légèrement au-dessus. C'est du vrai, du sensible, du réel. Et « doryphore » aussi malgré les apparences. Le doryphore est un soldat grec. Celui qui porte un bouclier. Son nom ne s'embarrasse pas d'abstraction. De même nous eûmes des sémaphores. *Sêmaphôros*. Sémantique : la science des signes. Sémaphores : ceux qui portent les signes. « Parada a el semaforo. » Arrêt au feu rouge. C'est resté le nom de ces ustensiles en espagnol.

Au fond, cette brave bête dont la larve dévore nos chers légumes est drôlement bien nommée. La poésie des noms scientifiques est réelle. Plus cachée que dans « bouton d'or », l'ambiance des prés fleuris passe cependant très fort dans le latin botanique *Ranunculus*, la « plante des grenouilles » (*cana* en latin).

La dénomination descriptive n'a pas été toujours la règle. Des plantes sont dédiées à des divinités ou des personnages de l'Antiquité. L'achillée, Circaea (Circé, magicienne, transforma en pourceaux les marins de Ulysse), Adonis, Asclepias (Esculape, dieu de la médecine).

Des exceptions qui confirment la règle. Avec parfois un personnage plus contemporain. Aux cloches évoquées par *Campanula*, une plante de la même famille a préféré le tortueux *Wahlenbergia* à cause d'un botaniste suédois.

Pour quelques rares plantes humanisées, la cohorte végétale ne s'en pavanait pas moins dans les flores, parée d'atours conçus par l'homme, mais à l'image des formes et des couleurs naturelles. La goutte de sang que la légende d'Adonis propose comme origine de la plante est un symbole de vie, de passion, de sensualité. La culture du moment s'exprime à travers le botaniste qui invente un nom pour la science. Il a devant lui une matière brute, tout à fait inhumaine si on y pense bien...

Pendant des millions d'années les organismes se sont passés de nos appréciations et de nos catégories. Ils n'en ont pas besoin. Les anémones sont des systèmes biologiques épanouissant leurs organes sexuels à l'ombre des bois. C'est nous qui en avons fait en latin « les fleurs de la saison du vent ». Ce faisant nous n'avons pas trahi leur réalité !

Mais c'était pour répondre à une nécessité que nous avons, en tant que catalogueurs. La plante est ailleurs, hors de la culture dont nous l'enrobons pour nous l'approprier.

C'est justement dans ces parages qu'est en train de se produire un grandiose changement. Dans ce processus d'intégration de la bête ou de la plante au modèle culturel humain.

Jusque-là nous faisions le nécessaire. Nous mettions des marques de repérage. Et les baptiseurs de plantes ou d'insectes y ajoutaient une métaphysique. En médiatisant par le nom notre rapport à la plante, ils tentaient inconsciemment de ne pas détruire l'authenticité d'un être vivant étranger à l'humanité. De cette chose sans nom, venue d'une époque où nous n'existions pas, ils faisaient, comme on dit, un *Taxon* pour la classification. Mais ils lui laissaient, ils soulignaient même, quelque chose de ce caractère sauvage, organique, un peu inquiétant qui émane des natures peu civilisées. De ce fait ils nous liaient à la plante, autant qu'ils la liaient à nous. Ils respectaient son identité tout en nous aidant à la percevoir par le nom. Leur philosophie sous-jacente était l'intégration à la nature.

À présent nous sommes les fils de la nouvelle culture : la double contrainte, la façade, le débroussaillage et le suivisme.

Comment allons-nous nommer les nouvelles découvertes parmi les êtres vivants ?

On peut le prévoir. En tracer la trame. En résumant toutes les grandes idées de la civilisation anti-nature, nous obtenons une grille où devront entrer les nouveaux mille-pattes, les surprises futures du monde des orchidées :

- évacuer l'organique,
- conserver la façade,
- « nous, rien que nous ! »,
- générer une double contrainte.

Les naturalistes sont un des bastions qui croient résister à cette culture. Ils persiflent sur les autoroutes, raillent même les TGV, crachent sur le Concorde. Se tiennent les côtes à la seule vue d'une centrale nucléaire...

Ramassant au fond de la Colombie un coléoptère atypique, leur premier mouvement est de lui trouver un nom. Et de plus en plus souvent, leur réflexe est de dédier. À leur patron scientifique parfois, en tout cas à une célébrité HUMAINE. Il y a deux noms pour désigner une espèce. Le nom du genre (qui peut comprendre plusieurs espèces) et le nom de l'espèce proprement dite. L'*Orchis montana* (des montagnes) ou l'*Orchis bifolia* (à deux feuilles). Souvent c'est le deuxième nom seulement qui est humanisé. On a aussi l'*Orchis de Machinchosz*, ou *de Trucmuche*.

Pourquoi pas, si Trucmuche est un grand découvreur, et si c'est exceptionnel. Mais le plus courant est qu'il s'agit d'honorer, pour des raisons valables ou pas, un membre de la communauté humaine qui n'a pas forcément chassé la bébête au fond des marécages.

Et il y en a beaucoup ! De plus en plus ! La culture s'y dévoile. Un doryphore ne sera plus remarquable pour le bouclier de ses élytres, mais parce que celui qui l'a désigné connaît bien le professeur Tournesol, et sautant le pas, ne s'en tiendra plus à humaniser le nom de l'espèce, mais dans un élan de générosité inventera jovialement le nouveau genre TOURNESOLIA.

Et voilà les flores tropicales, ou les volumes traitant d'organismes microscopiques qui arrivent seulement maintenant à l'heure de la découverte, remplies de noms qui n'ont totalement plus rien à voir avec ce qu'ils désignent.

Ce qui n'est pas seulement une faiblesse sémantique et partant communicationnelle.

Nos descriptions modernes de la nature font tout pour évoquer de moins en moins la nature. La majorité des nouveaux noms reste fidèle aux anciens principes. Mais le ver est dans le fruit. Il profite, il grandit parce qu'il ne faut pas évoquer les poils, les humeurs, les mandibules... Parce que ce que nous faisons est tellement mieux que tout, et que si nous collons l'étiquette « made by human » sur la nature au moyen de la dédicace du nom, s'effacera en apparence le scandale de réussites qui ne sont pas les nôtres.

Reconnaissons que jamais on a vu encore à la fois le nom de genre et d'espèce sous une forme humaine. Pas encore de *Tournesolia trucmuchensis*, ce qui serait totalement artificiel.

Patience, parce que, à un niveau plus général, il y a ce qu'on appelle les familles. Et on a déjà inventé l'équivalent des Tournesoliales. Et encore, dans notre exemple, prenons-nous un professeur au nom végétal. La réalité est bien pire ! De malheureux papillons trimbalent des étiquettes moins fleuries sentant la flagornerie à plein nez. Mais plus encore l'anti-nature...

Passage de l'humanisation à des catégories de plus en plus nombreuses de la systématique, élargissement du procédé à de plus en plus d'espèces, voilà l'avenir du langage de la science naturaliste. Il est devenu ringard de décrire la réalité. De la faire sentir.

Redoutable, car la mémoire se base sur des sensations ! Elle garde ce qui l'a frappée en bien ou en mal. Comment est-ce que nos étudiants, déjà renfrognés face aux grécolatinismes qu'on ne leur a pas dévoilés, retiendraient-ils les noms empruntés à des personnages qu'ils n'ont aucune raison d'aimer ou de haïr, mais beaucoup d'oublier ?

Les catalogues où nous rassemblons tout ça galopent vers la double contrainte. Celle des noms qui par une de leurs portions parlent du monde sensible, tandis que l'autre affiche une désincarnation, un reniement du monde naturel. Il faut s'en souvenir. Tout cela a été construit pour comprendre la nature. Ce qui n'est pas un simple processus intellectuel. Mais demande en plus une motivation, un arrimage de nos pulsions au bouillon-blanc et à la pâquerette... Au fond des ravins, il y a de drôles de choses. Des fougères, des carabes, des araignées. Allons aussi dans les prairies. Prenons une belle fleur familière, comme la marguerite. Et dans un effet surhumain, enlevons-lui son nom.

Qu'est-ce que c'est que cette chose, avant qu'elle soit nommée ? Cet étrange assemblage d'une multitude de microfleurs, les unes en languettes blanches, les autres en tube. Cette pompe aspirante qui suce le sol, ces amas de chlorophylle verte captant l'énergie du soleil. C'est une énigme la marguerite ! Elle porte comme la fougère des bas-fonds le mystère de l'univers. Devenue en gréco-latin *Leucanthemum*, la « fleur blanche », elle nous paraît moins étrangère. Nul doute qu'un jour, pour lui enlever toute capacité à susciter les angoisses métaphysiques, quelqu'un ne découvre que, pour appliquer un code de règlement quelconque, on soit obligé de lui donner le nom d'un homme.

En fait seul celui qui est attiré par les choses sans nom, nommera sans tuer l'identité. Comme Monsieur JOURDAIN et sa prose, nous utilisons un processus dont nous ignorons les mécanismes. La transformation des objets par le nom qu'ils portent.

Mais on ne saurait ignorer les résultats. Le mécanisme est enclenché vers un but. La DESAUVAGISATION, si on peut se permettre, est en marche. Les ours des Pyrénées ont maintenant un prénom. Les nouveau-nés en tout cas. Les vautours et les lynx relâchés aussi. Les gorilles de montagne ont également subi jusqu'à ce point les assauts de notre affection.

Ce qui veut dire que toutes ces bêtes sont des animaux domestiques. Car la différence qui fait le sauvage est précisément l'absence de nom, ou plus exactement de prénom. De plus, on a délaissé les Koko et autres onomatopées qui n'humanisaient pas assez. On a maintenant des John et des Richard qui, pour n'être pas passés sur les fonts baptismaux, n'en adhèrent pas moins involontairement à la grande religion d'adoration de l'homme par lui-même.

« Nos petits animaux sont des Morettinos, dont la taille permet aux enfants de réaliser leur rêve : approcher sans peur et caresser pour la première fois un animal. »

C'est ce que nous dit la petite ferme provençale. Elle a bien raison ! Elle aura du succès. Nous ne voulons supporter que ce qui est à notre taille, ramené à nous. Les harmonies naturelles sont trop vastes, les épines trop acérées. Il faut rapetisser, recalibrer, renommer afin que tout soit à notre image, à notre taille, à nos normes. Racisme intégral vis-à-vis de tout ce qui n'est pas produit chez nous ou réemballé dans nos usines.

L'intégralité de ce qui était autrefois naturellement gratuit, l'air, l'eau, l'odeur des feuilles sortira maintenant d'industries spécialisées.

La civilisation anti-nature va de l'avant. Elle a trouvé en Extrême-Orient son cri de guerre : « BANZAI » ! Non, pardon : « BONSAI ». La prouesse technique qui consiste à rétrécir à trente centimètres un arbre, normalement géant, est née au Japon. L'art du bonsaï est impressionnant. Mettre la nature au pas, la diminuer au-dessous de notre taille, tout en gardant les formes, cela pourrait bien encore une fois nous ramener à notre manuel de psychiatrie.

Mais ne désespérons pas !

Vive le 1011000100111101.

Comment ? Vous n'avez pas reconnu le nom de l'Orchis des marais dans les flores de l'an 3000 ?

L'HOMME HORS-SOL

« La Japan Tower aura la forme d'un pont gigantesque mais sophistiqué. Son architecte, M. Kisho Kurohawa, a voulu lui insuffler une âme aussi française que nippone, en juxtaposant la pierre et le verre translucide symbolisant les "Shoji", portes coulissantes de bois et de papier [1]. »

On se demande souvent ce que les architectes ont dans la tête. Eh bien, celui-là, il a un inverseur de symboles. Représenter les éléments sensuels par le dur et le froid, verre pour dire papier, et le reste à l'avenant, c'est de la même eau que la pluie qui sèche ou la lumière qui éteint [2].

Tous n'en mouraient pas, mais tous étaient frappés. Ce jeune agriculteur de montagne s'explique sur la forêt qui reconquiert la vallée. Et la journaliste note fidèlement : « Avec tous les dangers que représente un tel abandon : glissements de terrain, éboulements. »

Vous avez bien lu. Ce n'est pas le déboisement qui provoque l'érosion et la dégringolade des pans de la montagne. C'est la présence de l'arbre. Ce garçon, dans le crâne, il a un inverseur de réalité [3]. Le concepteur de la tour vit sûrement dans un monde où plus rien ne surprend, depuis que sur des voies luxueusement et à grands frais aménagées pour rouler vite, on a installé des ralentisseurs. Mais l'autre a ses excuses aussi. Il a une

---

[1] *Le Monde*, 14 février 1991.

[2] Hommage à *Signé Furax* de Pierre Dac et Francis Blanche.

[3] *Le Monde*, 21 février 1991.

télévision qui chaque jour lui explique qu'il faut occuper l'ensemble du territoire en concentrant tout le monde dans les villes.

Un jeu dangereux, mais combien passionnant, consiste à appuyer à la fois sur l'accélérateur et sur le frein. Faut être un peu déconnecté pour s'amuser à ça, mais il y en a... Le premier à se revendiquer comme paysan enraciné les pieds dans la boue, plane maintenant au-dessus de la réalité qu'il côtoie chaque jour. Car à l'extérieur, on pense le monde pour lui, à sa place...

Les déphasés travaillent à déphaser tout le monde. Et à valoriser le déphasage.

Il y a des remèdes contre ces maladies. Ce sont les sociétés de protection de l'environnement. Dans les moments d'optimisme il leur arrive de revendiquer 800 000 adhérents. Combatifs. Parfois venimeux. Ils sont les agents d'une attaque en règle contre la société anti-nature... Qui en a vu d'autres.

Tous les virus naturalistes ont été fixés par des molécules-pièges. La grande civilisation destructrice est vaccinée contre eux. Dans tous ses circuits elle a créé les parades nécessaires. Toutes les toxines écologiques ont été coincées par des anticorps qui leur sont adaptés comme la serrure l'est à la clef : commissions, concertations, réunions, discussions, comités, agences, conseils, consultations, préparations, avant-projets, révisions, procédures, élaborations, amendements, avis, propositions, tables rondes, journées, rendez-vous, dossiers, évaluations, présentations, résumés, interventions, formulations... immobilisation...

Et pendant ce temps-là...

« Elles étaient comme des séismes et des avalanches, comme des tourbillons et des trombes marines, ces grandes passions du monde... demeurant en elles-mêmes non morales, surhumaines, élémentaires. » (John Cowper-Powys, *Wood and Stone*, éd. Phébus.)

Pendant ce temps-là, l'humanité se décale de tout ce qui signifie nature et spontanéité.

« Vivez les grands remous des mers les plus agitées sans tous les dangers que cela comporte. » (Marineland.) À l'« adventure golf », short et casque colonial autorisés... Fréquentation de nuit interdite sur les morceaux de nature que le conservatoire du littoral arrache aux promoteurs. Qu'est-ce que c'est que cette « nature » ?

« Parcours de santé » dans une forêt qui était auparavant un espace de santé sans gadgets.

Après un équipement touristique de ses étangs enchâssés de forêts, une petite commune de l'Allier découvre qu'une piscine couverte, c'est quand même autre chose !

À partir de toutes sortes de raisons, bonnes ou mauvaises, le prétexte à créer la distance avec le milieu apparaît toujours. Il faut être dedans, mais à côté en même temps. Amis schizophrènes, on roule pour vous...

La population urbaine ou rurale, de plus en plus citadinisée en esprit est adaptée à sa maladie. Elle l'aime. À chaque fois qu'elle fait semblant de s'en guérir, c'est pour mieux, avec délice, s'y replonger.

« À chaque station avec parking, une table de lecture vous aide à comprendre le paysage, volcans, glaciers et hommes. » Sauf que... « le temple construit sans tenir compte des principes de la tradition, en déformant le sens symbolique du moindre détail décompose l'âme au lieu de l'édifier [1]... »

Ce qui prépare des comportements étranges pour une nouvelle race d'êtres humains. Modelés comme on n'avait pas encore eu l'occasion. Même enfermés dans les méga-villes il leur restait des exemples d'un authentique ailleurs. Mais, ça y est, cet autre monde est en train d'être conquis. 99 % des terres émergées portaient une marque modérée de l'homme, celle que l'on pourrait appeler rurale. Une modification des lieux dont le but est seulement une meilleure installation. On passe à présent au style urbain moderne : un changement qui a pour motivation de FAIRE RESSORTIR DE FAÇON PERMANENTE LES MARQUES SYMBOLIQUES DE LA PRÉSENCE HUMAINE.

Autrement dit, dans les campagnes les gens se contentaient d'être là. Et de faire ce qu'il fallait pour vivre le mieux possible. Et maintenant, sur

[1] Jean, l'évêque de Saint-Denis. Église catholique orthodoxe de France.

l'ensemble de la surface du monde se répand le style de ceux dont la priorité est de MONTRER qu'ils sont là. Même si ce qui permet de le faire est inutile ou dangereux.

Tracer un chemin, se faisait sans autre intention que tracer un chemin, même s'il fallait abattre des arbres. Maintenant toute nouvelle route devient un festival d'agressivité.

« Notre politique est l'art de l'impossible. C'est le désir de renouveler sans rien changer, la tentative de faire des choix sans alternative, la recherche d'un compromis dans une lutte sans compromis. » (*Komsomolskaya Pravda*, 22 mars 1991.) L'axe général est trouvé. Autour de lui s'ordonne le développement de l'ensemble des activités, y compris la conservation de la nature. « Avoir les pieds sur Terre » n'est plus qu'une expression désuète. Depuis longtemps, ils sont dans des chaussures. Et les contacts possibles sont encadrés culturellement pour n'être pas primitifs et sensuels.

Un jour on racontera notre histoire. Des remplaçants lointains qu'on ne peut même pas imaginer. Ils ne parleront pas que de nous. Ils se rappelleront aussi que dans les forêts anciennes vivaient des pachydermes grognons, gibier délicieux et dangereux dont se nourrissaient les primates dominants. Ils raconteront la vie des sangliers, devenus plus tard cochons domestiques. À l'usage des étudiants cherchant à comprendre l'évolution. Ce sera, à un stade, la belle vie, bien qu'à finalité tragique, des porcins roses s'ébattant dans les champs, gavés d'eaux grasses et de bonnes patates.

Il y aura des questions, pour demander comment a disparu l'espèce « sanglier-cochon ».

Et voici la réponse.

Surévolué en masse gélatineuse, le goret encore à moitié sauvage a subi l'élevage hors-sol. Les grandes usines à cochons des XXe et XXIe siècles qui ne nécessitent plus la possession de terres agricoles. Plus d'effort. Nourriture assurée. Éclairage artificiel. Soins intensifs. Immobilité.

Pas question de se bauger dans la vase comme un quelconque cochon archaïque. Pas de contacts dangereux, et du coup pas d'agréables.

C'est là qu'un petit futé voudra citer un proverbe des époques très anciennes, et, se croyant malin, rappellera que, paraît-il, dans ces temps-là, dans tout homme il y avait un cochon en sommeil.

Il ne croyait pas si bien dire.

En fait les malheureux animaux se sont éteints en même temps que leur maître humain.

Celui-ci avait copié sur eux.

Il creva en masse parce que ses machines nourricières étaient en panne.

Très vite, dans ses piscines à vagues, ses rivières artificielles, ses loisirs-gadgets, le singe évolué qui aurait pu dominer le monde était devenu l'HOMME HORS-SOL.

Le promeneur peut-il aller où il veut, ou sera-t-il cantonné aux seuls cheminements reconnus comme collectifs et autorisés expressément pour lui ?

À QUI APPARTIENT LA NATURE ?

On peut voler des vaches.

Mais peut-on voler des escargots, des champignons ?

Y a-t-il délit à s'emparer d'un spécimen d'*Alucita pentadactyla* sur les terres d'autrui ?

Le promeneur peut-il aller où il veut, ou sera-t-il cantonné aux seuls cheminements reconnus comme collectifs et autorisés expressément pour lui ?

« Ramassage des myrtilles interdit : Arrêté communal du... » Comment s'y retrouver ?

Pour sûr, chasseur de papillon, tu peux balancer ton filet sans risque sur le charmant petit papillon blanc aux ailes frangées et découpées en forme de doigts (*pentadactyla* : cinq doigts). Pour le moment personne ne le vend, personne ne l'achète. Hors du marché il n'est pas réellement approprié.

Mais ne t'attaque pas à *Graellsia isabelae*. Celui-là est énorme et vit dans les mélèzes des Alpes du Sud. Papillon de collection on pourrait le vendre. Mais ce n'est pas pour cela qu'il faut stopper ton désir. Le grand insecte est protégé par la loi. En fait tous ses exemplaires sont à quelqu'un qui n'existe pas : l'État.

Mais tu découvriras un jour les vrais propriétaires : ceux qui étudient la bête, les naturalistes, les scientifiques, les protecteurs de la nature. Qui ont pensé, et réussi à faire penser à l'État, qu'il s'agissait d'un « patrimoine de la science » justifiant qu'il soit réservé à une catégorie de citoyens, en principe plus éclairés.

La propriété de la nature arrive ainsi par diverses sources. Pas seulement la possession du territoire. Un particulier s'est vu verbaliser hors parc national par un garde de la Vanoise pour avoir cueilli sur ses propres terres des plantes protégées.

En fait, on ne s'approprie que ce qui présente un intérêt partagé par un certain nombre de gens. Les ramasseurs de cailloux blancs sur les chemins ont encore de beaux jours devant eux. Les chercheurs de pépites, c'est moins sûr...

Deuxièmement, l'appropriation croît avec la rareté. Ce fut une révolution conceptuelle pas encore terminée dans les campagnes quand il fallut commencer à payer l'eau. Rivières, puits et sources étaient gratuits, absolument. Comme l'air que l'on respire et qui sera bientôt dans le même cas.

L'espace se vend à prix d'or dans les mégalopoles. Il est déjà bien commercialisé aussi ailleurs, jusqu'au tréfonds de la ruralité qui monnaie le plaisir de ne pas voir de gratte-ciel en se réveillant chaque matin.

Et bien sûr, le propriétaire se réserve la jouissance ou la vente de l'agrément qu'il possède. De plus en plus de choses deviennent, soit rares, soit dignes d'intérêt, enclenchant le processus. Ce n'est pas un des moindres pièges de la protection de la nature que d'avoir donné une valeur à ce qui n'en avait pas, et de ce fait créé le business du label écologique.

La chasse, avec le gibier *res nullius* c'est-à-dire qui n'appartient à personne, a depuis longtemps laissé transparaître, que, selon elle, le gibier appartient aux chasseurs. Et aussi le territoire nécessaire pour ce gibier, même quand la loi désigne un autre propriétaire. D'où les ACCA, associations communales de chasse dont les membres ont le droit de chasser sur les terres d'autrui, même en cas de refus de celui qui possède les lieux.

Serait-ce là une exception que la prochaine reconnaissance d'un droit de « non-chasse » fera disparaître ?

Sûrement pas. Tout un chacun a tendance à s'approprier ce qu'il aime, ce qui l'attire. « C'est mon lièvre ! » dira celui qui l'a déjà loupé dix fois. « C'est mon terrain ! » affirme le botaniste qui a réussi à convaincre le père Martin de le laisser aller observer dans ses prairies quelques plantes rescapées du marécage.

Le père Martin s'en fout parce que les myosotis ou pissenlits des marais ne le gênent ni ne l'intéressent. Si le botaniste se met aux chardons, ça va être une autre affaire !

Conflits d'usages, conflits d'intérêts, conflits d'amour et d'attirance. Égale : conflits de propriété. Il ne faudrait pas extrapoler beaucoup pour arriver aux relations humaines.

Quelle est la propriété légitime quand plusieurs se revendiquent : la rivière au canoéiste sportif, au canoéiste « clean » faisant sauter les barrages d'arbres morts, au pêcheur qui aime la solitude, à l'association de pêche qui veut des concours, ou l'automobiliste qui veut un accès, au riverain agriculteur qui y puise, à la vache locale qui s'y désaltère, à la ville voisine qui s'y abreuve, aux poissons qui y vivent... ? Cruel dilemme. Complètement insoluble. La loi du plus fort y est toujours la meilleure. Sauf si les conditions de la rareté ne sont pas réunies. Plus on aura de nombreuses, longues rivières sauvages, et moins la démographie et la concentration galoperont, plus le monde restera vivable.

La règle invisible s'impose toujours : PLUS ON EST NOMBREUX, MOINS ON EST LIBRES. Dans un espace donné. Et quelles que soient les convictions démocratiques ou libertaires du système politique en place. « La liberté d'étendre le bras s'arrête au nez du voisin », a-t-on pu dire. Donc pas trop de nez, et pas trop de voisins. Sinon, gare à la bagarre !

Contre la bagarre, il y a le règlement, qui touche de plus en plus de choses.

Les premiers campeurs sauvages n'auraient pu imaginer les concentrations des actuelles villes de toile. Les « sens interdits » apparaissant dans les villages ruraux ont été un sacré choc mental. Certains n'ont pas encore goûté au stationnement payant. Tous ces coins perdus où on s'arrête causer au milieu de la route, où les poules grattent le sol du chemin pour se vautrer dans la poussière, où les chiens n'ont pas de laisse, donnent l'exemple de lieux à fonctions polyvalentes. Où l'on peut tout faire, partout. Sans zones et circuits de déplacement.

Ce sont, sans exception, des endroits à population faible ou moyenne, partiellement en autoconsommation, souvent classés en zones défavorisées. Le revenu monétaire n'est pas brillant. Le revenu réel en termes de qualité de la vie est énorme. Dans l'inconscience totale, car aucun des habitants ne peut concevoir qu'il existe une vie telle que celle de l'employé banlieusard.

La terre y est possédée par quelqu'un. Toujours. D'une manière toutefois étrange. Comme laxiste, incomplète, légère. Attention, en cas de conflit de limites, tout un chacun verra rouge. Mais au-delà de ça, circuler dans les champs, pêcher même chez autrui, aller aux champignons pose rarement des problèmes.

À comparer à nos campagnes touristiques où devant les dégradations on bloque les barrières, ferme les chemins et remplace l'hospitalité gratuite par la « table d'hôte » payante. Dans notre chère espèce, malgré les efforts des idéalistes, la propriété existe. Pour la nature comme pour le reste. La meilleure et la pire des choses selon la célèbre formule. Elle tend vers le pire si on s'entasse. Elle se dilue si on va dans l'autre sens.

Expropriations pour cause d'utilité publique, réglementations restreignant ce droit, législations imposant au-delà certaines obligations, semblent, à beaucoup, des palliatifs nécessaires.

Une marina à la place d'une belle zone humide, cela peut se faire en expropriant. Un espace de nature, beaucoup moins facilement, sauf à l'entourer complètement de gendarmes interdisant les anciennes formes d'utilisation.

On impose le débroussaillement aux particuliers à leurs frais et contre leur gré en région méditerranéenne, contre le feu, paraît-il ? Tant pis si les causes sont ailleurs : fréquentation, imprudence, monoculture de conifères. Et si le sous-bois dégagé fait appel d'air, attisant le feu ?

Est-ce vraiment une victoire de la nature ? Pour préserver cette dernière faut-il encourager ou limiter la propriété ? Qu'est-ce que ce serait bien si tout pouvait dépendre de décisions aussi simples !

En fait, que la nature soit sauvée ou non, ça dépend, uniquement, du propriétaire. Et quand on le limite, il est remplacé, mais dans la même fonction, par l'État, ou toute autre collectivité. Qui elle aussi a un comportement. Dont rien ne garantit à l'avance qu'il sera positif.

Lors des grandes controverses sur le lancement des cultures de conifères on discuta beaucoup de la responsabilité des propriétaires privés. Qui, par appât du gain, convertissaient de vastes surfaces d'arbres feuillus en sapins de Douglas et autres horreurs.

La propriété privée, voilà le mal !

Jusqu'à ce que, et on n'attendit pas longtemps, l'administration forestière d'État fasse la même chose.

Mais en plus grand, avec des moyens fantastiques. Et un seul décideur pour d'immenses surfaces. Alors qu'on pouvait trouver quelques particuliers restant amoureux des chênes, on eut le temps de frémir devant l'enrésinement général des forêts de l'État. Que ce dernier ait modéré depuis ses ardeurs, ne nous en laisse pas moins le problème sur les bras. L'appartenance privée peut léser les intérêts collectifs, mais la multiplicité des décisions empêche les catastrophes d'envergure. Une gestion collective peut garantir le long terme et l'équilibre, mais si elle penche en sens contraire il n'y a pas de recours. La survie de la nature ne dépend donc pas du tout de son système d'appartenance, mais du comportement de ceux qui le détiennent. Libérale ou collectiviste, l'organisation de l'économie fonctionne avec des hommes, ayant dans la tête une image de la nature et des idées sur ce qu'il faut en faire.

Lorsque le privé détruit, on rêve de forêts domaniales traversant les siècles.

Lorsque l'État intensifie et dévaste, certains refuges apparaissent dans les grands bois de propriétés indépendantes de l'administration. Ce qui fait que, comme c'est le cas, avoir les deux ce n'est peut-être pas si mal.

Au-dessus de la forêt passent les nuages...

Privés ou publics ? Ne dites surtout pas qu'ils ont vocation de n'être à personne. Durant ces années de sécheresse on a vu dans le Sud-Ouest des communes faisant des concours de tir aux fusées d'iodure d'argent, qui favorisent, en éclatant dans les nuages, le déclenchement de la pluie. On ne sait pas encore à qui est ce nouveau terrain de chasse. Mais la bataille pour avoir le pouvoir sur lui est enclenchée.

Grands fonds marins, Antarctique, vents, climats, ces choses ne peuvent rester sans maître. Dire qu'elles sont à tous, c'est tout de même les approprier. L'autorité unique, le traité de consensus, le pouvoir de quelques-uns, l'influence de l'argent, du prestige, en voilà des éléments de choix...

L'espace extraterrestre est à portée de notre puissance. Si on ne décide pas à qui il appartient, ce sera le bordel. Si on le décide, ce sera la montée progressive de réglementations toujours plus compliquées et draconiennes. À mémoriser, à appliquer, à vérifier, à sanctionner.

À qui appartiendra la nature qui n'est encore soumise à personne ? L'humanité unie comme tuteur des espaces intersidéraux en séduit quelques-uns.

Et pourquoi pas alors aussi pour ce qui nous est déjà plus familier : bleuets et papillons ?

Avec le retour de boomerang. Si l'humanité reste dans la civilisation anti-nature son accession au rôle de gestionnaire universel va faire mal. Ne vaudrait-il pas mieux diversifier les possesseurs ? Pour avoir une chance que jamais ils ne débloquent tous en même temps ?

Ou retrouver la propriété diffuse des ruraux archaïques ? Ou partiellement collective de vieux chasseurs-cueilleurs presque disparus ?

Et si on sortait du système ?

Depuis le big-bang (et peut-être avant), en attendant notre arrivée, qu'est-ce qu'a fait la nature ?

Elle s'est passée de nous. De tout maître. De tout directeur de conscience.

Derrière nos décrets-lois, nos aménagements, et notre propriété, si ça se trouve, elle est en train de continuer. Et si nous la haussions à une dignité que nous ne reconnaissons qu'à nous-mêmes. Parce que c'est probablement ce qui existe déjà en réalité, malgré nous. En dehors du système de la prise de possession humaine, à qui appartient la nature ?

À elle-même.

Laissons-la...

MONSIEUR LE MINISTRE DE LA NATURE

Non, ne lui écrivez pas !

Personne n'a osé ! Il n'existe nulle part.

Il y a bien, par exemple, des directeurs de la protection de la nature...

DIRECTION... de la PROTECTION... Vous voyez, pour faire du spontané naturel comment on s'y prend.

En force. En volonté.

Pour faire du non-volontaire, essence même de la perception des ambiances de nature.

On connaît maintenant ! Double contrainte, vrai-faux, faux-vrai, architecture schizophrène, « m'as-tu vu comme je suis ce que je ne suis pas, tout en l'étant ».

Étonnez-vous donc que ça ne marche pas !

Législation bafouée ou contournée, notions de base vidées de leur sens. Discours que la langue de bois ne suffit pas à rapprocher des forêts, qui ne sont reconnues que « maîtrisées par le travail et l'intelligence de l'homme [1] ».

On le savait. On le savait ! Mais on nous le ressasse. Un des néoécologistes les plus en vue (Yves Duteil) déclare dans la lettre de l'Entente nationale des élus de l'environnement : « Pour moi, être écologiste, c'est avant tout défendre l'homme. »

---

[1] Discours d'ouverture du Congrès forestier mondial, 17 septembre 1991.

Et voilà partie dans sa commune la création des espaces pseudo-spontanés et pseudo-naturels. « Une aire de jeux pour les enfants... un site agréable à l'entrée du village qui annonce tout de suite qu'ici les enfants ont droit de cité. »

C'est bien. Qui oserait y trouver à redire ?

Osons...

Rappelez-vous le statut des enfants[1] et les zones de silence. Comment, vous ne saisissez pas ?

Les enfants, dans les sociétés, ont un statut proche de la nature. On obéit au modèle culturel les concernant quand on organise quelque chose pour eux, qui ne sont pas encore passés dans nos moules, qui sont plus primitifs, moins formés, plus spontanés, moins éduqués, plus naturels... avec tous les problèmes que ça pose. Mais, en tout cas, qui dit enfant dit nature. Et dès qu'on a un projet « nature » on pense « enfants ».

C'est ce qu'on a fait à Précy-sur-Marne, charmante localité où se déroule l'interview citée ci-dessus.

Et alors ?

Alors, venez voir zonards et zonés. Rappelez-vous la zone de silence immense de ces milliers d'hectares de forêt domaniale au parfum sauvage, qu'on disloque en une ZONE DE SILENCE officielle, minuscule et frelatée. Avec le reste du massif forestier renvoyé du coup à un autre statut, dont on se demande, à voir ce qui s'y passe, s'il n'a pas été plus ou moins décrété « ZONE DE BRUIT ». S'il y a une aire pour les enfants, ça veut donc presque dire qu'ils ne doivent pas jouer ailleurs. Personne ne l'avouera. Ceux qui l'ont réalisée en seront peut-être même inconscients. Mais l'équipement fonctionnera sans vergogne en fonction des comportements psychologiques qu'il induira chez les enfants, les éducateurs, et les autres...

Il ne suffit pas d'imaginer les effets bénéfiques d'une réalisation. Il faudrait aussi ÉTUDIER ses effets. Quand on le fait, les illusions tombent. Ça ne marche pas comme on croyait ! Les présupposés implicites de la civilisation anti-nature se révèlent avec, comme on dit, les « effets pervers ».

---

[1] Voir du même auteur *La Peur de la Nature*, éd. Sang de la Terre.

Savez-vous ce que faisaient les enfants avant qu'on leur invente les « aires de jeux » ? Pauvres petits, ils étaient comme les forêts sauvages, « livrés à eux-mêmes ». Et c'est vrai que nous, enfants des campagnes, qu'est-ce qu'on a pu faire comme conneries !

Mais qu'est-ce que c'était bien !

Et qu'est-ce qu'on a appris comme choses sur la nature, qu'on ne fera jamais entrer dans les espaces de jeu prédécidés : les poches bourrées de hannetons, la pose des collets, le flair pour trouver les nids de pie, les appâts pour les poissons, une bonne rincée sous l'orage, les cabanes des bois...

Ce n'était pas de l'écologie réglementaire puisqu'un brin braconnière. Sauf qu'elle était vraie. Authentique. Sans emballage.

Et qu'elle n'a jamais rien détruit parce qu'elle s'exerçait dans un milieu équilibré, que sa gestion par l'homme ne démolissait pas. On ne faisait pas de grandes phrases comme aujourd'hui sur « l'Homme, rien que l'Homme », comme but de l'écologie. Parce que certaines sociétés rurales avaient (ce qui est bien fini d'autant plus qu'on s'en réclame) réussi l'insertion de l'humanité dans l'écosystème. La pénurie d'espace naturel à laquelle tout le monde se résigne, écologistes compris, pitoyables timbres-poste et aires spécialisées, ne peut plus permettre de telles initiations.

Ne peut plus ! C'est-à-dire ne peut le réaliser, même et surtout en le DÉCIDANT.

Et pendant qu'on y est, merci, Monsieur le Grand Décideur de la Nature, qui n'êtes probablement pas ministre, merci d'avoir fait naître quelques-uns d'entre nous avant la mode du ramassage scolaire.

Merci pour les quatre kilomètres à pied vers l'école dans l'hiver glacial ou l'été fleuri de ronces et d'églantines.

Pour les bagarres à la neige, les oiseaux dans les buissons, les cailloux du chemin non goudronné. Les grenouilles dans les fossés, les chasses aux papillons, les retours au crépuscule... Trimbalés à fond la caisse dans des carcasses de métal, futurs clients des centres de vacances, j'espère que quelquefois vous attrapez une image ancienne qui vous fait serrer le cœur en prenant conscience de ce que vous avez perdu ! Avec toute la pédagogie de la nature qu'on vous fera en sortant du car, avec vos coins d'aventures balisés, vous êtes cependant archi-foutus pour le contact. Car il ne peut venir que de vous-mêmes, dans une autre civilisation... Impossible, direz-vous ?...

Il n'y a pas de fatalité. Il y a ce qu'on veut que soit le monde. Un point c'est tout. Mais il est grand temps que la NATURE divorce de l'ENVIRONNEMENT, car au nom de l'environnement on trafique et détruit la nature.

Il est grand temps que la NATURE divorce de la PROTECTION DE LA NATURE qui est une mainmise et une colonisation.

Monsieur le Ministre de la Nature, si vous devez exister un jour, rappelez-vous...

- Pour être naturelle la nature doit être ce dont on ne s'occupe pas. Ce qui vit sans nous. Presque ce qui est contre nous...
- L'accord à la nature est automatique et inconscient. L'intervention d'un règlement ou d'une injonction est d'ordre intellectuel et brise obligatoirement le lien sensible.
- L'écologie qui rêve d'une super-police disant aux gens : « Allez ici, n'allez pas là » doit d'urgence s'initier à la psychologie.
- Si le seul endroit où l'on peut fuir la pression humaine est celui où il faut la retrouver sous forme de coercition et de règlements, la violence politique a de beaux jours devant elle.

Tout cela est bien embêtant, Monsieur le Ministre. C'est peut-être pour ça qu'on ne vous a pas nommé. Mais si un gouvernement plus farfelu ou plus courageux que d'autres décidait de vous inventer, que feriez-vous ?

Puisque vous n'êtes pas encore là pour protester qu'on se mêle de ce qui vous regarde, eh bien, on va essayer de vous aider un peu.

On ne peut plus entrer
dans la nature comme
dans un rêve.

La forêt est un lieu magique.
Elle doit le rester.

... Et sur le fond blanc de banquise
l'homme qui cherche sa nourriture
ne vit pas seulement une corvée
nécessaire.
En plus, il pense que les animaux se
laissent tuer pour aider l'homme.
Que tout un monde de forces et
d'esprit soutient cette harmonie
paradoxale du chasseur et du chassé.
Les vieilles images des traditions
disent qu'on rencontre, après avoir
jeûné un mois dans un igloo,
une femme blanche qui dévoile
les secrets de l'Univers...

Les gardiens de la tradition
Lakota lancent un appel.

Il est grand temps que la nature divorce de l'environnement, car au nom de l'environnement on trafique et détruit la nature.
Il est grand temps que la nature divorce de la protection de la nature qui est une mainmise et une colonisation.

La puissance des formes marche dans l'invisible.

Relis les romans du grand Nord de JAMES OLIVER CURWOOD, dans aucun d'entre eux le héros ne suit un guide touristique.

LA MAINTENANCE DE LA NATURE

Contre la protection.
Au-delà de la conservation.

LES BISONS...

Avant les frontières et les barbelés.

Avant les grands champs de blé.

Il y avait de grands troupeaux...

Il y avait la prairie...

Il y avait la liberté.

Il y avait...

Oui, Monsieur le Ministre, celui-là l'a bien vu, même s'il n'ose le dire qu'indirectement en présentant un enclos à bisons du Canada. Il a vu ce qu'il ne fallait pas voir. Que la protection est une entreprise de dénaturation, subtile, mais profonde et générale.

Et qu'importe que l'espace réservé à la nature soit parfois plus grand, gigantesque. Comme Kluane Park, au Yukon légendaire des trappeurs et des chercheurs d'or. C'est toujours le même principe. La mise à part au lieu de l'intégration.

Quoi qu'on fasse, le faux ne peut remplacer le vrai. Celui-ci réside dans la capacité à émotionner le voyageur, sans intermédiaire. Clôture, pancarte, garde, ou simple sentiment de se trouver dans un espace institutionnalisé, tout cela est un antidote au choc du contact.

Ainsi on peut donner le look valorisé de l'aventurier à des gens qui, sans cela, ne seraient pas sortis de sous leur couette. On achète la vision de l'ours blanc ou de l'esquimau. Et on y ajoute le fait d'être, non par soi-même, de façon responsable, l'homme qui a vécu les forces de nature, mais d'être, grâce à d'autres, sans aucune participation réelle, l'homme qui a vu l'ours. Ou plus souvent seulement, « l'homme qu'a vu l'homme, qu'a vu l'homme, qu'a vu l'ours ».

C'est ainsi, Monsieur le Ministre de la Nature, qu'il faut remplacer la politique des espaces protégés par un aménagement du territoire qui intègre les facteurs écologiques sur tout l'espace national. Et au-delà... Sans frontières et sans barbelés.

On ne sait ce qu'y deviendraient les autoroutes et les monstres nucléaires. Il faudra voir si on peut leur faire leur place.

Peut-être que oui. Mais alors c'est qu'on les aura rendu, compatibles avec la nature. Mais pas qu'on s'en sera dédouané avec une belle réserve qu'on repiquera pour le développement industriel dès qu'on en aura besoin.

Peut-être que non. Ça peut arriver ! Alors il faudra renoncer aux équipements incompatibles avec l'équilibre. Inventer autre chose. Ne me dites pas que vos services manqueront alors d'imagination.

Et après ça, quand on aura récupéré les matériaux, des tonnes de panneaux inutiles, on repensera à l'éducation. Parce qu'on va les faire voter ces anciens visiteurs de parcs nationaux. Leur demander d'être des citoyens actifs et soucieux de leur cadre de vie. Peut-on espérer que les « veaux » que stigmatisait le Général [1] retrouveront du sang d'aurochs sauvages pour participer à la gestion quotidienne, si on ne les sort pas des visites guidées ?

Ils sont dans leur majorité si loin de la nature que l'approche progressive leur est devenue impossible. Comme ces gens réfractaires à la natation qui connaissent les mouvements à faire, mais qui essaient de rester au-dessus de l'eau en nageant, et qui alors n'apprennent jamais. Plus on les aide, moins ils s'intègrent à l'élément liquide. La situation change quand par inadvertance (ou parce qu'on les pousse !) ils ont l'occasion de s'enfoncer dans l'eau, de boire la tasse et de se retrouver ensuite pas si mal

[1] Charles de Gaulle : « Les Français sont des veaux », citation de mémoire.

en point. Passés au travers de leur objet de crainte, beaucoup le voient alors autrement.

Si elle n'est pas infaillible, la méthode est meilleure que la progression « pas à pas » qui ne donne que l'évitement des problèmes.

À propos de la nature, en fait, on n'a que des réfractaires à l'immersion réelle et complète. L'animation, la pédagogie s'en rendront compte et réagiront en conséquence. Les broussailles sont là pour déchirer la peau, les chemins boueux pour s'y enfoncer, pour se perdre, pour ne plus savoir où l'on va, pour baigner dans la brume, pour être avalé par l'ambiance.

Ça, ce n'est pas le grand jardin que souhaite la civilisation anti-nature. C'est le reste du monde, l'univers qui n'est pas nous. L'AUTRE.

Tolérer ce qui est différent, on ne sait pas très bien faire dans l'espèce humaine. Et même quand on se force, la frontière de l'antiracisme s'arrête à celle derrière laquelle se devinent coyotes, déserts et marécages.

Et pourtant nous ne cessons pas en même temps d'être surpris, attirés et curieux devant l'étranger, l'ailleurs...

Ce Far West non contrôlé auquel on aspire n'existe que si nous n'avons pas mis notre estampille dessus.

Arrêtez, Monsieur le Ministre, arrêtez les inventaires ! Arrêtez de compter, de baliser, de « mettre en valeur »...

« À vouloir sauver, désormais on condamne. Il ne faut plus rien signaler, se terrer, se taire [1]. »

La nature doit être protégée par les circonstances et non par la volonté. Toutes les autres voies conduisent à dénaturer d'une façon ou d'une autre.

Vous êtes surpris, Monsieur le Ministre, et même un peu en colère, parce que, en clair, cela veut dire que vous ne servez à rien. Que la MAINTENANCE gratuite est plus efficace que l'espoir de figer des écosystèmes, au prix d'insertion permanente d'énergie et d'intervention, contre, justement, le mouvement naturel.

[1] Kerjean et Rastoin, *Aventures sur l'Orénoque*, éd. Laffont.

Vous êtes en train, avec d'enthousiastes bénévoles d'essayer de bloquer l'envahissement d'une tourbière par les arbres. Ceux qui travaillent avec vous sur le terrain expliquent que la Terre est un être vivant. Et ils sont en train, grâce à vos crédits, de fixer un être vivant dans une position donnée. Il n'y a qu'une méthode. Faut le tuer !

Arrêtez donc ça aussi ! Et voyez avec toute l'énergie qu'il faudra votre collègue chargé de l'aménagement. Pour qu'il le conçoive de façon à ce que les tourbières ne soient plus jamais rares. Et que même si certaines disparaissent on ait l'espace où il s'en formera de nouvelles.

Sinon, piquez-lui son poste ! Et soyez sûr que votre collègue des finances ne sera pas déçu du voyage. Avant l'homme, je ne sais qui avait inventé un ingénieux système où on pouvait avoir de la Nature sans financement.

Regardez bien. Il y a des coins où ça marche encore. Des carrières qui se sont réaménagées toutes seules, d'immondes friches débordantes de papillons, des piranhas gratuits dans la rivière des Amazones.

Et malgré ça, ce n'est pas vrai que vous ne servez à rien. Vous allez cesser de trafiquer la nature et de la mettre en carte. Mais vous allez faire mieux ! Vous allez tenter d'ORGANISER les conditions générales de sa maintenance.

Non plus par l'action en son sein, dont elle n'a que faire, mais par le pilotage de la société vers une intégration de l'homme au système global de sa planète.

Je sais. C'est de la science-fiction. Il n'y a que dans les romans d'anticipation que l'on voit une espèce réellement intelligente émerger de l'évolution, et laisser fonctionner autour d'elle les forces qui l'ont enfantée. Pourquoi est-ce que nous n'essayons pas d'être aussi géniaux que ces extraterrestres inventés ?

Pour cela il ne faut plus protéger. Quel est le pays qui se sent lui-même sous un « protectorat » ?

Il ne faut plus conserver. La comparaison avec les confitures est trop grave. Mettons en route la MAINTENANCE automatique de la nature. Si j'étais anglophone je dirais, parce que c'est plus précis, SELF-

MAINTENANCE. La nature « durable », comme on dit maintenant, pour un développement qui ne détruirait pas ses bases. La nature « par elle-même »...

Le boulot va être exténuant, Monsieur le Ministre. Au lieu d'intervenir sur la nature qui fait semblant de se laisser faire, il va falloir se farcir les êtres humains... Il y aura des jours où vous commencerez votre lettre de démission.

En recevant par exemple l'Association pour la rationalisation et la mécanisation des exploitations forestières.

Si vous ne comprenez pas tout de suite pourquoi elle fait obligatoirement partie de vos problèmes, regardez un peu son sigle le soir avant de dormir... [1]

[1] ARMEF : Association pour la rationalisation et la mécanisation de l'exploitation forestière.

Il n'y a pas de fatalité. Il y a ce qu'on veut que soit le monde.
Un point c'est tout. Mais il est grand temps que la nature divorce de l'environnement, car au nom de l'environnement on trafique et détruit la nature.

HISTOIRE DE LA GRATIOLE

Au réveil, Monsieur le Ministre, vous allez trouver sur la descente de lit le journal sur lequel vous vous êtes endormi.

Exhumez-le du tas de dossiers qui s'est répandu également alentour. Il y a un article qui est un cas d'école. Et que vous allez pouvoir utiliser pour former vos collaborateurs [1]. « UNE PLANTE RARE MENACÉE PAR UNE ZONE INDUSTRIELLE. »

Ça tombe bien. C'est typique. Exemplaire. Une bonne occasion pour appliquer votre nouvelle politique.

Sur le terrain choisi pour l'extension de la zone industrielle de Saint-Quentin-sur-Isère pousse la gratiole officinale. Appelée encore, familièrement, « herbe au pauvre homme ». Qu'est-ce que ça peut faire ?

C'est que la petite fleur timide est rare. Et de ce fait protégée.

Il y en a un bon mètre carré promis à la disparition. Toute la problématique de la Nature va se donner rendez-vous dans cet espace.

Voyons voir. On a des listes de plantes dont la survie est officiellement garantie par la loi. Parce que des botanistes protecteurs opiniâtres ont bataillé pendant des années pour obtenir les textes adéquats.

Tout ce qui est rare n'est pas protégé. Loin s'en faut. Et les espèces qui se raréfient à grande allure sont légion. Mais voilà, la survie de cer-

[1] *Le Monde*, 22-23 septembre 1991.

taines plantes dépend du législatif. Et de son application. On est bien obligé dans la pratique de mettre des bémols. Du haut de la moissonneuse-batteuse c'est pas évident d'éviter de massacrer l'avant-dernière nielle des blés.

D'autant que, même si... Comme c'est une mauvaise herbe, des fois même, peut-être que si on la repérait, on se ferait un plaisir...

Les listes sont longues, complexes. Parfois ce sont de simples variétés qu'il faut chouchouter, alors que la plante ordinaire qui ressemble à l'autre comme une sœur jumelle peut être, sans problème, passée à la moulinette.

Dites-moi voir combien de citoyens sont guidés dans leur action quotidienne sur la nature par la connaissance de la liste des plantes protégées ? D'autant plus qu'il y a aussi des bestioles dans le même cas, de celles qu'on admire, mais aussi d'autres qui ont plutôt droit à un bon coup de talon.

Alors de temps en temps on vérifie. Et on fait un procès. Est-ce que c'est bien sérieux ?

Mais de toute façon, nous voilà avec l'affaire de la gratiole sur les bras. Les troupes écologiques y ont vu un bon combat.

C'est net. C'est précis.

On ne sait pas si un quelconque remembrement du centre de la France n'a pas plus de chance de fusiller encore plus de la rare gratiole, parsemée dans quelques lieux humides. Mais là, on tient le coupable : le maire de la commune !

On comprend bien comment on en arrive là. Par envie de la vertu de l'exemple. Si les élus se mettent à mépriser ce qui fait la valeur écologique du territoire, toute politique de la nature est vouée à l'échec.

Mais tout de même l'arbre cache la forêt. N'attaque-t-on pas ici, faute de pouvoir le faire ailleurs, là où c'est plus important ?

Mais justement, ailleurs on ne sait pas ce qui se passe. On les a comptées ces plantes rares. Plus ou moins bien. D'autant moins bien qu'elles étaient dans des milieux un peu perdus. Ceux que la loi ne surveille pas.

On va donc les aider probablement dans les endroits où elles sont le moins nombreuses. Mais bien visibles.

C'est là, Monsieur le Ministre, que vous serez tenté. De déclarer qu'il faut faire de meilleurs inventaires. Et de mettre un poinçon de votre administration sur chaque touffe de gratiole de notre Hexagone.

Vous avez le temps ? Vous avez le personnel ? Vous avez les sous ?

Et si vous réussissiez, à la place d'une plante participant au grand ensemble cosmique qu'est l'univers, vous produiriez une étiquette de parc urbain.

Alors, on va faire autre chose. Maintenir les conditions générales de gestion agricole qui font que la gratiole et d'autres vivent leur vie un peu incognito dans de basses prairies humides et bocagères, ici ou là.

Je sais. Ça va nous mener loin. Économie, marchés agricoles, gel des terres, sociologie rurale, exode et manifestations...

Ça prouve bien qu'on ne peut pas résoudre ces questions sur un mètre carré et dans une seule discipline scientifique. Et peut-être bien pas non plus par une loi ou une proclamation de rareté botanique.

Monsieur le Ministre, votre politique géniale d'aménagement du territoire rural, basée sur l'agroécologie, maintiendra à la fois les agriculteurs et les milieux qu'affectionne la gratiole.

Sinon, vous allez avoir l'air malin de sortir tout l'attirail répressif pour un mètre carré de la responsable d'une « décoction mortelle ». La pauvre gratiole, est en effet vénéneuse. Et le maire de Saint-Quentin ne l'a pas loupée. Il a été demander à son pharmacien, et la réponse, on dirait, l'a réconforté. On sent que c'est un peu comme si on avait pu montrer que la plante était une sorte de vipère, sournoisement présente auprès des hommes.

Ce qui est suggéré, c'est que ça irait bien de conserver la chose, mais que ce n'est pas très envisageable puisqu'il s'agit d'une espèce pouvant être dangereuse. À condition de pousser le vice jusqu'à s'en faire une tisane, évidemment. On aurait tout aussi bien pu « positiver » comme on dit horriblement dans les publicités. Arguer des vertus médicinales. Mais il fallait déconsidérer l'occupante des lieux. Ce qui fut fait.

Donc, premier bilan :

- Les conservateurs de la nature se contentent de peu. Légalistes, un brin autoritaires, ils oublient le vaste monde où la destruction se poursuivra même si on sauve le mètre carré. Peut-être n'oublient-ils pas vraiment, mais ils se laissent fixer sur l'accessoire. Pour démontrer leur mini-parcelle de miette de pouvoir.

- L'élu local joue sur la « Peur de la Nature ». Il y a là-dedans des choses hostiles à l'homme. Ma zone industrielle contribue au contraire aux bienfaiteurs de l'humanité.

Monsieur le Ministre, vous n'allez pas vous laisser avoir, j'espère ?

Deux erreurs vous guettent qui vous ramèneraient aux ornières de la politique passée. Si vous décidez contre la gratiole vous aurez démontré votre insouciance botanique. Si vous décidez pour, vous opterez pour des mesures de maintenance de la nature si ponctuelles qu'elles n'ont d'autre sens que de détourner du nécessaire changement global de l'aménagement, ailleurs et partout.

C'est le moment de vous rappeler qui vous êtes. LE MINISTRE DE LA NATURE. De la grande Nature. Pas le ministre de deux haies à Ploudalmezeau, d'un arbre remarquable en Forêt de Bercé. Pas responsable d'un pied de gratiole près de Grenoble. Mais de la présence sur de vastes territoires d'un ensemble intégré d'ambiances et d'êtres dont seul importe le fonctionnement global.

Vous savez bien qu'il faut mettre les usines quelque part. N'acceptez pas de perdre votre énergie dans le détail. La zone industrielle de Saint-Quentin sera condamnable si elle touche les racines de fonctionnement des écosystèmes voisins dans leur ensemble. Elle pourrait garder la gratiole et être quand même catastrophique.

Ça a d'ailleurs été proposé. Laisser la plante en organisant la zone industrielle autour. À qui fera-t-on croire qu'on aura alors un « espace naturel » comme ce fut dit imprudemment ?

À chacun sa nature. Monsieur le Ministre, ce ne sera pas la vôtre ! Vous garantirez l'existence de la variété générale des espèces, et mieux encore, de l'ambiance de nature... Et vous vous déclarerez incompétent. Vous sortirez, selon une méthode appelée, en Californie, « Thérapie du paradoxe », vous sortirez du système de pensée où on veut vous enfermer.

Celui de la confusion entre objet d'étude scientifique localisé et présence de la puissante et mystérieuse Nature. Celui de la séparation en zones, du compromis boiteux, de la chèvre et du chou...

Celui de la crainte qu'inspire à tant de décideurs la spontanéité des véritables milieux sauvages, ou même ceux humanisés dans l'équilibre dès qu'ils ne sont pas passés au béton propre. Celui de ces mêmes décideurs, préférant céder sur un mètre carré, après avoir renâclé, pour ne pas renoncer à de plus dangereux principes généraux anti-nature.

Vous allez vous faire engueuler ! Ça, c'est sûr. C'est une habitude à prendre.

Quand vous leur direz, aux uns et aux autres, qu'il ne s'agit absolument pas d'un problème de Nature, mais d'un simple conflit d'appropriation, on vous donnera à choisir dans une bonne liste l'hôpital psychiatrique de votre choix. Ne cédez pas à la tentation de vous y retirer Monsieur le Ministre. Pour se croire dans la nature au milieu d'une zone industrielle parce que 70 ares contiennent la rare gratiole, pour diaboliser au contraire une plante sous prétexte qu'elle est vénéneuse, les uns ou les autres, quels qu'ils soient, pour se battre autant à côté de la plaque, ils ne méritent point de vous impressionner, Monsieur le Ministre.

Surtout n'allez pas à l'hôpital.

Les dingues, ce sont eux...

Voyez les métamorphoses du désir : « le courant passe, ou non ». Il y a une espèce d'énergie qui s'éveille et qui nous fait faire les choses.

PAS DE DÉSIR – PAS D'ACTION

La politique de conservation à la mesure du désir

Moins trente-cinq. Est-ce que vous sortez ?

« Faudrait me payer cher », disent certains de nos petits camarades.

Pas envie vraiment ! Pour obtenir le résultat il faudrait substituer au plaisir de sortir, qui ne veut pas venir, la gratification de palper des billets de banque ?

Encore n'est-ce qu'une formule ! Je me souviens d'un ami journaliste qui, bien que payé pour ça, quelque part dans le Nord, refusa obstinément de s'en aller batifoler sur un traîneau esquimau.

Sous prétexte qu'il faisait froid.

Mais les Inuits [1], eux, ils sortent ! Ils vont loin. On peut les penser adaptés au froid, mais tout de même, pour partir à la chasse par des temps pareils, il faut avoir de l'estomac. Ou bien il faut l'avoir dans les talons, l'estomac, comme on dit.

La faim fait sortir le loup du bois. Et l'esquimau de l'igloo, qui de nos jours est devenu une belle maison préfabriquée.

Dans les communautés de l'extrême nord (terre d'Ellesmere, péninsule de Melville) il n'y a d'autre approvisionnement que la chasse.

---

[1] *Inuits* : les hommes, nom que se donnent à eux-mêmes les esquimaux.

On y verra aisément la source du désir de partir se geler dehors. Et rien d'autre.

Sauf que, sauf que... La chasse est un art. Une façon, et une raison de vivre qu'il est malaisé de pratiquer en se rendant simplement à l'étal de la boucherie. Au point que de vieux atavismes tracassent encore l'Européen moyen qui fait semblant de courir derrière du pseudo-gibier.

Plaisirs de la chasse se titrait une défunte revue. Tiens – tiens... plaisir, désir, sensations, tout ça marche ensemble, et sur fond blanc de banquise l'homme qui cherche sa nourriture ne vit pas seulement une corvée nécessaire.

En plus, il pense que les animaux se laissent tuer pour aider l'homme. Que tout un monde de forces et d'esprits soutient cette harmonie paradoxale du chasseur et du chassé. Les vieilles images des traditions disent qu'on rencontre, après avoir jeûné un mois dans un igloo, une femme blanche qui dévoile les secrets de l'Univers...

Fascination, légendes, mirages, font que ces sorties ne sont pas seulement un moyen spécial d'aller faire ses courses. Le phénomène du désir est si fort qu'il ne s'arrête pas à l'homme. Pour un chien c'est dur de tirer un traîneau, de se geler le nez et d'attendre le casse-croûte. Il n'empêche qu'ils se battraient presque pour partir. J'en ai même vu un suivre alors qu'on ne voulait pas de lui pour tirer.

Mais quand il n'y a pas de désir, c'est pareil ! Ou plutôt l'inverse. Vous connaissez l'histoire de la bourrique attelée s'arrêtant au milieu d'un gué. Une armée de paysans y passa la nuit, avec à l'aube, la voiture toujours immobile, et la bourrique imperturbable.

Certains cancres ont copié. On peut faire ce qu'on veut. La géographie ou les sciences naturelles, ça ne les branche pas !

Vous voyez les métaphores du désir : « Le courant passe, ou non. » Il y a une espèce d'énergie qui s'éveille et qui nous fait faire les choses. Elle marche pour la faim, la soif, ou la sexualité ! Mais de façon plus complexe pour une multitude de questions : la beauté, la surprise, l'inconnu, la nouveauté, l'inquiétude, la sécurité ou le risque, le mystère, l'émerveillement...

« Ça m'intéresse ! » Et voilà qu'une sorte de manque apparaît en moi, et qu'un moteur se met en marche pour que je comble ce vide, par une quête, une recherche, une action. Plaisir d'éprouver le désir, de tenter de le satisfaire. Et ceci fait, de partir à la poursuite d'un autre...

Voyez Moby Dick, la baleine blanche. Ou ce vieil adage qui affirme : « Il vaut mieux voyager avec espoir qu'arriver à destination. »

Rien ne bouge, rien n'évolue sans le désir. Si l'Amour est enfant de bohème, le désir, on le sait, sera son frère jumeau. Encore qu'on ne puisse pas dire qu'il ne connaît pas de lois. Mais celles-ci sont bien étranges.

Le désir dépend de la constitution émotionnelle intime de celui qui l'éprouve. Comme s'il existait une description possible des forces passionnelles en termes d'« atomes crochus ». Voilà que dans l'univers extérieur, un objet, une situation, une personne, éveille une résonance qui le met en route. Le fameux carburant est indispensable. Les voitures à essence marcheront un jour à l'alcool, mais l'activité humaine sera toujours tributaire du désir. C'est sa seule source d'énergie.

Beaucoup moins étudiée, infiniment plus obscure que le plus performant des hydrocarbures, l'énergie en cause refuse de se laisser produire à volonté. On peut à la rigueur la piloter : religieux, politiques et publicités s'y essaient. Et voudraient bien aussi savoir comment la faire naître, la fabriquer.

Jusqu'ici il y a des semblants de réussite. On peut vendre un savon irritant et puant en montrant une jeune personne en train de se laver.

Mais, malgré les apparences, on n'a pas fait naître le désir. On l'a seulement déplacé.

D'autres fois l'astuce consiste à aller le chercher, là où il est enfoui, présent mais pas conscient de lui-même.

Son mode de formation par contre reste hors de portée.

Ça vaut mieux. On est déjà dans une situation assez difficile.

En résumé : on ne peut pas produire la force qui nous lie passionnellement aux choses.

On peut la détourner de son objet.

On peut explorer les esprits à sa recherche, quelquefois la découvrir et la faire surgir au grand jour.

Les trains sans locomotive avancent peu. Les voitures sans moteur restent sur place. La protection de la nature sans désir recule.

La charrue avant les bœufs, ce n'est pas grave, il suffit de changer l'ordre des composants.

Pour comprendre que ce que nous faisons est bien pire, lisons un peu l'avalanche de littérature qui déferle à propos de nos sujets chéris. Fermons les yeux et pointons une phrase au hasard :

« Les associations de travail volontaire, à même de mobiliser des jeunes, souhaitent s'engager activement et jouer un rôle dynamique dans cette sauvegarde de notre environnement et de notre paysage. »

Qu'est-ce que ça veut dire ?

Il va falloir nous rappeler notre chapitre sur la valeur des mots, sur les jugements de valeur, les masques et déguisements verbaux de la pensée réelle.

Les termes sont choisis. Ils sont tous pleins d'énergie. On n'a pas peur des comparaisons. Il s'agit de « mobiliser ». C'est presque la guerre, lieu de dépense de forces et de cohésion des groupes devant un adversaire diabolisé.

Ce sont des jeunes. Ils ne sont pas encore usés. Ça va péter le feu !

Idée de responsabilisation dans le travail : « chantiers volontaires ». Un vocabulaire qui date, mais qui parle. Les adultes qui sont derrière ne sont pas n'importe qui puisqu'ils ont cette mission. Cela fait un peu missionnaire justement, et cause sacrée. C'est bien ça que l'on veut dire, la suite le confirme.

Engagement actif, rôle dynamique. Vous sentez les forces en marche. On ne reculera pas...

Je vous laisse continuer, c'est facile. Mais pas si clair que ça en a l'air ! Comme on dit familièrement : « Ils en font trop ! »

À quoi servent les formules toutes faites, telles que « sauvegarde de notre environnement et de notre paysage » ? Les formules toutes faites évitent d'avoir à en faire.

Vous connaissez peut-être ce jeu tout bête des stages de communication. La transmission de message. On donne verbalement à un individu un message assez long à transmettre au suivant. Et ainsi de suite pour une dizaine de personnes. Quand le dixième délivre le message qu'il a reçu, celui-ci est généralement méconnaissable, parfois tellement dépourvu de sens que tout le monde se tient les côtes. Ou bien il s'est totalement inversé, etc.

Le phénomène qui nous intéresse ici, c'est le pourquoi de ce fiasco.

C'est que, la plupart du temps, celui qui essaie de répéter le message ne distingue pas le fond de la forme. Il essaie de répéter par cœur avec les mêmes mots, et tous les mots. Moins il comprend, moins il adhère au contenu, et plus il s'accroche aux mots clefs. Ceux-ci finissent par surnager dans une soupe infâme où le sens s'est perdu. Le résultat redoutable de tout ça c'est que, plus une déclaration s'attache au vocabulaire formel et patenté, plus on peut être sûr que celui qui la prononce n'y adhère pas émotionnellement.

La phrase déjà construite, les grands mots, cela cache quelque chose qui est l'absence de désir.

Les conséquences sur le terrain dans ce cas précis, c'est un chantier de rivière désastreux dont je vous ai déjà parlé. Mais il serait cruel et partial de ne désigner la langue de bois que dans cette seule direction. Tous les acteurs sociaux en ont plein la bouche. Ceux qui s'expriment encore normalement, qui sont capables d'expliquer les choses en changeant les mots ou les phrases, ceux qui nous font sentir la nature vivante sont écartés des tribunes.

En devenant officielle, l'écologie se passe d'émotions. Donc de désir.

Faut-il s'étonner qu'elle ne fasse rien ?

Que malgré des victoires locales, la nature soit partout en régression constante ? Et que les hommes ayant trouvé un équilibre de gestion fassent figure d'archaïsme ?

Pas de désir, pas d'action.

Qui désire un changement social en faveur de la nature ? À part les naturalistes incorrigibles maternant leurs scorpions dans un coin de désert barricadé ?

À part quelques artistes épouvantés devant les paysages tailladés des campagnes dites modernes ?

Toutes ces locomotives sans charbon qui discourent sur la grande vitesse protégeant l'environnement, toutes ces voitures de luxe sans carburateur qui se pavanent dans les colloques internationaux, ces rutilantes machines à tenter de projeter de la peinture verte que sont devenus certains politiques, tout cela est mort. Par manque de désir, seule puissance pouvant les faire avancer.

Comment pourraient-ils ? À tous les détours de leur expression on peut les prendre en flagrant délit du désir d'autre chose que la nature. Le nombre de « mais » qu'ils ajoutent dès qu'ils ont parlé d'elle, la fameuse tactique « un pas en avant, deux pas en arrière », la fréquence du terme « Homme » prononcé avec des trémolos dans la voix, nous disent qu'ils n'ont pas cessé de désirer les mégalopoles, les marais asséchés et les ours en parcs de vision.

Donc, aussi les muselières de la passion, les avenues sans mystère, la poésie au bulldozer.

❖

Attention ! Ils ont le droit.

Ceux qui voudraient qu'à toute force tout le monde aime la même chose sont des graines de totalitaires.

Mais les autres pourraient quand même arrêter de faire semblant. Alors, on verrait peut-être mieux s'il ne reste pas en eux une petite partie d'enfant sensible qui, lui, y croirait pour de vrai.

Aller chercher le vrai désir suppose qu'on n'en exhibe pas un faux.

Les politiques de l'environnement sont à la mesure du désir.

Au lieu de ressasser un catéchisme écologique, avalé de force et restitué laborieusement pour la galerie, vous tous qui essayez désespérément de capter à votre profit l'élan vers la nature, vous allez pouvoir arrêter de vous fatiguer. Il suffit de vous l'accrocher, où vous voudrez, cette petite pancarte toute simple, qui vous rappellera une vieille loi naturelle :

PAS DE DÉSIR – PAS D'ACTION.

VIVE LES RÉSERVES !

Bientôt, quelque part dans le futur...

On arrive par un large chemin empierré, bordé de grands vieux chênes.

Sur les accotements s'épanouissent les sauges, les aigremoines jaunes et les millepertuis. Les papillons des ronces se posent sur le capot des longs véhicules silencieux qui avancent en file indienne.

Les lapins des haies ne se retournent même pas pour voir passer la cohorte des humains. Tout près d'eux, dans les champs enclos, les vaches font leur métier. Elles mangent de l'herbe.

Cette année le maïs vient très bien. Mais la source en bas du champ est restée potable. Avec les variétés résistantes aux maladies, plus besoin de s'empoisonner aux pesticides. Avec l'agriculture écologique aux engrais dosés, le coût de production est moindre et les nitrates ne sont pas diffusés là où ils ne devraient pas l'être.

C'est trop beau ! Mais c'est comme ça. Après le grand effondrement de l'agriculture industrielle, l'exploitation individuelle de style paysan a sauvé l'Europe de la famine. Je ne sais pas si les tracteurs sont électriques. Mais en tout cas, sur la route, les cars de touristes le sont bel et bien.

C'est que pour les sujets importants, pour les attractions rares, le tourisme, ce vieux comportement grégaire d'autrefois s'est maintenu. Et les autobus sont pleins à ras bord, l'oreille attentive aux commentaires du gentil organisateur-guide-animateur.

« Mesdames, Messieurs, nous vous avions prévenus, attendez-vous à un choc ! Beaucoup d'entre vous n'ont pas connu l'ancienne civilisation.

Je voudrais leur dire à quel point ce que nous allons voir est authentique. Rien n'a été modifié. Tout ce qui vous paraîtra invraisemblable n'en sera pas moins complètement vrai. De grands efforts ont été consentis pour préserver ces témoins du passé de votre planète... » Les mômes crient, pincent le nez des grands-mères... Commentaires incrédules dans le fond. Un petit rigolo s'esclaffe en montrant le dépliant publicitaire : VOYAGE À TRAVERS LE TEMPS : UNE JOURNÉE AU XXe SIÈCLE.

Et on y est ! Le portique géant avec sa lourde grille annonce fièrement : RÉSERVE NATIONALE DU KREMLIN-BICÊTRE – ENTRÉE INTERDITE SANS ACCOMPAGNEMENT.

C'est vrai, c'est un choc ! Tout est bâti ! Tout est construit ! Des murs, de l'asphalte partout ! Des appartements les uns au-dessus des autres. Des trottoirs, des crottes de chien. Des arbres malades au pied cerclé de protections en ferraille.

Les gens sont là. Aux fenêtres. Ou dans le bistro d'où monte la fumée d'un ancien hallucinogène : le tabac, et où paraît-il d'autres drogues sont en vente libre : calva, whisky, vodka. Toutes ces choses que l'on savoure chez nous de manière fort modérée coulent à flots comme s'il existait un désir obsessionnel de s'en imbiber.

Et puis il y a les voitures à essence. Les autobus à essence. Les camions à essence !

Le plus terrible est la descente au métro. Le bruit et la puanteur de la surface s'évanouissent. Ça pue autrement. Ça ferraille autrement. Lumière artificielle permanente. Et il y a vraiment des gens dans les wagons ! On espère que leur journée de démonstration dans la réserve terminée ils s'évadent de cet enfer.

Blancs de visage, verdâtres même, grognons, fermés, ils circulent là-dedans. Et chose invraisemblable, ils se touchent, ils sont collés les uns aux autres.

« Mesdames, Messieurs, nous allons maintenant emprunter avec d'authentiques voyageurs, dont c'est la vie quotidienne, l'antique réseau du métropolitain, afin de nous rendre dans une autre partie de la réserve, tout aussi essentielle et démonstrative que la zone urbaine. »

Cris d'effroi. Heureusement il y a des wagons réservés où seuls quelques loubards urbains plus vrais que nature dévisagent les touristes d'un air peu engageant.

« Mesdames, Messieurs, nous vous recommandons de ranger votre argent et de ne répondre à aucune provocation. Il est défendu de donner quoi que ce soit aux mendiants. »

À la descente, nous rencontrons le président du Comité de gestion de la réserve. C'est un militant connu. Il se bat pour la restauration de la civilisation urbaine densifiée dont il va nous énumérer tous les avantages. Notre guide s'efface, bien certain que nous ne saurions être convaincus par ce passéiste.

Concentration des ressources, connexions multiples entre les gens, circulation des idées, spectacles, informations... Mais nous qui avons tout cela dans nos réseaux d'habitation avec en plus le silence et l'espace, ça nous laisse froids ! Il a beau être passionné. Nous savons où nous sommes. Dans une réserve, c'est-à-dire un témoin d'un monde à jamais disparu, conservé pour notre curiosité, à des fins uniquement pédagogiques.

On ne revient pas en arrière ! Habiter des tours et prendre le métro, c'est primitif. Aller au spectacle dans une salle pleine de monde, alors qu'on peut l'avoir transmis pour soi seulement à domicile, relève du masochisme. Mais c'est une courageuse politique gouvernementale que d'avoir créé un ministère des Activités anti-écologiques, chargé de gérer non seulement les réserves, mais aussi les parcs où sont concentrées les activités que l'on n'a pas réussi à rendre non polluantes : centrales nucléaires, stations de ski, aéroports, etc.

Et maintenant nous sortons du métro pour visiter l'autre versant de cette curieuse civilisation disparue : le volet rural et agricole. Sous un hangar en tôle, crevant de chaleur, un agrobisnessman vêtu comme en 1990 nous expose son point de vue. Sur fond d'étendues céréalières en monoculture infinie, de silhouettes de mécaniques géantes. On lui pose des questions sur le budget. Il avoue, après maintes réticences, que la moitié de son revenu vient de subventions du gouvernement. Comme en 1990...

On est en pleine utopie ! Cet homme-là souhaite multiplier les réserves. Et c'est vrai que, vu la demande touristique, le ministre a pris quelques nouveaux décrets concernant heureusement des territoires sans intérêt.

Mais le danger est réel. Notre interlocuteur verrait bien, selon lui, « l'ensemble du territoire géré selon des principes anti-écologiques qui seuls peuvent conduire à la prospérité ! »

Toutes ces vieilles lunes ! Le retour à la monoculture, régression formidable, n'est envisagé par aucun économiste. Dans sa réserve, *businessman* peut rêver. Une réserve, c'est une réserve. Voir les Indiens. Est-ce que la civilisation américaine va devenir indienne parce qu'il y a des réserves ? Au contraire !

Et voilà. Le genre d'aménagement du territoire périmé que défend avec tant de passion notre agriculteur industrialisé a fait son temps. Dans le parc ou la réserve, il témoigne pour l'édification des générations futures. En aucun cas il n'est là pour qu'on prenne modèle dessus. Au contraire !

Dans les rues de banlieue conservées, reconstituées, par lesquelles nous rentrons, le soir tombe. Des chauffeurs de taxi s'engueulent. Les immeubles pisseux semblent s'étendre à perte de vue. Heureusement qu'on sait que c'est du toc et que le monde réel, poétique, harmonieux et civilisé ne se trouve pas loin, au-delà des barrières.

Mais si on n'y était pas allé on n'aurait jamais su à quel point c'était terrible et inadapté à l'homme, toute cette civilisation anti-nature.

Alors voilà ! VIVE LES RÉSERVES, vive les réserves qui sont l'antithèse de ce que l'on réalise dans la vie normale ! Et permettent de situer celle-ci par contraste.

C'est vrai que quelquefois, en écrivant, on somnole, puis on s'endort...

Et on rêve...

Mais quand même, quel rêve débile ce chapitre !

PERSONNE POUR TIRER : LA RECHERCHE

« Seuls les cimetières ne polluent pas. Ou alors l'Auvergne se résigne à n'être qu'une réserve naturelle... »

Ce maire démissionnaire d'une grande ville est un acteur du développement. Un décideur, quelqu'un qui modèle le territoire.

Et voilà ce qu'il dit.

Devant autant d'obscurantisme, partagé mille fois en déclarations incroyables, bafouant les plus élémentaires données scientifiques, on s'est bien souvent dit qu'il fallait pousser les feux du côté de la RECHERCHE, afin que soient ainsi disponibles les matériaux d'un pilotage plus écologique des réalisations officielles.

Le scientifique croit qu'un résultat publié dans une revue internationale a valeur d'évangile. On critique, on conteste, mais au bout d'un moment il y a plein de choses que tout le monde accepte, parce que c'est à peu près démontré. D'où l'évangile qui énonce des choses aussi étonnantes que : « Moins l'eau rencontre d'obstacles et plus la pente est forte, plus vite elle arrive en bas. »

Mais les décideurs ne lisent pas les thèses. Et quantité d'aménageurs ruraux ont pendant des années agi et pensé comme si les résultats sur l'eau, la pente et les obstacles, étaient exactement le contraire de ce qu'ils sont.

Et lorsqu'on a pu obtenir quelques programmes d'études complémentaires, personne n'a fait mine d'utiliser les résultats.

Les sciences de la nature sont les parentes pauvres, c'est connu. Surtout lorsqu'elles traitent des organismes sur le terrain. La bataille pour les sauver de la décrépitude est justifiée. Mais est-ce qu'elle a quelque chose à voir avec la sauvegarde des milieux naturels ?

Le statut de ces disciplines (et de ceux qui y travaillent) est identique à celui de la nature. Pas brillant. En ce sens, toute amélioration dans leur domaine signerait un changement de société en faveur de la nature.

Mais ce changement ne peut venir d'elles en tant qu'activités scientifiques. Pour qu'elles soient valorisées il faut que les valoriseurs s'intéressent d'abord un peu à autre chose que l'homme. Leur situation dépend du mouvement global de la société, qu'elles n'influencent pas, qu'elles n'influenceront que quand la société les laissera progresser, c'est-à-dire quand elle aura déjà changé à leur égard.

Sous quelle pression ? Pas la leur en tout cas, car on ne prête qu'aux riches, et on ne va pas valoriser la nature à partir de gens dévalorisés : papillonologues, systématiciens et observateurs de mouches. Beau cercle vicieux.

Et puis, relisez les discours de ceux qui façonnent le futur. Ce qui leur manque, ce ne sont pas les données écologiques au niveau du post-doctorat produites par la recherche de haut niveau.

Non, leurs bourdes favorites concernent des choses totalement élémentaires, juste un peu au-dessus du niveau de la maternelle.

Les concepts de base, les méthodes minimales leur font cruellement défaut. Ils croient qu'aucune plante ne pousse à l'ombre parce qu'ils ont entendu dire que le soleil est source d'énergie. Au passage, pour les plus vicieux, bon prétexte pour abattre des arbres. Ils imaginent que la décomposition du bois mort est une pollution, que la broussaille est stérile, ce qui ne les empêche pas de parler de nid à vermine. Etc.

Ce qu'il leur faut, ce n'est pas la production de nouvelles données, justifiables en elles-mêmes pour la connaissance, mais l'imprégnation par un savoir de base, très simple et trivial pour le moindre des naturalistes.

Pour la maintenance de la nature, ce qu'il faut faire progresser ce n'est pas la recherche, qui vole trop haut au-dessus du cerveau des politiques et administratifs (sauf brillantes exceptions). C'est l'éducation de base concernant le fonctionnement de la planète.

Pendant que de consciencieux scientifiques visitent régulièrement, pendant des années, leurs placettes en Amazonie en vue de comprendre le détail du fonctionnement de l'ensemble, quelque part, quelqu'un fout le feu à la forêt. Et là, il y a un résultat certain que de futures thèses vérifieront : quand on met le feu, en général, ça brûle !

Il nous manque, c'est vrai, un certain nombre de connaissances. Surtout quand on veut gérer un milieu. Mais l'urgence est d'empêcher la destruction. Et là le manque se situe beaucoup plus dans l'ignorance des fondements du comportement humain que dans les rouages des écosystèmes.

Avec les tonnes de documents qui décrivent l'organisation du monde naturel de façon rigoureuse et vérifiée, nous avons encore une de ces montagnes qui, comme le veut la tradition, accouche d'une souris. Tout se fait comme si elle n'existait pas. Parce que les « faiseurs » ignorent ou veulent ignorer son existence. Parce que quand ils essaient de s'en servir ils n'y comprennent rien, où n'arrivent pas à y croire. Parce qu'aussi ceux qui rédigent les publications scientifiques n'écrivent pas réellement pour être compris des aménageurs. Dans une société où les bases de données regorgent d'informations écologiques, la quantité qui passe sur le terrain est minime.

Faute de cette information des responsables, mais aussi faute de transfert dans le concret, choisir les résultats significatifs pour un projet dans le magma des publications, les mettre en forme pour leur insertion, concevoir ou modifier le projet en fonction de ces connaissances, est un travail non seulement peu répandu, mais en plus complètement dévalorisé dans les milieux qui font la science.

Tout chercheur est jugé sur sa contribution à la science fondamentale. Les instances de promotion sont telles que se mettre à transférer dans la civilisation des résultats de recherche, c'est sacrifier sa carrière. Ceci malgré les discours des ministres qui disent souhaiter le contraire.

Dans les plus bizarres recueils sur les mille-pattes il y a des idées pour le management des sols, des haies, des microclimats et probablement de l'agriculture. Mais le chemin jusqu'au cerveau du conducteur de tracteur, ou jusqu'au bureau de DDA [1] est long. Il justifie l'existence de spécialistes du slalom entre sciences naturelles et communication humaine.

Tout le monde en a besoin. Quelques-uns s'en rendent compte. Personne ne les forme. Quand il y en a un, il est au chômage ou grenouillant dans du subalterne.

Les labos tournent. On imprime des communications. De temps en temps l'une d'elles est lue.

Et la chaîne s'arrête là...

Il paraît que la conservation de la nature est un combat. Les usines d'armement marchent à fond. On fabrique des chars d'assaut. Des milliers de pages de graphiques de répartition des espèces, des kilos imprimés de modèles écosystémiques. On a même les fusils : petits articles innovateurs décrivant le fonctionnement idéal de la forêt naturelle.

Matériel et munitions, ça va.

Dommage qu'il n'y ait personne pour tirer.

[1] Direction départementale de l'agriculture.

TERRASSON, IL EXAGÈRE...

« Tout ce qui est excessif est insignifiant. » C'est ce qu'ont dû penser, pour se consoler, les habitants d'Hiroshima en recevant la bombe atomique. Une phrase célèbre peut se révéler, à l'usage, pas toujours très exacte. Mais son rappel à tout bout de champ, le foisonnement des formulations équivalentes dans les conversations, éclaire puissamment le contexte dans lequel se passent toutes nos affaires de nature. Typique. Dans je ne sais plus quel conflit association-décideur, l'un de ces derniers crut un jour très astucieux de lancer à l'un de mes amis l'apostrophe suivante : « Mais voyons, Monsieur Dulard, depuis le temps que vous essayez de nous créer des difficultés, vous constatez bien que vous n'avez pas abouti. »

Ce qui sous-entend bien sûr : « Vous feriez mieux de vous arrêter. Si vous êtes sensé, vous n'avez qu'une chose à faire, arrêter. » L'autre qui, tout comme moi, n'était pas très sensé, l'a regardé tranquillement, et après un tout petit temps de suspense la salle stupéfaite a entendu la réponse : « C'est pas parce qu'on n'a rien réussi qu'on va arrêter de vous emmerder ! »

Sur le plan de la communication, quand votre adversaire vous dit : « Arrête, arrête, tu vois bien que tu n'arrives à rien ! », croyez-vous qu'il agit vraiment pour vous épargner de la peine et du souci ?

En fait, ceci se produit juste au moment où, après une longue période d'insuccès, vous avez commencé à déstabiliser votre contradicteur. Jusqu'alors tranquille, il perçoit soudain le danger. Alors, il essaye un coup qui peut marcher, tenir encore un peu pour vous désespérer. Et tenter de vous déprimer en affirmant avec force qu'il ne bougera jamais. Ce qui est l'indice sûr qu'il commence à craindre d'être obligé de bouger.

Et s'il pouvait vous faire croire que vous appartenez à une sous-catégorie d'humanité, les excessifs, c'est-à-dire les émotionnels, il serait encore plus satisfait. La civilisation anti-nature rejoint là sa version anti-émotion de façon magitrale. Mais avec des pièges ! Vous n'avez qu'à forcer un peu. Souvent assez vite, votre vis-à-vis se mettra à dénoncer votre excessivité de façon tout à fait excessive. Il se mettra en colère, c'est-à-dire tout nu. Vous saurez tout de ce qu'il pense, d'autant mieux qu'il ne pourra s'empêcher alors de se laisser aller à des pulsions naturelles qu'il réprouve.

Ce faisant, il faut quand même voir que la notion d'excès, de dépassement des normes, dépend fondamentalement de la conception de la normalité qui est dans les têtes. Autant dire, de l'échelle de valeurs inconsciente qu'on promène avec soi.

Un inconnu qui meurt à l'hôpital sans même que vous le sachiez, cela ne vous trouble en rien. Si vous l'apprenez, vous avez fugitivement une vague intention de compassion, toute intellectuelle. Si c'est votre voisin à qui vous n'adressiez même pas la parole, vous irez jusqu'à dire : « C'est quand même malheureux. »

Si c'est quelqu'un à qui vous êtes fortement lié affectivement, il se pourrait bien par contre que votre réaction soit « excessive ». Tout au moins aux yeux de ceux qui n'ont pas de lien affectif puissant. Et aussi des raisonnables en tout genre, qui ne pensent qu'à serrer les dents devant l'émotion.

Deux raisons donc pour rester de marbre devant une catastrophe : être un adepte forcené de l'anti-émotionnel, ou tout simplement ne pas percevoir la chose comme une catastrophe. Mettons de côté les sages qui, même désolés et en larmes restent dans un calme quasiment bouddhiste. On n'en voit pas souvent !

Donc, êtes-vous fortement lié passionnellement à la nature ? Cela va faire un drôle d'effet à celui qui voit celle-ci comme une voisine supportable mais un peu étrangère, dont il n'y a pas lieu de pleurer la mort au-delà des convenances.

Et si vous piquez une crise de rage ou de désespoir devant les bulldozers, ce sera encore plus excessif face à celui percevant la nature comme l'ennemi quasiment héréditaire. Alors, on exagère ? Ça dépend pour qui. La perte n'est pas la même parce que l'objet n'a pas la même valeur. On ne l'a pas coté de la même façon.

Se désoler pour rien, être soupçonné d'en rajouter, ceci ne peut arriver que si on se trouve devant une personne pour qui vos objets d'amour sont de la pacotille.

Il n'y a pas d'absolu qui permette de dire quelle est la bonne réaction. Dosée, calibrée, mesurée.

Que penserait-on d'un soi-disant conservateur de la nature qui ne ressentirait pas la destruction comme une atteinte intime et personnelle ?

Il y en a maintenant des comme ça ! C'est simplement qu'ils font semblant, en ces temps de sondages et d'élections. Ce seront les premiers à parler de dosage dans l'expression, les réactions, les sentiments. Parce que leur doseur est en position zéro, ils ne ressentent pas le drame perçu par les autres.

Terrasson, il exagère... Ça dépend pour qui. En tout cas, pour lui, c'est un test infaillible de la sincérité de l'interlocuteur...

Faut-il de la nature ? Non !

FAUT-IL DE LA NATURE ? II

Non ! La réponse est non. Dans tous les éléments de la vie quotidienne, la culture de la fin du XXe siècle répond clairement. Non, il ne faut que ce que l'homme contrôle. Et par-dessus le marché la réponse est oui : réserves, parcs, publicités, discours...

Il ne s'agit pas d'une contradiction.

C'est bien plus dangereux. Il s'agit du processus pathologique déjà maintes fois rencontré sur notre route : LA DOUBLE CONTRAINTE, spécialité des schizophrènes. Entraînés à signifier émotionnellement le contraire de ce qu'ils expriment verbalement.

OUI en parole. NON dans les actes. Ça n'est pas encore tout à fait ça. C'est OUI-NON en même temps dans l'émotion sensible suscitée au fond des tripes.

Les malheureux chiens expérimentaux chez qui on crée ces situations à partir de nourriture ont des réactions qui sont les mêmes chez nous :

- mordre,
- se rouler par terre,
- se réfugier dans l'immobilité et le silence.

Et si la double contrainte dans la nature n'était pas réservée à ce secteur particulier ? Et si nous étions aussi fous pour nos autres problèmes ?

Institutionnaliser des groupes constitués au départ dans l'enthousiasme et l'authenticité. Les transformer en associations, partis politiques, etc. Et vouloir faire semblant, alors qu'on est devenu une structure, de fonctionner encore comme un groupe d'amis informel ?

C'est-à-dire perdre son fonctionnement « naturel » pour passer à un appareil de contrôle, en essayant à la fois d'avoir « le beurre et l'argent du beurre ».

Les grands loupés des utopies, des bonnes volontés, des grands sentiments altruistes n'auraient-ils pas leur racine dans le changement qui s'est opéré quand, de spontanés, ils sont devenus volontaires ? Quand de naturels ils sont devenus manufacturés ?

Fatalité actuellement absolue qui fait, dans le cas du milieu sauvage, que la tendance est tellement ANTI, que même quand elle devient PRO elle reste quelque part indélébilement ANTI, sauf à toucher et à renverser le fond qui est loin.

Mais aussi, petit rappel, densifier les villes en occupant les campagnes, aller vite en ralentissant, perdre du temps aux péages d'autoroute pour en gagner, intégrer en séparant, séduire en contraignant, créer des emplois en substituant le robot à l'homme... Ce qui est fou là-dedans, ce n'est pas de progresser en vitesse ou en machinisme. C'est de croire qu'on peut en même temps vivre comme si on faisait le contraire.

« Ce qui se passe à Kodiat est unique, c'est comme un petit zoo sans barreaux », déclare un biologiste d'Alaska lors d'une émission d' « Ushuaia » (26 octobre 1991). Ce gars-là est sincère. C'est là le plus terrible ! Il a été façonné non seulement par ses études naturalistes, mais aussi par tous les autres secteurs de la civilisation : routes, machines, cas sociaux, le tout géré en double contrainte. Cette façon d'être va le piloter dans sa vision du milieu. Il ne dira pas que le zoo est un morceau de reconstitution de nature plus ou moins arrangé, il parlera de la nature en tant que zoo, petit, grand, moyen, en tout cas se référant à la société pour pouvoir être nommé et défini. Le point de départ de la description de l'existence de la nature n'est plus dans celle-ci, mais obligatoirement à l'extérieur.

Or, c'est la conception que l'on a d'un objet qui dirige les comportements. Il ne s'agit pas seulement d'un malheureux choix des mots. Ce garçon travaillera à son insu pour que les lieux qu'il aime deviennent vraiment un zoo. Alors il niera que c'en soit un...

Faut-il de la nature ? S'il existe un grand modèle culturel qui répond OUI-NON, nous ne sommes pas obligés de le suivre. Il y a dans tout groupe des gens qui essaient de penser par eux-mêmes. Et qui parfois génèrent des innovations.

Mais il faut savoir ce que l'on veut. Pour ceux que passionne la nature, au-delà des espèces rares, il y a quelque chose de beaucoup plus mystérieux.

Calme, vie intense, silence, solitude, qu'est-ce qu'on aime ? Le premier cercle des apparences c'était le goût pour l'étude des espèces vivantes. Le tableau qui se dessine derrière est moins intellectuel, plus instinctif, et aussi plus flou. Ceux qui se réfugient dans les bois pour y ressentir quelque chose n'ont que de faibles moyens pour l'exprimer, tant le vocabulaire est axé vers d'autres réalités.

Et qu'est-ce qu'on n'aime pas ?

Quand on est un naturaliste invétéré, ce qu'on n'aime pas c'est la marque de l'homme. On veut de l'AILLEURS, du DIFFÉRENT.

Le plus dur c'est quand l'humanité, fidèle à la double contrainte, marque en faisant semblant de ne pas marquer. Ce malaise, ce mal au ventre qui saisit lorsqu'on a voulu faire comme si on n'avait rien fait. Quand on a forcé exprès le sourire spontané de la nature.

Mais ne sommes-nous pas encore là devant un paravent qui cacherait des choses ? C'est l'émotion qui drague certains vers la nature. Oui, mais qu'est-ce que l'émotion ? Pourquoi eux et pas d'autres ?

Haies, fossés, troncs d'arbres sont chargés émotionnellement pour ceux qui savourent leur présence et leur disposition comme symbole d'une harmonie dont ils se sentent parents, partie prenante.

Faut-il de la nature ? Eux, ils répondent positivement, bien sûr. Au même titre que l'oxygène de l'air, il s'agit d'une ressource vitale qui justifie un combat pour la conserver, plus que le pétrole.

Mais les autres ? Y a-t-il des autres ? Ceux qui n'ont pas besoin de la nature, ou moins besoin de cette catégorie spéciale d'oxygène, qui sont adaptés aux faibles doses ? Peut-être certains pour qui c'est un poison qu'ils ne supportent pas ?

Besoin quasi biologique pour certains, la nature est pour d'autres au mieux un décor, dont ils se passeront sans mourir.

Ce n'est pas à cause de cette différence de sensibilité que rien ne va dans nos politiques et nos orientations culturelles. Elle créerait des conflits qu'on pourrait au moins essayer de résoudre. Mais le OUI-NON actuel interdit toute tentative de solution. Les conflits niés ne se résolvent jamais.

Faut-il de la nature ? Ce dont on a besoin, ce ne sont pas ces consensus archi-mous construits sur des idées folles, mais de gens qui disent clairement OUI, ou clairement NON.

Après, on verra comment s'en sortir.

VOI CHE ENTRATE... [1]

Nous l'avons vue sur les écrans. Cette femme qui savait qu'elle était atteinte d'un cancer et se forçait à croire que non. Le jour où la maladie s'est imposée comme une catastrophe, il fut très difficile de lui sauver la vie. Et pour combien de temps... ?

Ne paniquons pas les gens. Édulcorons. Madame la Marquise, qu'est-ce qu'un château brûlé, dix châteaux ?....

Une espèce qui disparaît, c'est la loi de l'évolution. Consommer les ressources jusqu'à épuisement, n'est-ce pas naturel ? Le seul embêtement, c'est qu'il est, en plus, naturel de disparaître parce qu'on a détruit. Il existe en écologie une courbe bien connue qui, en relation avec les sources de nourriture disponibles, montre que l'expansion démographique précède de peu la dégringolade.

Vous avez peut-être entendu parler aussi de ces rémissions soudaines de maladies graves, juste avant de passer l'arme à gauche.

La grande civilisation mondiale qui s'annonce crache sur la nature dans les faits, tout en l'encensant en paroles. Toutes les avancées vers l'équilibre écologique, quelles qu'elles soient, sont traitées avec au fond la philosophie anti-nature. Ce qui aboutit à une innovation soi-disant pro, qui est en réalité une nouveauté pervertie jusqu'à l'os. Au service du pseudo-contact sensible, quelqu'un vient même d'inventer le « vélo-d'eau » pour touristiser le marais poitevin.

---

[1] *Voi che entrate lascia ogni speranza...* « Vous qui entrez ici laissez toute espérance... » Dante, « L'Enfer », *La Divine Comédie*.

Cependant, vous qui êtes entrés dans ce livre par intérêt pour la Nature, vous qui avez eu l'occasion d'y perdre quelques illusions, et même toutes, je le souhaite, ne laissez pas ici toute espérance.

Ne vous laissez pas impressionner.

Si vous avez choisi le camp de la nature, ou encore plus celui de l'accord de l'homme avec le milieu, arrêtez donc cinq minutes de vous arracher les cheveux en lisant *Libération*, où un professeur à l'Institut d'études politiques de Paris (Alfred Grosser) vous réduit au néant en déclarant : « La NATURE en tant que NATURE, je ne sais pas ce que c'est [1]. »

Sensibles, impressionnables, les naturalistes dans les conflits ont besoin de se raccrocher à quelques victoires. Qui n'existent pas.

Apprendre à marcher sans béquilles, c'est-à-dire résister souplement à la pression émotionnelle de ceux pour qui vos amours sont antisociaux, antihumains, et plutôt débiles, est une nécessité vitale.

Le pessimisme nécessaire n'est que la première marche de l'optimisme.

Celui qui croit être guéri, qui veut à toute force penser qu'un minimum de soins lui a suffi, risque de son cancer les métastases mortelles. Il faudrait qu'il ait peur ! Qu'il ait peur contre les éternels clowns qui finissent leurs interventions par le superbe : « Toutefois, je suis résolument optimiste. »

Ah bon ? Il faut être obligatoirement optimiste ? L'un de mes amis éleveurs de moutons a essayé cette philosophie au début de sa carrière. « Qu'est-ce que tu fais quand ils sont malades ? » lui demandais-je un jour en lui signalant une brebis boiteuse. « Ben, dans ce cas-là, me dit-il tranquillement, j'attends que ça passe... »

Confiance en la nature. La nature a toujours une solution. Qui peut être la mort de la brebis, aubaine pour les vautours ou les asticots, donc pour une part de la nature. Comment douter que pour nous la nature ne trouvera, là aussi, toute seule, une solution à nos inepties ? Mais si elle le fait, le résultat sera peut-être un peu trop radical pour nous plaire. Pour

[1] *Libération*, 30 octobre 1991.

être optimiste, il faut n'avoir aucune sympathie pour l'espèce humaine. Il y a d'ailleurs des jours où...

« Ce qu'on demande pour l'environnement c'est protéger les ressources d'aujourd'hui et de demain. Mais en termes de ressources d'hommes. La nature en tant que nature, je ne sais pas ce que c'est [1]. »

Ne laissez pas tomber les bras. Mais n'imaginez pas non plus, pour vous rassurer, que les mots dépassent la pensée. Tout ce qui est réalisé de nos jours porte la marque de cette métaphysique.

Et prenez au mot ceux qui font ces déclarations. La nature, ils ne savent pas ce que c'est. Vous, si ! Ce qu'ils ont est une maladie. Cela s'appelle l'ignorance, l'obscurantisme. Et plus encore l'éducation anti-émotionnelle. « La pensée française, traduite par Paul Valéry, c'est la grandeur de l'homme, sa distance par rapport à la nature, à ce qui en lui est nature [2] »

Le mouvement qui pourrait changer cela est-il concevable ?

Le droit à la pensée libre n'est pas en cause. Mais est-il interdit d'imaginer que ce courant culturel s'inverse et que certains changent d'avis ? Ou au moins reconnaissent la légitimité de manières différentes d'organiser la planète ?

La perfection n'est pas de ce monde. Peut-être un taoïste invétéré vous rappellerait-il que : « La perfection sans tache n'est pas la perfection. »

Toujours est-il que le plus merveilleux système à conditionner les esprits recèle sa tache, sa faille, par laquelle tout le contraire de lui-même peut se déverser.

Pour la civilisation anti-nature le vide sous les fondations n'est pas visible par tout le monde. Mais il est bien là, expliquant toutes sortes de soubresauts et de déséquilibres. Sa description nécessite une affirmation paradoxale. « L'égoïsme humain, le maintien des ressources pour l'homme ne peut être satisfait que par une philosophie qui ne soit pas centrée sur l'homme. »

---

[1] Alfred Grosser, *Libération*, déjà cité.

[2] Idem.

Les faits, incontournables, sont que l'Univers est régi par des lois physiques, biologiques, psychiques. Plus ou moins bien connues. Et que pour les orienter à notre profit il faut d'abord les reconnaître [1].

L'espèce aujourd'hui dominante se situe en haut des chaînes alimentaires, dépendant pour sa survie de quantité d'autres organismes. Pas seulement ceux dont elle se nourrit directement, mais de ceux qui ont nourri ceux-là, et ainsi de suite. Et ça va loin, peut-être jusqu'aux plus infimes êtres vivants.

Sans notre flore intestinale microbienne, que serions-nous capables de digérer ? Sans les amibes du sol pas le moindre humus ne ferait pousser nos poireaux.

La logique scientifique montre, c'est un lieu commun, la nécessité des autres espèces, ou au moins d'un grand nombre, pour que la nôtre prospère.

Mais le raisonnement prêche dans le désert, présent ou futur. Parce qu'aucune métaphysique, aucune relation sensible au monde ne le soutient.

L'idée de fusion avec l'univers, de solidarité avec les autres animaux, d'intégration sensuelle aux ambiances forestières, l'élan d'identité entre les énergies intérieures et celles du vent ou des montagnes, tant de multiples façons de toucher réellement les cordons ombilicaux qui nous lient aux forces d'où l'on a émergé, sont absents, ou ridiculisés par les gens sérieux.

L'attitude mentale, l'ouverture psychique qui est le terrain indispensable où peut germer l'intérêt pour les données scientifiques n'existe pas.

En développant d'un côté la raison, et de l'autre l'intuition, ou tout ce qui y ressemble, nous avons maintenant sur les bras deux sortes d'infirmes. Dont les uns hurlent : « L'Homme, rien que l'Homme » et les autres refusent la connaissance rationnelle.

Pour des infirmes, il faut des infirmiers. Sans doute psychothérapeutes. Et pratiquant quelque méthode efficace et surtout ultrarapide, parce qu'on

---

[1] C'est déjà vieux. Roger Bacon (XVIe siècle). « On ne commande à la nature qu'en lui obéissant. » D'autres disent : Bergson. Allez savoir !

n'a pas tellement le temps. Ceux qui ont pour tâche de soigner la « DOUBLE CONTRAINTE » déjà bien connue dans ces pages en ont trouvé une [1]. Qu'ils appellent justement la thérapie du paradoxe ou aussi *brief therapy*, « thérapie brève ». Mise au point pour des situations particulières aux hôpitaux psychiatriques, elle s'est vite développée dans le contexte des relations conjugales, de groupe, ou même internationales.

Si nous regardions ce que ça donne à propos de la nature ? Enfermée dans sa réponse « OUI-NON » à la question : « Veux-tu de la nature ? », la civilisation est coincée.

Pour sortir d'un piège, d'un problème insoluble, nos thérapeutes expliquent qu'il faut commencer par « voir le problème de l'extérieur ». C'est-à-dire acquérir un point de vue « recadré » par rapport à sa propre participation au nœud qu'il faut dénouer.

On atteint cela d'une seule façon. En sortant du système de pensée qui a provoqué la crise. Il est rigoureusement impossible de bouger si on ne réalise pas ce saut « en dehors du cadre ».

C'est bien normal que vous n'y compreniez rien. On est dressé à faire le contraire. À patauger dans les ornières, tout effort pour en sortir enlisant encore plus. Voir les réserves naturelles...

Alors, exemple familier. À force de créer des réserves c'est très difficile d'en faire de nouvelles. Et on a cependant encore plein de lieux intéressants non protégés. D'où conflit fatal avec d'autres types d'appropriation.

Il faut que l'un ou l'autre gagne ! À tel endroit il y aura, ou il n'y aura pas de réserve naturelle.

Normal ! On ne peut pas faire autrement. On ne peut pas faire autrement À L'INTÉRIEUR D'UN SYSTÈME DE PENSÉE.

Retour à une de nos bonnes vieilles tares humaines.

Quand je réfléchis à l'intérieur d'un système de pensée je crois que :
- tout le monde a naturellement le même ;
- si quelqu'un prétend en avoir un autre c'est un ennemi, plutôt de mauvaise foi ;
- il est en fait inconcevable que plus d'UN système existe.

---

[1] Weakland, Watzlawick, *Paradoxe et psychothérapie*, Seuil.

On ne conçoit pas qu'on puisse sortir du cadre, car le cadre est perçu comme unique, et même le plus souvent, faute de comparaison avec d'autres, pas vu du tout. Inexistant.

Quel est donc le cadre, invisible à la fois pour les partisans et les adversaires des réserves ?

Nous allons le trouver, formulé comme par inadvertance sous la plume d'un géographe [1]. « Il n'y a pas de réconciliation possible entre l'homme et la nature. »

C'est bien ce que pensent, au fond d'eux-mêmes, les antagonistes des deux camps. Ils ont l'air de s'opposer, mais ils sont fondamentalement d'accord sur l'essentiel : le cadre métaphysique.

On a, bien entendu, le droit de choisir celui-là. Mais aussi d'en proposer un autre.

Et de bonnes raisons de penser que la prise de conscience de l'existence de ce cadre changerait déjà quelque chose dans l'atmosphère.

Et maintenant « recadrons ». Personne ne prouvera jamais par des arguments que l'homme et la nature sont ennemis. Ou qu'ils sont amis. Mais on peut expérimenter pratiquement les effets d'un changement de cadre.

Vous savez ! On a le choix !

PREMIER ESSAI : CADRE : « La relation homme-nature est une pratique naturelle. »

Cela veut dire quoi ? En comparaison avec le cadre d'avant. Tout se fait, non pas entre des entités chargées de définitions morales positives ou négatives, mais dans un fonctionnement spontané qui n'attribue à aucun des deux camps des volontés ou légitimités contraires. L'homme se débrouille pour piloter les écosystèmes en sa faveur. Et pas plus. Ne les détruit pas car il n'a pas de philosophie anti-nature. Ne se retient pas de les arranger un peu car tout animal assure sa sécurité et sa nourriture.

Dans ce cadre-là, parions que le monde serait différent. Peut-être pas beaucoup de nature totalement vierge, mais sûrement pas non plus d'éradication forte des milieux sur de vastes surfaces.

---

[1] J. Berthemont, *Les Deltas méditerranéens*, Centre européen de coordination et de recherches en sciences sociales, Vienne, 1987.

Mais je vous disais qu'on avait le choix ! C'était vrai. Et je ne vais pas m'amuser à vous recenser tous les cadres possibles.

On va seulement se demander quel est celui qui pourrait bien sembler le plus apte à nous guider dans l'avenir. J'ai une proposition à vous soumettre, qui va peut-être faire sursauter dans les chaumières.

CADRE PHILOSOPHIQUE : L'HOMME EST LIBÉRÉ DE LA NATURE.

Voyons un peu les choses de ce point de vue.

Le primate serait devenu ce type d'entité que de nombreux auteurs ont imaginé sur d'autres planètes : la forme de vie aboutie et perfectionnée, sur qui repose la responsabilité du maintien du système cosmique local.

Il en dépend peut-être, mais n'en est pas l'esclave. Il refuse ce qui le gêne vitalement. Il garde tout le reste.

Des gars comme ça auraient viré les bacilles du choléra, mais auraient préservé le loup marsupial de Tasmanie.

Car si l'homme est libéré de la nature, le corollaire gigantesque est qu'IL N'A PAS À LA COMBATTRE.

Que le système métaphysique qui va avec c'est : « La Grand-Mère Planète nous a produit pour que nous vivions d'elle tout en inventant de nouvelles choses. »

Signifiant ainsi qu'on cohabite non seulement avec les espèces impliquées dans les chaînes qui nous nourrissent, mais aussi avec toutes celles qui sont inutiles. Témoins et frères du grand système qui nous a fabriqués. Les cordons nous reliant à lui n'étant pas vus comme des chaînes, mais comme des instruments d'échange et de communication.

Le fait que nous n'ayons pas encore été aptes à utiliser ce cadre indique clairement que les destructeurs de nature ne sont pas libres vis-à-vis d'elle.

Ils y sont liés, attachés, conditionnés par la haine. Ils doutent de leur puissance, de leur liberté.

Ils ne conçoivent l'accession à celle-ci que par la mort des forces originelles non volontaires.

Comment est-on libre par rapport à celles-ci ? Pour l'émotion par exemple. Que feraient nos extraterrestres vivant dans le cadre « liberté par rapport à la nature » ? Tellement libres, ils pourraient ressentir sans dogmes préétablis à quel point ils n'ont pas des émotions, mais SONT des émotions. Ils effaceraient ces tables de la loi anti-émotionnelles, qui, lorsque vous êtes malheureux font qu'une si grande part du mal vient du fait que vous ne voulez plus l'être.

Désir légitime, mais qui ne se réaliserait que contre vous, puisque vous, vous ÊTES malheureux.

Tant que les conditions extérieures qui vous atteignent ne changent pas, la liberté c'est d'être ce qu'on est. Même dans un état lamentable.

Et on va tomber le nez sur un autre paradoxe.

Pour qu'une émotion négative le soit moins, il faut vivre sa négativité au lieu de la refuser.

« Pourquoi ne construirait-on pas un jour les hôpitaux où les hommes viendraient mourir parce qu'ils ont décidé que leur heure est venue [1]. »

Vous avez deviné que la psychanalyste qui s'exprime ici, avec tous les « accompagnateurs de la mort » ne vit pas dans le « recadrage », où nous venons de faire une incursion.

On n'est pas libre par rapport à la mort quand on est OBLIGÉ de ne pas laisser fonctionner les émotions négatives qu'elle entraîne. On peut les refuser, mais imaginer une situation où il est socialement valorisé de les effacer, c'est empêcher tout plein de choses. La peur, la révolte, le chagrin, DANS DES CONDITIONS OÙ ILS DEVRAIENT NORMALEMENT SE MANIFESTER.

Car si la mort est naturelle, le refus de la mort ne l'est pas moins.

Des forces paradoxales habitent la nature. En nous, elles sont aussi omniprésentes.

La preuve, ce que vous êtes en train de penser à la lecture de ces phrases.

---

[1] Maud Mannoni, *Le Nommé et l'Innommable*, Denoël.

UNE ÉCOLOGIE DE LA LIBERTÉ

« Objectifs : cols migratoires, zones humides, forêts, falaises, landes et toutes zones d'intérêt écologique. » Non ! Ils n'ont pas ajouté : « etc. »

Cependant il faut s'en rendre compte. Cela concerne presque toute la planète en dehors des super-monocultures et des villes. Objectif de qui ? Une grande coordination de groupements protecteurs dont les intentions conscientes sont au-dessus de tout soupçon.

Objectif pour qui, pour quoi ?

Acquisition, location, convention, animation.

Cette pauvre nature qui n'a pas d'âme ce sont de bons apôtres écologistes qui vont la lui apporter. Et du même coup en donner un peu au visiteur.

Car on visite. On sera au spectacle. La consommation de nature spectaculaire ou rendue telle par de judicieux coups de pouce est la vague déferlante qui noie les bonnes intentions des conservateurs.

De grands noms ont cautionné l'opération. Parmi ceux qui ont donné la preuve de leur attirance pour la nature.

Mais le résultat, la vraie réalité en fin d'action va révéler d'étranges perversions. Ces lieux où les puissances du sauvage doivent trouver leur épanouissement changent insensiblement au fur et à mesure de leur soi-disant mise en valeur par la pédagogie et l'éducation.

On y sentira baisser comme une flamme ce sentiment de non-présence humaine qui est l'essence de l'idée de Nature.

Le processus de mise sous contrôle, visible dans la gestion de l'agriculture, le génie « écologique » appliqué aux rivières, les réserves soigneusement déboisées pour garder un aspect de pelouse, va culminer dans notre exemple ambitieux de nombreux conservatoires constellant le territoire, et absorbant peu à peu les zones où l'on pouvait librement savourer les courbes des ruisseaux et l'élan végétal des fourrés non répertoriés.

D'ailleurs le dépliant de présentation avoue tout.

Exemple supplémentaire de ce processus permanent par lequel on transmet dans son message, et à son insu, beaucoup plus que ce que l'on a voulu communiquer.

Sauf si on se connaît assez profondément pour repérer toutes les sources émotionnelles qui forment et conditionnent le message au-delà de la pensée logique.

Cela n'a pas l'air d'être le cas. Le crime est signé, ou plutôt clairement avoué, mais sans que l'auteur du dessin se soit rendu compte de l'énorme dévoilement d'intentions inconscientes qu'il mettait en scène.

Oui, c'est un dessin. Car pour ménager la chèvre et le chou, pour avoir à la fois le désert et la foule, la reine des prés et la masse des cueilleurs, le silence au milieu du bruit, on a, poursuivant ce chemin digne du plus bel hôpital psychiatrique, inventé la liberté dans la contrainte.

« Les gens, il faut les parquer ! » Combien de fois cette malheureuse explication n'a-t-elle pas surgi au milieu des controverses sur la circulation du public dans la nature. « Nous ne nous préoccupons pas de savoir que notre politique est impopulaire, parce que nous sommes sûrs d'avoir raison », déclarait en substance il n'y a pas si longtemps un porte-parole du parti vert britannique.

Alors, notre dépliant de présentation des conservatoires est dans la ligne.

Avec son dessin qui représente une forêt. Ou plus exactement une rangée d'arbres, bien alignés justement. Le fouillis naturel, connais pas ! Ou alors il faudra que ça change ! C'est l'ONF [1] qui doit se frotter les mains en vue de la future forêt technocratisée en rangs d'oignons, avec en plus le label « Nature ».

---

[60] Office national des forêts.

Enfin, tout de même, ces arbres, s'ils sont représentés, c'est qu'on souhaite les protéger. Même s'ils ont l'air un peu raides, même si ce sont exclusivement des conifères (après tout ce n'est pas interdit). On se dit, et on peut en être sûr, que ceux qui sont à l'origine de l'opération ont de très bonnes intentions.

Cependant il ne suffit pas d'avoir envie de bien conduire pour ne pas se casser la gueule.

Chasse interdite, autos, motos interdites, pesticides interdits, déboisement interdit, béton et routes interdits, décharge interdite, carrière interdite...

Ce sont les panneaux figurés sur le dessin avec une allure du genre « stationnement interdit ». Celui-là, ils l'ont oublié ! Soyons certains qu'il est prévu.

Et il y a sur l'image en beau contraste rouge (panneaux) et vert (forêt) autant de panneaux que d'arbres.

Ne pensons pas un seul instant que ce soit un détail ou un concours de circonstances malheureux.

D'accord, il manque des arbres. On a voulu suggérer toute une forêt. Mais il manque aussi de très nombreux panneaux qui correspondent à des attitudes qui seraient réellement, comme l'habitude en est prise dans tous les espaces protégés, imposées à tout le monde.

Oui, il manque des panneaux : « Suivez le guide, ne sortez pas du sentier, ne touchez pas les plantes, touchez-les seulement quand on vous le dira, lisez votre livret, posez des questions, écoutez les réponses, n'oubliez pas ce qu'on vous a dit, soyez moraux, suivez le modèle de comportement, ne déviez pas, ne courez pas, ne mangez pas... passez à la caisse. »

L'écologie qui se dessine comme nouveau pouvoir est une écologie de l'interdiction. Après nous avoir faits peur avec une société nucléarisée qui impliquerait un contrôle inacceptable de la vie, nos confrères de la conservation de la nature nous ressortent une resucée du milieu scolaire, tel qu'on n'ose même plus le concevoir aujourd'hui.

Règlement, règlement. Il n'y a pas de salut hors de la réglementation.

Rendre tout plus compliqué, prévoir toutes les opportunités, décider à la place des autres, surveiller tout ce qui se passe, est-ce un idéal supportable pour un amateur de nature ?

Est-ce que le plus obsessionnel de nos règlementaristes ne souffre pas de cette installation progressive de carcans dans des lieux qui étaient autrefois synonymes de spontanéité ? L'un de mes amis m'a répondu. Alors que j'évoquais la nécessité de pouvoir se rouler dans l'herbe, il a suggéré que l'on fasse des aires spéciales prévues dans les parcs nationaux à cet effet.

Pour lui c'était une galéjade. Pour les promoteurs du tourisme-nature ce n'est pourtant pas une idée à rejeter. Et rappelons-nous qu'au Japon on distribue déjà des tickets donnant droit à une place et à quelques minutes sous les cerisiers en fleurs. Et que dans les parcs nationaux on peut voir des visiteurs débarquer au sifflet.

Protéger la nature contre l'homme est une tentation compréhensible vu toutes les bavures dont l'animal en question est responsable.

Et sans doute toutes les interdictions des fameux panneaux sont-elles justifiées.

Mais la voie ainsi dessinée porte en elle-même l'énergie de son échec, prête à se retourner contre les nobles buts poursuivis.

D'abord parce que de mémoire d'homme il a toujours fallu choisir entre la chèvre et le chou. Entre le beurre et l'argent du beurre. C'est même une maladie mentale, une complète inadaptation à la réalité que de se faire croire le contraire.

Ce qui veut dire que tant qu'il y aura des êtres humains sur la planète Terre on ne pourra pas protéger la nature contre l'homme. Mais seulement avec lui, en collaboration avec lui, grâce à lui !

C'est embêtant, mais c'est comme ça.

Les frontières des réserves et des parcs ne sont pas étanches. La même civilisation anti-nature qui règne à l'extérieur les imprègne au-dedans, en faisant ses plus beaux fleurons, sous le masque vert de l'écologie.

Ainsi ceux qui croient travailler contre un système en sont-ils la plus fine pointe performante.

Système de la relégation de la nature, de la perversion de la spontanéité, de l'embrigadement des rivières en même temps que celui des pulsions.

La nature intérieure veille. Le désir est toujours là. Les pulsions ne savent pas lire les pancartes. Mais elles savent les arracher. Les forces émotives d'accord avec la nature n'aiment pas les règles, les limites, les conventions, les contrôles...

C'est redoutable, d'accord... Mais encore une fois, c'est comme ça que ça marche. On n'y peut rien. Heureusement. Tout savoir, tout prévoir, tout suivre, tout surveiller, c'est le trait typique du caractère obsessionnel. Qui n'y arrive jamais !

Passeport pour la névrose, notre organisation de la future éco-société a de quoi terrifier. D'autant plus qu'elle est invisible dans l'inconscient collectif de ses promoteurs.

« Mon Dieu, pardonnez-leur, ils ne savent pas ce qu'ils font. »

Dieu leur pardonnera peut-être, mais la nature, et surtout la nature humaine, sûrement pas !

Ce qui veut dire que tant qu'il y aura des humains sur la planète Terre on ne pourra pas protéger la nature contre l'homme.

PLAN – RATAPLAN – ANTI-PLAN

Les velléitaires ne sont ni un genre d'insectes exotiques, ni une sorte d'anémone de mer bien gluante. Ce sont des êtres humains. Comme vous et moi, car nous avons tous été plus ou moins, un jour pris en flagrant délit sur ce point.

« J'aimerais bien changer de travail... voir l'Amazonie, gagner de l'argent, me réconcilier avec un tel, écrire un livre, protéger la nature... »

Oui, mais il faut le faire ! Entre l'image idéale de l'activité projetée et sa réalisation réelle, il y a tout un programme, un chemin à parcourir, des actes à accomplir vraiment. Parfois on y arrive. Souvent on commence. Et on s'arrête au commencement...

Les vrais velléitaires ne s'attaquent même pas au début. Mais ils ont d'autres talents. Ils planifient génialement ce qu'ils auront à faire pour atteindre des objectifs qu'ils savent hors de leur portée, l'énergie leur manquant pour s'atteler à la tâche.

Mais pas pour décrire ce qu'ils entreprendraient de grandiose, le jour où...

Celui-ci n'arrivant jamais, on verra apparaître ensuite un deuxième plan, une autre stratégie plus perfectionnée, des inventions tactiques sur le papier ou dans un récit verbal haut en couleur.

Le danger est toujours en germe dès qu'on pose la question :

« Et maintenant qu'est-ce qu'on fait ?... » Nos habitudes sont de tenter de définir avec le plus de précision de futures réalisations.

De faire entrer dans nos dossiers des choses qui n'existent pas encore, mais qui seront sommées d'exister sous la forme que nous aurons préétablie.

Ce n'est pas forcément inutile si l'on a affaire à du déjà connu : fabriquer une fourchette ou prévoir la date de la pleine lune.

Mais quand il s'agit de changer le comportement de toute une espèce vis-à-vis de l'ensemble du milieu terrestre ? On est alors dans le vague, dans le flou. Que va-t-il se passer si ? Et si... ? Et si... ? Il y a une science pour ça : la prospective.

L'une des grandes découvertes qu'on y a faite c'est une sorte de théorème : les choses ne se passent jamais comme on les avait prévues.

Rien qu'à cause de cela la prospective n'est pas vraiment inutile. Elle nous stimule, offre des scénarios, et surtout montre ce qu'on aurait pu deviner : en général, l'avenir est imprévisible.

Jamais on n'a appliqué cette conclusion à nos démarches. Nous vivons toujours dans le mode de pensée velléitaire. Plus nous planifions le détail de nos futures réalisations, plus nous sommes loin de ce qui se passera réellement.

Confusément pourtant bien des esprits le perçoivent. Mais compensent l'insécurité des prévisions par un luxe de fignolage décrivant par le menu ce qu'il faudra faire.

« Considérant que, constatant que, prenant acte de, la conférence recommande, souhaite, déclare... »

Suit la présentation d'un avenir archi-positif. D'autant mieux imaginé que la volonté manque au projet.

Velléités. Partout et toujours. Masquées par la netteté et le foisonnement de données sur ce que sera la suite du temps. PLAN – RATAPLAN. Il est maintenant plus difficile de fouiller l'Himalaya de dossiers que de recommencer une nouvelle planification. Probablement rédigée déjà une dizaine de fois.

Annoncées avec fracas, les rencontres internationales se préparent à de nouveaux accouchements difficiles. Les roulements du tambour médiatique l'annoncent : on va savoir bientôt quel sera l'avenir de la Nature.

Non ! Le futur n'est jamais vraiment déterminé. Avez-vous vu par exemple les résultats des schémas directeurs d'aménagement et d'urbanisme, des plans d'occupation des sols ?

Ils ne marchent que lorsqu'on peut les réviser. Bizarre !

Et qu'est-ce qui s'est majestueusement planté du côté de l'est pour avoir adoré le dieu planification ?

Ce qui importe, ce n'est pas de savoir à l'avance comment résoudre les problèmes. C'est de savoir le genre de solutions qu'on souhaite.

Il y a des précautions à prendre, une certaine estimation de ce qui peut se passer dans toute décision d'acte. Si je veux traverser la rivière à la nage il est idiot de ne pas avoir estimé le courant, ma force physique, et imaginé tant bien que mal les obstacles, les tourbillons et la température que je vais rencontrer.

Mais je dois savoir qu'obligatoirement je me trompe. Et que si je crois trop à ce que j'ai prévu, le moindre frémissement inattendu de la réalité concrète coulera mon bel objectif, et moi avec.

Autrement dit, il faut planifier sans planification. Les thérapies du paradoxe, je vous disais !

On y est !

Décisive sera alors votre motivation. Si ce qui compte avant tout est d'aller rejoindre votre bien-aimée de l'autre côté de la rivière, si c'est d'épater les copains qui vous regardent, ou tester votre entraînement, ou seulement avoir le plaisir d'évoluer dans l'eau.

Selon celui-ci ou celui-là choisi parmi tous les désirs possibles, votre réaction à l'imprévu ne sera pas la même. L'adaptation du plan préconçu se fera en fonction de ce qui vous fait marcher (ou nager) au fond de vous-même. Au cours du déroulement de la planification, on verra celle-ci modifiée, ou même complètement changée par les circonstances. Et telle ou telle de celles-ci ne prendra sa signification qu'en fonction du but profond que vous poursuivez.

À condition de le connaître. D'être conscient de soi-même. Sinon, l'adaptation aux fluctuations ne se fait pas. Et on boit la tasse !

En matière de maintenance de la nature, on n'arrête pas. De boire la tasse.

On a dit tout ce qu'il fallait faire. Le plus lointain îlot du Pacifique est la proie de projets d'avenir conservationnistes. Planifiés.

Le besoin de suivre une route sûre, tracée, nous ramène à notre vieille incapacité à décider par nous-mêmes. À la quête d'assistance. La fuite des responsabilités.

C'est que l'ADAPTATION PERMANENTE ET AUTOMATIQUE AUX FLUCTUATIONS ALÉATOIRES est inconnue dans notre éducation. Ce qui, entre parenthèses, explique la façon particulièrement meurtrière dont nous conduisons nos voitures.

Faisons alors l'hypothèse que le courant pro-nature ou écologiste soit unanime sur ses objectifs.

Il ne doit pas détailler les projets de réalisations.

Mais commencer d'abord par les exprimer clairement :

- une culture non centrée sur l'homme ;
- une gestion fondée sur le fonctionnement durable des écosystèmes ;
- des transports irriguant finement le territoire au lieu de grands axes ;
- des rapports humains fondés sur la connaissance des interactions émotionnelles.

Etc.

Je dis « etc. », parce qu'on peut, non seulement ajouter d'autres projets, mais aussi formuler ceux-ci à un niveau de généralisation plus ou moins grand. Mais se laisser aller à dire comment on va s'y prendre dans le détail n'est pas, contrairement aux apparences, un gage d'efficacité !

GÉRER L'IMPRÉVISIBLE consiste à le laisser être ce qu'il est naturellement : pas cernable, pas définissable.

Et à être prêt. PRÊT A TOUT et pas seulement à ce qu'on a planifié. Les naturalistes savent mieux que d'autres que les espèces qui ont traversé le temps sont celles qui ont gardé, au lieu de se spécialiser, des potentialités permanentes d'adaptation. Au contraire du planificateur.

Ce qui veut dire qu'on est dans une situation que connaissent bien les pêcheurs à la ligne. Après un bon accrochage dans les branches on se trouve face à un nœud formidable où fils, hameçons et brindilles s'enlacent dans une confusion fatale. Allons-nous planifier les gestes significatifs pour défaire l'écheveau, en prévoyant la manière de s'y prendre pour chaque nœud, même ceux que l'on n'a pas découverts et qui sont cachés par les autres ?

Le pêcheur patient connaît sa motivation.

Désembrouiller sa ligne. C'est ça qui compte.

Alors il va commencer. SANS SAVOIR COMMENT CELA VA FINIR, en n'ayant aucune idée de ce qui va se passer à tel ou tel stade de l'opération.

À un moment donné, est-il plus efficace de tirer fort, ou tout doucement ?

Autrement dit, vaut-il mieux faire une loi ou compter sur l'éducation ?

Et ce n'est pas parce qu'une embrouille a cédé par une traction énergique que ce sera le cas de la suivante...

Allons à la pêche de l'avenir de la nature. C'est vrai que nos instruments sont déjà puissamment entortillés. Sur eux-mêmes et avec les forces hostiles.

Qu'est-ce qui va se passer si nous résolvons vingt-huit problèmes ? Le vingt-neuvième n'aura déjà plus la même allure qu'au temps où nous n'avions rien dénoué.

Arrêtons de nous creuser la cervelle, de produire du papier, des discours, des réunions, des prévisions.

Sachons ce que nous voulons.

Et après, de grâce, COMMENÇONS.

COMMENÇONS SANS SAVOIR CE QU'IL Y AURA APRÈS...

On ne sait pas où entamer la pelote entortillée des ravages subis par la nature.

Ça ne fait rien ! COMMENÇONS N'IMPORTE OÙ !

Pendant ce temps-là il y aura des analystes de la pelote de fil qui donneront peut-être de bons conseils à propos de sa structure.

Mais fiez-vous surtout aux nouveautés que vous découvrirez au jour le jour. Celles qui n'existaient pas dans la structure avant que vous n'interveniez. Car en dénouant quelque part, vous avez provoqué sans le désirer un changement en répercussion sur tout le système. Un décoinçage peut se payer d'un recoinçage ailleurs. Un geste minime peut au contraire tout résoudre. Le savoir assez à l'avance est intéressant. VOULOIR le savoir à tout prix est destructeur.

L'accès à une telle méthode suppose une formation mentale. Totalement connectée à nos élucubrations sur la nature et l'émotion. Laisser être, laisser marcher, laisser tourner. À bas les contrôleurs ! Vive le pilotage automatique !

Qu'est-ce que j'entends ? Vous croyez que ça bouleverserait complètement les pratiques administratives ?

Je n'ose pas vous le dire. Mais dans bien des cas, cela ferait tout autre chose.

Ça les supprimerait.

LA GUERRE DES FORMES

Les océans intégralement cultivés, la forêt intensive, les prairies en éprouvette, la vache calibrée pour la forme future des beefsteaks... nous avons pris ce chemin-là...

L'alvéole individuelle pour 25 milliards d'hommes fera regretter les veaux en batterie du XXe siècle qui étaient plus à l'aise que nous ne le serons.

La voie est toute tracée. Somptueuse et resplendissante aux yeux de ceux qui mènent la barque.

Au lieu de chercher le meilleur moyen de se flinguer, ne vaudrait-il pas mieux éventer le piège qui nous est tendu par eux, et par nous-mêmes ?

Il y a ce qu'on imagine. Et il y a la réalité.

Ça ne coïncide pas toujours.

Un peu de mémoire, voyons ! C'était écrit dans le chapitre précédent. L'AVENIR EST IMPRÉVISIBLE.

Par définition.

Et par action.

Il sera nécessairement ce que nous le ferons.

Si c'est nous qui le faisons.

Peut-être bien que l'humanité réussira à s'éliminer elle-même. Peut-être aussi les actuels inconscients qui pilotent l'espèce resteront-ils aux commandes.

Mais on peut bouger tout ça. Et si ça se trouve, et ça se trouvera certainement, ce qui va réellement se passer est inconcevable de nos jours.

La civilisation doute. Elle est en train de perdre ses boussoles infaillibles qui, dans les eaux où nous entrons, commencent à donner des signes d'affolement.

Ce sera alors qu'elle essaiera le plus fortement de se déclarer sûre d'elle, déterminée. Qu'elle se lancera dans la fameuse fuite en avant, qu'elle redoublera d'agressivité irrationnelle vis-à-vis de la nature.

Signes de faiblesse, ces comportements ne doivent pas faire illusion. On est à un tournant, comme on dit. Ou à un carrefour. Pas loin du pied du mur, etc.

Le tournant va être long à prendre. D'autant plus que tout le monde se dispute le volant. On pourrait bien dans ces conditions aller au fossé.

Mais quel que soit le conducteur, il explorera des terres inconnues, où le chemin n'est plus marqué. Un avenir où l'homme est devenu une espèce particulièrement évoluée et responsable de ses actes.

Évidemment, on n'a jamais vu ça ! Et il serait tellement plus simple de faire semblant. De dire aux voyageurs : « Mesdames, Messieurs, qu'est-ce que je suis bien, regardez-moi avec admiration, j'ai réussi à trouver le chemin d'intégration de l'homme à la planète. »

Mais bien sûr ces beaux parleurs n'ont pas encore tourné le volant d'un millimètre.

À preuve, puisque nous sommes dans les métaphores automobiles, le cas des autoroutes.

Suceuses de vie locale, gonfleuses de centres déjà hypertrophiés, on pourrait bien les remplacer par une irrigation modulée de l'ensemble du territoire.

Mais on a plutôt choisi de faire semblant qu'elles ne sont pas là. On en a honte ! On les cache. Par des terrassements boisés, des équipements « paysagés », de savantes circonvolutions des berges.

Entourées de barrières, elles le justifient très valablement par la nécessité d'éviter les obstacles venus de l'extérieur. Il y a déjà assez des accouplements-carambolages entre camions et voitures. Mais cet isolement supplémentaire accentue leur coupure du territoire et leur donne une sorte d'irréalité. C'est vraiment comme si on voulait ne plus les percevoir comme existantes.

Et c'est raté. Dans le paysage, une autoroute boisée se repère encore plus qu'une qui se serait contentée d'être un ruban de goudron.

Les autoroutes soviétiques ont, elles, un tout autre aspect. Non que le système qui les a conçues se soit plus soucié de la nature. Mais sans doute faute de moyens, il n'a pas fait semblant. Ce qui fait que, dans la perception, le passage autoroutier, s'il a encore des inconvénients écologiques, se fait, on pourrait dire, « en sensation minimum ». C'est une sorte de grande route qui passe, avec ce que peuvent avoir de vilain pour certains deux larges nappes de goudron.

Mais c'est tout ! Pas de clôtures, pas de diguettes, de fioritures, de déguisements.

Une atteinte au milieu qui se contente d'être elle-même serait-elle plus « avalable » qu'une qui se cherche de désespérés palliatifs ?

Là se profile le museau sensible d'un animal intérieur que nous reconnaîtrons vite : le désir.

Qu'est-ce que nous voulons ? Qu'est-ce qui nous fait vibrer, nous transporte d'enthousiasme ?

Ou serre le cœur, les tripes, tout ce que vous voudrez.

Ne dépendant pas d'une formule mathématique décrivant la diversité écologique, le mouvement du désir s'attache à des choses directement sensibles.

Et souvent, là encore, paradoxales.

Une amie journaliste qui déteste spécialement tout ce qui a allure industrielle, qui se retient de hurler à la vue de n'importe quelle usine, visita un jour une fonderie.

Elle en ressortit fort troublée.

Elle avait aimé.

Non pas été impressionnée par les quantités produites, l'agencement subtil de la robotisation, la complexité des voyants lumineux.

Non. Pire que ça. Grave.

Elle avait aimé !

Vu le feu, les fers rougis, les étincelles.

Trouvé en fait au cœur de l'usine les forces naturelles qui d'habitude l'émouvaient. Et pour lesquelles elle se battait. Contre ce qu'elle croyait savoir, contre ce qu'elle croyait être, son désir s'était révélé le maître. Celui qui décide qu'on aime ou qu'on n'aime pas.

Plus complexe que prévu, tout en étant bien complètement lui-même : une sensibilité aux manifestations de l'énergie. Présente au passage des étoiles filantes, à la contemplation du pissenlit... Mais toujours aussi mystérieuse.

La fonderie où s'élabore la puissance de la civilisation anti-nature a de la même manière pour source ultime le désir.

Tous ces raisonnements économiques, ces déclarations sûres d'elles-mêmes, ces réalisations titanesques, sont ce que le champignon est au mycélium, qui, invisible dans le sol, produit soudain de grands chapeaux épanouis.

Ce que l'on voit n'est pas l'essentiel.

L'essentiel c'est le réseau souterrain qui dans les esprits, dans les sensibilités, oriente vers un monde de lignes dures, d'angles agressifs, de matériaux froids, de raideur uniforme dans des espaces figés.

Pour ceux qui en eux-mêmes sont construits de cette façon, le monde non naturel est objet d'amour exclusif.

Les décideurs qui ont le pouvoir sur la nature sont issus des villes modernes et n'ont jamais connu la nature à vivre, mais seulement celle du zoo. L'exploitant agricole, agrobusinessman à qui l'avenir est censé appartenir, les a rejoints dans une distance formidable vis-à-vis de ce qui se touche, se renifle, s'apprécie par le désir.

Et les amateurs de nature, issus des mêmes milieux, sont sans le savoir, des conflits culturels vivants. En eux se heurte une puissante sensualité branchée sur les arbres, les plantes, les oiseaux, les mouches à merde ou les papillons, et le subtil conditionnement qui ne valorise que ce qui porte les formes humaines.

Il y en a qui échappent. Si l'on savait pourquoi, comment, tous nos problèmes seraient résolus.

Cela veut dire : qu'est-ce que c'est que ce rapport intime qui unit le désirant à l'objet du désir ? La civilisation anti-nature l'est non pas parce que des lois économiques et sociales l'y contraignent. Elle l'est parce qu'elle en a envie.

L'esprit serait-il quelque chose comme une formule d'ordonnancement des relations ? Dont les caractères pourraient se trouver en résonance ou non avec, par exemple, les relations de distance entre les troncs d'arbres de la forêt, qui plaisent ou non. Qui donnent l'impression ou non d'être ordonnés par l'homme, selon qu'ils s'éparpillent ou s'alignent. Dont certains éparpillements apparaissent encore trop éloignés de ce que seraient les hasards des semis, et ne créent pas de ce fait le sentiment de milieu sauvage ?

La formule intérieure fait « Tilt » avec certaines formes. Avec d'autres elle grince ou bloque. Ce qui enchante les uns ennuie les autres. À l'intérieur du regardeur, l'équation personnelle de son émotivité retrouve sa structure dans l'allure d'un tronc ou dans la démarche du chevreuil.

Mais aussi, pour un autre, dans l'épaisseur pesante d'une corniche bétonnée, le dessin heurté et déstructuré d'un corridor, la netteté morte d'une place goudronnée.

La bataille qui est engagée n'est que superficiellement celle de la Nature.

Les formes portent et diffusent l'énergie et l'orientation des émotions.

Tous les naturalistes imaginent avec horreur un monde où les espèces seraient créées par des manipulations génétiques conduites par l'homme. Ils y voient des dangers de prolifération de souches dangereuses. Ils ont raison. Mais ils ne sont pas aveugles au point de ne pas voir qu'on pourrait aussi y trouver une fabrique de végétaux performants pour nourrir l'humanité.

En fait, derrière tout cela, il y a l'idée, la sensation, que disparaîtraient peut-être bien alors les formes aimées. Calibrage pour l'industrie de poulets carrés, poissons en rectangle, tomates boursouflées, sont déjà apparus dans les dessins humoristiques. Le risque est de perdre des formes ressenties comme harmonieuses et fabriquées en dehors de nous.

Le combat souterrain qui se livre est LA GUERRE DES FORMES.

Il y a le camp de l'émotion en lignes brisées, contenues et bridées par une volonté métallique.

Il y a le camp des harmoniques souples et non planifiées.

Et chacune des deux sensibilités s'épanouit au milieu de ses objets d'amour, et s'inquiète au contact de ceux des autres. Les plus à plaindre sont les plus nombreux, ceux à l'intérieur de qui la double contrainte du OUI-NON par rapport à la nature reflète leur impossibilité à être vraiment dans un camp, ou dans l'autre.

La guerre des formes se déroule à l'intérieur de la même personne autant qu'entre individus de sensibilité différente. Ainsi des rivières où subsistent toutes les espèces naturelles auront pris, grâce à quelques travaux légers, un radical look urbain, une allure civilisée, non rurale, fondée sur des formes situées à la limite de la perception. Un fignolage par-ci, un nettoyage appuyé par-là, un déblayage un peu accentué de ce qui pique ou gêne la marche.

Et le tour est joué.

Pour la ferme restaurée, le grain du crépi, la nuance des volets, nous diront que, irrémédiablement, nous ne sommes plus dans une ferme, malgré toutes les apparences.

Nous le saurons même s'il y a encore un fermier. Les formes nous diront si c'est encore, ou non, un paysan.

La puissance des formes marche dans l'invisible.

« Et ainsi nous avons pénétré tous les trois, main dans la main, dans le Temple. On a brûlé la monnaie de papier grossière que nous avions fabriquée à la maison, allumé des bâtons d'encens, puis nous nous sommes prosternés devant Bouddha pour prier. Mon grand-père me raconta alors que j'étais née sous le signe du Cheval de feu [1]. »

Qu'est-ce qu'ils font ?

Ils en ressortiront apaisés. Et se raconteront des histoires pour expliquer l'effet bénéfique de l'opération.

---

[1] Niu-Niu, *Pas de larmes pour MAO*, Laffont.

Tout comme UN TEL, membre de la Société pour la protection de toutes sortes de choses. Il a pondu un texte scientifique où s'alignent de beaux graphiques bien dessinés et pas forcément compréhensibles. Sur le BLAIREAU. Il affirme sa fierté d'avoir au moins trois données scientifiques complètement inédites. En tout cas sous cette forme, à cette période, dans cette région, et à cette heure de la nuit.

Parce qu'il a observé la nuit.

Et si vous allez avec lui pour le regarder s'installer à l'affût, ce que vous découvrirez n'a rien à voir avec les actes d'un technicien de laboratoire.

C'est un rituel. Une assimilation progressive destinée à se fondre dans le milieu.

« Je mets mon truc là, je pose ça là-bas. Bon, le carnet, le crayon, comme ci, comme ça... »

Ça peut ressembler encore à de la technique, quand il en parle. Mais la façon voluptueuse dont il se cale dans la fourche de l'arbre, excusez-moi, on est obligé de le dire, c'est de la RELIGION.

Tout comme les allumeurs de bougies et les psalmodieurs de vêpres. Religion sauvage, non institutionnelle, mais vitale. Sans cela, il ne viendrait pas. Et on ne saurait rien sur le blaireau.

D'ailleurs soyons-en sûrs, même s'il n'apprenait rien, il viendrait.

Les mauvaises langues disent que c'est déjà le cas.

Qu'est-ce qu'ils font tous ceux-là, dans leurs temples, que ceux-ci soient de pierre ou de forêt, humains ou naturels, avec ou sans blaireaux, mais toujours avec certaines caractéristiques étranges ?

LE DIEU INTÉRIEUR, disent les mystiques de toutes sortes de traditions.

C'est à lui qu'on parle.

Les grands-parents de Niu-Niu croient peut-être qu'ils contactent Bouddha, personnage extérieur symbole de sagesse. Mais plus précisément, avec l'encens, la monnaie qu'on fait flamber, ils révèlent une zone complètement secrète de la réalité psychique.

Ils s'adressent à la part d'eux-mêmes qui réagit aux papiers brûlés et aux cierges.

La part ancienne et primordiale où la conscience n'a pas accès.

Elle s'anime aussi bien dans la floraison du marais, le blizzard...

Elle donne ce que cherche notre observateur de blaireau. La fusion avec le monde.

Intérieure, elle abolit cependant la distance et la séparation d'avec l'univers ambiant.

Et elle est énormément, gigantesquement sensible aux FORMES, aux couleurs, aux parfums.

Cloches de digitales violettes, bauges noires de sangliers, ont pour ennemis le clinquant des néons, les peintures lisses et les sentiers propres.

Animale, obscure, méprisée, cette force est en dernier ressort ce qui fait agir les hommes.

Retournée contre elle-même dans la civilisation anti-nature elle a de quoi faire peur.

Dans sa libre circulation ça tient quelquefois du cyclone. Marcher la nuit, rêver dans l'herbe, serait-ce manipuler ainsi une sorte de bombe atomique interne ?

Regardez nos villes, laissez-vous imprégner de leur dureté émotionnelle, et pensez à ce que serait le ciel, si nous avions le pouvoir de modeler la forme des nuages...

ANNEXES

L'invention des réserves

C'est ainsi que les Creeks durent abandonner leur pays pour gagner à pied – et dans des conditions particulièrement pénibles – ce nouveau territoire qui leur était assigné, éloigné de quelque 1 500 kilomètres, et qui, en somme, n'était pas autre chose qu'une grande réserve pompeusement dénommée : « Territoire indien de l'Oklahoma ». Quelques années plus tard, ce fut au tour des Cherokees d'être déportés en nombre. Cette émigration forcée ne se fit pas sans mal ; des scènes tragiques en marquèrent le départ ; mais les Indiens durent finalement se plier à la volonté du conquérant, et, la rage au cœur, prirent la route interminable de l'exil, cette route qu'ils jalonnèrent de 4 000 cadavres et qu'ils appelèrent plus tard : « Le sentier des Larmes et du Sang ».

Cette institution des réserves se développa, par la suite, au fur et à mesure de l'avance continuelle des Blancs dans les pays occupés par les Peaux-Rouges. Ces derniers vaincus après une résistance plus ou moins longue et plus ou moins meurtrière pour les deux partis, devaient se soumettre ou s'enfuir au loin. Un département des affaires indiennes, placé sous l'autorité du ministère de l'Intérieur, était chargé de répartir, entre les différentes tribus conquises, le « territoire réservé », désigné arbitrairement à chacune d'elles.

Pierre Dubiez, *Géographia*, octobre 1954.

Les réserves... pour ceux qui y croient [1] :

Vos réserves sont des réserves foncières.
François Terrasson, Verviers, 9 juin 1990.

GUINÉE :

Dans la réserve de la biosphère du mont Nimba, une société minière étrangère se prépare à l'extraction du minerai de fer, entreprise qui pourrait détruire la réserve et ses forêts (*Éco-Monde*, n° 39, 1990, p. 4).

SRI LANKA :

L'UICN essaie de trouver des moyens de restaurer les zones forestières dégradées voisines de la réserve de la biosphère du Sinharaja et du site protégé par le patrimoine mondial (*Éco-Monde*, n° 39, 1990, p. 5).

TANZANIE :

Les zones protégées étaient menacées par l'avancée des terres cultivées ; l'UICN tente d'éviter la poursuite des déboisements par intensification de l'agriculture (*Éco-Monde*, n° 39, 1990, p. 6).

PÉROU :

L'abattage de forêts nationales protégées par la loi a été autorisé (*Éco-Monde*, n° 39, 1990, p. 8).

ÉQUATEUR :

Des compagnies nationales implantées à l'étranger projettent de construire un nouveau pipe-line à travers le parc national de Yasuni (*Éco-Monde*, n° 39, 1990, p. 8).

---

[1] Extraits de presse.

COLOMBIE :

Le parc national de Macarena et les rives du Guaviare sont maintenant occupés par les planteurs de coca (*Éco-Monde*, n° 39, 1990, p. 8).

TUNISIE :

Le lac d'Ichkeul, dans le parc national d'Ichkeul, protégé par la convention de Ramsar (protection des zones humides d'importance internationale) et repris dans les listes du patrimoine mondial et des réserves de la biosphère de l'Unesco est en sursis : sur les six rivières qui se déversent dans le lac - le seul site du monde à bénéficier de la protection de trois conventions internationales - le gouvernement prévoit la construction de six barrages pour détourner leurs cours afin d'alimenter Tunis en eau et permettre l'irrigation des terres cultivées par les petits agriculteurs de la région. À ce jour, trois barrages ont été construits (*Forum du développement*, septembre-octobre 1990, p. 15).

FRANCE :

Le ministre français de l'Environnement vient d'autoriser une enquête préalable au déclassement d'une partie du parc national des Pyrénées, site protégé aux fins d'y implanter une station de sports d'hiver (*Silence* – avril 1990, d'après *TAM-TAM* n° 198 – 16 avril 1990).

MONDE :

Des études prospectives sur les modifications des écosystèmes naturels au cours des siècles prochains et au-delà tendent à montrer que de nombreux systèmes fragiles et isolés (des réserves naturelles, par exemple) pourraient être particulièrement sensibles à toute modification de température et de pluviosité (*Forêt wallonne*, n° 9, 1990, p. 11).

FRANCE :

La construction du barrage de la Borie, dans les Cévennes, devrait noyer plusieurs kilomètres dans la célèbre vallée des Camisards. L'Unesco s'inquiète des impacts destructeurs prévisibles dans une zone qui a été classée en 1984 en « réserve de la biosphère » dans le cadre de son programme MAB (Man and Biosphere) qui comporte 280 sites internationaux (*Flash info*, n° 25, octobre 1990, ASPAS).

FRANCE :

Les responsables de l'ASPAS ont constaté que bon nombre de « réserves naturelles » : gorges de l'Ardèche, ramières de la basse Drôme, hauts plateaux du Vercors, et plusieurs parcs nationaux et régionaux : Cévennes et haut Languedoc en totalité, périphérie du Mercantour, Vanoise, hautes Pyrénées, sont en réalité soumis à toutes les nuisances de l'homme (urbanisation, routes, pistes, déforestation, pollutions et même la chasse !...) constituant à leur sens, rien moins qu'une véritable supercherie entretenue par les pouvoirs publics (*Flash info*, n° 26, janvier 1991, p. 11).

FRANCE :

Suite au survol de la région par le nuage radioactif de Tchernobyl, en bordure du parc national de Mercantour, site réputé et protégé pour la grande beauté de sa flore et de sa faune, le taux de contamination des sols est de 28 940 becquerels au mètre carré ; un chiffre plus qu'alarmant si on le compare à la norme admise qui ne doit pas excéder le seuil des 10 000 bq/m^2 (*Le Soir*, 14 novembre 1990).

— Une lettre d'internement pour Desmoiseaux René. La famille a choisi l'asile de Combaluze.

— Ah ! oui, cette vieille affaire. Quel genre de folie ?

— Il rigole sans arrêt.

Jacques Spitz, *La Forêt des Sept-Pies* [1].

[1] Éditions Maréchal.

— AUTREFOIS, IL Y A BIEN LONGTEMPS, DIT MAINS ROUGES, IL N'Y AVAIT PAS UNE SEULE MAISON, ICI, NI UN SEUL ÊTRE HUMAIN.

IL N'Y AVAIT QUE LE FLEUVE, LA FORÊT, DES BÊTES SAUVAGES.

ÇA REVIENDRA ! TOUT ÇA TOMBERA EN RUINE ; L'HERBE MANGERA LES PIERRES ET LA FERRAILLE.

CE SERA TOUT FLEURI DE LIANES, DE RONCES, DE BROUSSAILLES.

DAME, ÇA PRENDRA DES MASSES DE TEMPS,

MAIS LE TEMPS NE COMPTE PAS.

IL N'Y AURA PLUS QUE LE FLEUVE, LA FORÊT ET LES BÊTES, COMME AVANT...

Pierre Véry, *Goupi mains rouges à Paris* [1].

[1] Éditions De Flore.

TABLE DES MATIÈRES

[1] L'Enfer est pavé de bonnes intentions. (Proverbe usuel).

---

[1] Pour les non anglophones, cela veut dire quelque chose comme « incertaine sauvagerie ».

[2] Renaud.

[1] *Voi che entrate lascia ogni speranza...* « Vous qui entrez ici laissez toute espérance... » Dante, « L'Enfer », *La Divine Comédie.*

[2] Extraits de presse.

LA CIVILISATION ANTI-NATURE
ISBN 978-2-86985-186-3
ISSN 1952-0239

Dépôt légal : deuxième trimestre 2008
Numéro d'édition : 86985

IMPRIMÉ EN FRANCE

Photographies (intérieur) : François Terrasson
Photographie de couverture : Bernard Boisson

TWAPI MOA
Un lien entre les êtres

• CONCEPTION • GRAPHISME • RÉALISATION •

Maquette et mise en page : Delphine Brossard
E-mail : contact@twapimoa.com

En collaboration avec AGM
48, chemin du Bas des Vignes - 85770 VIX